小学校学習指導要領（平成 29 年告示）解説

特別活動編

平成 29 年 7 月

文部科学省

まえがき

　文部科学省では，平成29年３月31日に学校教育法施行規則の一部改正と小学校学習指導要領の改訂を行った。新小学校学習指導要領等は平成32年度から全面的に実施することとし，平成30年度から一部を移行措置として先行して実施することとしている。

　今回の改訂は，平成28年12月の中央教育審議会答申を踏まえ，

① 　教育基本法，学校教育法などを踏まえ，これまでの我が国の学校教育の実績や蓄積を生かし，子供たちが未来社会を切り拓くための資質・能力を一層確実に育成することを目指すこと。その際，子供たちに求められる資質・能力とは何かを社会と共有し，連携する「社会に開かれた教育課程」を重視すること。

② 　知識及び技能の習得と思考力，判断力，表現力等の育成のバランスを重視する平成20年改訂の学習指導要領の枠組みや教育内容を維持した上で，知識の理解の質を更に高め，確かな学力を育成すること。

③ 　先行する特別教科化など道徳教育の充実や体験活動の重視，体育・健康に関する指導の充実により，豊かな心や健やかな体を育成すること。

を基本的なねらいとして行った。

　本書は，大綱的な基準である学習指導要領の記述の意味や解釈などの詳細について説明するために，文部科学省が作成するものであり，小学校学習指導要領第６章「特別活動」について，その改善の趣旨や内容を解説している。

　各学校においては，本書を御活用いただき，学習指導要領等についての理解を深め，創意工夫を生かした特色ある教育課程を編成・実施されるようお願いしたい。

　むすびに，本書「小学校学習指導要領解説特別活動編」の作成に御協力くださった各位に対し，心から感謝の意を表する次第である。

平成29年７月

文部科学省初等中等教育局長

髙橋　道和

目次

● 1　改訂の経緯及び基本方針

(1) 改訂の経緯

　今の子供たちやこれから誕生する子供たちが，成人して社会で活躍する頃には，我が国は厳しい挑戦の時代を迎えていると予想される。生産年齢人口の減少，グローバル化の進展や絶え間ない技術革新等により，社会構造や雇用環境は大きく，また急速に変化しており，予測が困難な時代となっている。また，急激な少子高齢化が進む中で成熟社会を迎えた我が国にあっては，一人一人が持続可能な社会の担い手として，その多様性を原動力とし，質的な豊かさを伴った個人と社会の成長につながる新たな価値を生み出していくことが期待される。

　こうした変化の一つとして，人工知能（AI）の飛躍的な進化を挙げることができる。人工知能が自ら知識を概念的に理解し，思考し始めているとも言われ，雇用の在り方や学校において獲得する知識の意味にも大きな変化をもたらすのではないかとの予測も示されている。このことは同時に，人工知能がどれだけ進化し思考できるようになったとしても，その思考の目的を与えたり，目的のよさ・正しさ・美しさを判断したりできるのは人間の最も大きな強みであるということの再認識につながっている。

　このような時代にあって，学校教育には，子供たちが様々な変化に積極的に向き合い，他者と協働して課題を解決していくことや，様々な情報を見極め知識の概念的な理解を実現し情報を再構成するなどして新たな価値につなげていくこと，複雑な状況変化の中で目的を再構築することができるようにすることが求められている。

　このことは，本来，我が国の学校教育が大切にしてきたことであるものの，教師の世代交代が進むと同時に，学校内における教師の世代間のバランスが変化し，教育に関わる様々な経験や知見をどのように継承していくかが課題となり，また，子供たちを取り巻く環境の変化により学校が抱える課題も複雑化・困難化する中で，これまでどおり学校の工夫だけにその実現を委ねることは困難になってきている。

　こうした状況を踏まえ，平成26年11月には，文部科学大臣から新しい時代にふさわしい学習指導要領等の在り方について中央教育審議会に諮問を行った。中央教育審議会においては，2年1か月にわたる審議の末，平成28年12月21日に「幼稚園，小学校，中学校，高等学校及び特別支援学校の学習指導要領等の改善及び必要な方策等について（答申）」（以下「中央教育審議会答申」という。）を示し

た。

　中央教育審議会答申においては，“よりよい学校教育を通じてよりよい社会を創る”という目標を学校と社会が共有し，連携・協働しながら，新しい時代に求められる資質・能力を子供たちに育む「社会に開かれた教育課程」の実現を目指し，学習指導要領等が，学校，家庭，地域の関係者が幅広く共有し活用できる「学びの地図」としての役割を果たすことができるよう，次の6点にわたってその枠組みを改善するとともに，各学校において教育課程を軸に学校教育の改善・充実の好循環を生み出す「カリキュラム・マネジメント」の実現を目指すことなどが求められた。

① 「何ができるようになるか」（育成を目指す資質・能力）
② 「何を学ぶか」（教科等を学ぶ意義と，教科等間・学校段階等間のつながりを踏まえた教育課程の編成）
③ 「どのように学ぶか」（各教科等の指導計画の作成と実施，学習・指導の改善・充実）
④ 「子供一人一人の発達をどのように支援するか」（子供の発達を踏まえた指導）
⑤ 「何が身に付いたか」（学習評価の充実）
⑥ 「実施するために何が必要か」（学習指導要領等の理念を実現するために必要な方策）

　これを踏まえ，平成29年3月31日に学校教育法施行規則を改正するとともに，幼稚園教育要領，小学校学習指導要領及び中学校学習指導要領を公示した。小学校学習指導要領は，平成30年4月1日から第3学年及び第4学年において外国語活動を実施する等の円滑に移行するための措置（移行措置）を実施し，平成32年4月1日から全面実施することとしている。また，中学校学習指導要領は，平成30年4月1日から移行措置を実施し，平成33年4月1日から全面実施することとしている。

(2) 改訂の基本方針

　今回の改訂は中央教育審議会答申を踏まえ，次の基本方針に基づき行った。

① 今回の改訂の基本的な考え方

　ア　教育基本法，学校教育法などを踏まえ，これまでの我が国の学校教育の実践や蓄積を生かし，子供たちが未来の社会を切り拓（ひら）くための資質・能力を一層確実に育成することを目指す。その際，子供たちに求められる資質・能力とは何かを社会と共有し，連携する「社会に開かれた教育課程」を重視すること。

　イ　知識及び技能の習得と思考力，判断力，表現力等の育成のバランスを重

視する平成20年改訂の学習指導要領の枠組みや教育内容を維持した上で，知識の理解の質を更に高め，確かな学力を育成すること。

ウ　先行する特別教科化など道徳教育の充実や体験活動の重視，体育・健康に関する指導の充実により，豊かな心や健やかな体を育成すること。

②　育成を目指す資質・能力の明確化

　中央教育審議会答申においては，予測困難な社会の変化に主体的に関わり，感性を豊かに働かせながら，どのような未来を創っていくのか，どのように社会や人生をよりよいものにしていくのかという目的を自ら考え，自らの可能性を発揮し，よりよい社会と幸福な人生の創り手となる力を身に付けられるようにすることが重要であること，こうした力は全く新しい力ということではなく学校教育が長年その育成を目指してきた「生きる力」であることを改めて捉え直し，学校教育がしっかりとその強みを発揮できるようにしていくことが必要とされた。また，汎用的な能力の育成を重視する世界的な潮流を踏まえつつ，知識及び技能と思考力，判断力，表現力等をバランスよく育成してきた我が国の学校教育の蓄積を生かしていくことが重要とされた。

　このため「生きる力」をより具体化し，教育課程全体を通して育成を目指す資質・能力を，ア「何を理解しているか，何ができるか（生きて働く「知識・技能」の習得）」，イ「理解していること・できることをどう使うか（未知の状況にも対応できる「思考力・判断力・表現力等」の育成）」，ウ「どのように社会・世界と関わり，よりよい人生を送るか（学びを人生や社会に生かそうとする「学びに向かう力・人間性等」の涵養（かん））」の三つの柱に整理するとともに，各教科等の目標や内容についても，この三つの柱に基づく再整理を図るよう提言がなされた。

　今回の改訂では，知・徳・体にわたる「生きる力」を子供たちに育むために「何のために学ぶのか」という各教科等を学ぶ意義を共有しながら，授業の創意工夫や教科書等の教材の改善を引き出していくことができるようにするため，全ての教科等の目標及び内容を「知識及び技能」，「思考力，判断力，表現力等」，「学びに向かう力，人間性等」の三つの柱で再整理した。

③　「主体的・対話的で深い学び」の実現に向けた授業改善の推進

　子供たちが，学習内容を人生や社会の在り方と結び付けて深く理解し，これからの時代に求められる資質・能力を身に付け，生涯にわたって能動的に学び続けることができるようにするためには，これまでの学校教育の蓄積を生かし，学習の質を一層高める授業改善の取組を活性化していくことが必要であ

り，我が国の優れた教育実践に見られる普遍的な視点である「主体的・対話的で深い学び」の実現に向けた授業改善（アクティブ・ラーニングの視点に立った授業改善）を推進することが求められる。

今回の改訂では「主体的・対話的で深い学び」の実現に向けた授業改善を進める際の指導上の配慮事項を総則に記載するとともに，各教科等の「第3　指導計画の作成と内容の取扱い」において，単元や題材など内容や時間のまとまりを見通して，その中で育む資質・能力の育成に向けて，「主体的・対話的で深い学び」の実現に向けた授業改善を進めることを示した。

その際，以下の6点に留意して取り組むことが重要である。

ア　児童生徒に求められる資質・能力を育成することを目指した授業改善の取組は，既に小・中学校を中心に多くの実践が積み重ねられており，特に義務教育段階はこれまで地道に取り組まれ蓄積されてきた実践を否定し，全く異なる指導方法を導入しなければならないと捉える必要はないこと。

イ　授業の方法や技術の改善のみを意図するものではなく，児童生徒に目指す資質・能力を育むために「主体的な学び」，「対話的な学び」，「深い学び」の視点で，授業改善を進めるものであること。

ウ　各教科等において通常行われている学習活動（言語活動，観察・実験，問題解決的な学習など）の質を向上させることを主眼とするものであること。

エ　1回1回の授業で全ての学びが実現されるものではなく，単元や題材などの内容や時間のまとまりの中で，学習を見通し振り返る場面をどこに設定するか，グループなどで対話する場面をどこに設定するか，児童生徒が考える場面と教師が教える場面をどのように組み立てるかを考え，実現を図っていくものであること。

オ　深い学びの鍵として「見方・考え方」を働かせることが重要になること。各教科等の「見方・考え方」は，「どのような視点で物事を捉え，どのような考え方で思考していくのか」というその教科等ならではの物事を捉える視点や考え方である。各教科等を学ぶ本質的な意義の中核をなすものであり，教科等の学習と社会をつなぐものであることから，児童生徒が学習や人生において「見方・考え方」を自在に働かせることができるようにすることにこそ，教師の専門性が発揮されることが求められること。

カ　基礎的・基本的な知識及び技能の習得に課題がある場合には，その確実な習得を図ることを重視すること。

④　各学校におけるカリキュラム・マネジメントの推進

　各学校においては，教科等の目標や内容を見通し，特に学習の基盤となる資質・能力（言語能力，情報活用能力（情報モラルを含む。以下同じ。），問題発見・解決能力等）や現代的な諸課題に対応して求められる資質・能力の育成のためには，教科等横断的な学習を充実することや，「主体的・対話的で深い学び」の実現に向けた授業改善を，単元や題材など内容や時間のまとまりを見通して行うことが求められる。これらの取組の実現のためには，学校全体として，児童生徒や学校，地域の実態を適切に把握し，教育内容や時間の配分，必要な人的・物的体制の確保，教育課程の実施状況に基づく改善などを通して，教育活動の質を向上させ，学習の効果の最大化を図るカリキュラム・マネジメントに努めることが求められる。

　このため総則において，「児童や学校，地域の実態を適切に把握し，教育の目的や目標の実現に必要な教育の内容等を教科等横断的な視点で組み立てていくこと，教育課程の実施状況を評価してその改善を図っていくこと，教育課程の実施に必要な人的又は物的な体制を確保するとともにその改善を図っていくことなどを通して，教育課程に基づき組織的かつ計画的に各学校の教育活動の質の向上を図っていくこと（以下「カリキュラム・マネジメント」という。）に努める」ことについて新たに示した。

⑤　教育内容の主な改善事項

　このほか，言語能力の確実な育成，理数教育の充実，伝統や文化に関する教育の充実，体験活動の充実，外国語教育の充実などについて，総則や各教科等において，その特質に応じて内容やその取扱いの充実を図った。

●2　特別活動改訂の趣旨及び要点

(1)　改訂の趣旨

　中央教育審議会答申において，学習指導要領等改訂の基本的な方向性が示されるとともに，各教科等における改訂の具体的な方向性も示されている。今回の特別活動の改訂は，これらを踏まえて行われたものである。

①　特別活動の成果と課題

　特別活動は，学級活動，児童会活動・生徒会活動，クラブ活動及び学校行事から構成され，それぞれ構成の異なる集団での活動を通して，児童生徒が学校生活を送る上での基盤となる力や社会で生きて働く力を育む活動として機能してきた。協働性や異質なものを認め合う土壌を育むなど，生活集団，学習集団

として機能するための基盤となるとともに，集団への所属感，連帯感を育み，それが学級文化，学校文化の醸成へとつながり，各学校の特色ある教育活動の展開を可能としている。

　一方で，更なる充実が期待される今後の課題としては，以下のような点が挙げられる。

（特別活動において育成することを目指す資質・能力の視点）

　特別活動は「なすことによって学ぶ」ことを方法原理とし，各学校において特色ある取組が進められているが，各活動・学校行事において身に付けるべき資質・能力は何なのか，どのような学習過程を経ることにより資質・能力の向上につなげるのかということが必ずしも意識されないまま指導が行われてきたという実態も見られる。特別活動が各教科等の学びの基盤となるという面もあり，教育課程全体における特別活動の役割や機能も明らかにする必要がある。

（内容の示し方の視点）

　内容や指導のプロセスの構造的な整理が必ずしもなされておらず，各活動等の関係性や意義，役割の整理が十分でないまま実践が行われてきたという実態も見られる。

（複雑で変化の激しい社会の中で求められる能力を育成するという視点）

　社会参画の意識の低さが課題となる中で，自治的能力を育むことがこれまで以上に求められていること，キャリア教育を学校教育全体で進めていく中で特別活動が果たす役割への期待が大きいこと，防災を含む安全教育や体験活動など，社会の変化や要請も視野に入れ，各教科等の学習と関連付けながら，特別活動において育成を目指す資質・能力を示す必要がある。

②　改訂の基本的な方向性

- 　特別活動は，様々な構成の集団から学校生活を捉え，課題の発見や解決を行い，よりよい集団や学校生活を目指して様々に行われる活動の総体である。その活動の範囲は学年・学校段階が上がるにつれて広がりをもっていき，そこで育まれた資質・能力は，社会に出た後の様々な集団や人間関係の中で生かされていくことになる。このような特別活動の特質を踏まえ，これまでの目標を整理し，指導する上で重要な視点として「人間関係形成」，「社会参画」，「自己実現」の三つとして整理した。
- 　特別活動において育成することを目指す資質・能力については，「人間関係形成」，「社会参画」，「自己実現」の三つの視点を踏まえて特別活動の目標及び内容を整理し，学級活動，児童会活動・生徒会活動，クラブ活動及び学校行事を通して育成する資質・能力を明確化する。

・　内容については，様々な集団での活動を通して，自治的能力や主権者として積極的に社会参画する力を重視するため，学校や学級の課題を見いだし，よりよく解決するため，話し合って合意形成し実践することや，主体的に組織をつくり，役割分担して協力し合うことの重要性を明確化する。また，小学校から高等学校まで教育活動全体の中で「基礎的・汎用的能力」を育むというキャリア教育本来の役割を改めて明確にするなど，小・中・高等学校のつながりを明確にする。

(2) 改訂の要点

① 目標の改善

　今回の改訂では，各教科等の学びを通して育成することを目指す資質・能力を三つの柱により明確にしつつ，それらを育むに当たり，児童（生徒）がどのような学びの過程を経験することが求められるか，さらには，そうした学びの過程において，質の高い深い学びを実現する観点から，特別活動の特質に応じた物事を捉える視点や考え方（見方・考え方）を働かせることが求められることを示している。

　特別活動の目標についても，「人間関係形成」，「社会参画」，「自己実現」という三つの視点を手掛かりとしながら，資質・能力の三つの柱に沿って目標を整理した。そして，そうした資質・能力を育成するための学習の過程として，「様々な集団活動に自主的，実践的に取り組み，互いのよさや可能性を発揮しながら集団や自己の生活上の課題を解決することを通して」資質・能力の育成を目指すこととした。第2章において詳述するように，この学習の過程は，これまでの特別活動の目標において「望ましい集団活動を通して」としてきたことを具体的に示したものである。

　そして，特別活動の特質に応じた見方・考え方として，「集団や社会の形成者としての見方・考え方」を働かせることとした。第3章以降において詳述するように，集団や社会の形成者としての見方・考え方は，特別活動と各教科等とが往還的な関係にあることを踏まえて，各教科等における見方・考え方を総合的に働かせて，集団や社会における問題を捉え，よりよい人間関係の形成，よりよい集団生活の構築や社会への参画及び自己の実現に関連付けることとして整理することができる。

② 内容構成の改善

　特別活動が学級活動，児童会活動・生徒会活動，クラブ活動の各活動及び学校行事から構成されるという大枠の構成に変化はないが，今回の改訂において

は，特別活動全体の目標と各活動との関係について，それぞれの活動や学校行事の意義や活動を行う上で必要となることについて理解し，主体的に考えて実践できるように指導することを通して，特別活動の目標に示す資質・能力の育成を目指していくものであることを示した。そのために，従来は項目名だけが示されていた各活動の内容について，それぞれの項目においてどのような過程を通して学ぶのかを端的に示した。

　なお，各活動及び学校行事で育成する資質・能力は，それぞれ別個のものではなく，各活動及び学校行事の特色に応じつつ特別活動全体の目標の実現に向けていくものである。このため，告示上，各活動及び学校行事の目標の中に育成することを目指す資質・能力を三つの柱で示していない。

　〔学級活動〕の内容の構成については，小・中・高等学校を通して育成することを目指す資質・能力の観点から，次のように系統性が明確になるよう整理した。

・　小学校の学級活動に「(3) 一人一人のキャリア形成と自己実現」を設け，キャリア教育の視点からの小・中・高等学校のつながりが明確になるようにした。

・　中学校において，与えられた課題ではなく学級生活における課題を自分たちで見いだして解決に向けて話し合う活動に，小学校の経験を生かして取り組むよう (1) の内容を重視する視点から，(2)，(3) の項目を整理した。

　これにより，学級活動の内容の構成の大枠は小・中学校の系統性が明らかになるよう整理しつつ，それぞれの具体的な内容や示し方は，総則や各教科等の学習内容との関係も踏まえながら，各学校段階に応じたものとした。小学校の学級活動については，前回改訂では，学年別の内容と共通事項の二つを示していたが，今回の改訂では，内容は各学年共通で示しつつ，学級活動の内容の取扱いにおいて，〔第1学年及び第2学年〕〔第3学年及び第4学年〕〔第5学年及び第6学年〕の各段階で特に配慮すべき事項を示した。

③　内容の改善・充実

　特別活動全体を通して，自治的能力や主権者として積極的に社会参画する力を育てることを重視し，学級や学校の課題を見いだし，よりよく解決するため話し合って合意形成すること，主体的に組織をつくり役割分担して協力し合うことの重要性を明確にした。

　各活動における内容の改善・充実のポイントは次の通りである。

〔学級活動〕

○　小学校段階から学級活動の内容に「(3) 一人一人のキャリア形成と自己実現」を新たに設けた。

○　中学校において「(1) 学級や学校における生活づくりへの参画」の指導の充実を図るため，(2), (3) の内容を，各項目の関連に配慮して整理した。

○　学習の過程として，「(1) 学級や学校における生活づくりへの参画」については，集団としての合意形成を，「(2) 日常の生活や学習への適応と自己の成長及び健康安全」及び「(3) 一人一人のキャリア形成と自己実現」については，一人一人の意思決定を行うことを示した。

○　総則において，特別活動が学校教育全体を通して行うキャリア教育の要となることが示されたことを踏まえ，キャリア教育に関わる様々な活動に関して，学校，家庭及び地域における学習や生活の見通しを立て，学んだことを振り返りながら，新たな学習や生活への意欲につなげたり，将来の生き方を考えたりする活動を行うこととした。また，その際，児童生徒が見通しを立てたり振り返ったりするための教材等を活用することとした。

〔児童会活動・生徒会活動〕

○　内容の (1) を「児童会（生徒会）の組織づくりと児童会活動（生徒会活動）の計画や運営」とし，児童生徒が主体的に組織をつくることを明示した。

○　児童会活動における異年齢集団活動，生徒会活動におけるボランティア活動等の社会参画を重視することとした。

○　小学校では，運営や計画は主として高学年の児童が行うこととしつつ，児童会活動・生徒会活動には，学校の全児童・生徒が主体的に参加できるよう配慮することを示した。

〔クラブ活動〕（小学校のみ）

○　従来に引き続き，同好の異年齢の児童が共通の興味・関心を追求する活動であるとした上で，児童が計画を立てて役割分担し，協力して楽しく活動するものであることを明示した。

〔学校行事〕

○　小学校における自然の中での集団宿泊活動，中学校における職場体験等の体験活動を引き続き重視することとした。

○　健康安全・体育的行事の中で，事件や事故，災害から身を守ることについて明示した。

なお，学級活動（給食の時間を除く。）の標準授業時数は，年間35単位時間（第 1 学年は34単位時間）とし，児童会活動・生徒会活動，クラブ活動及び学校行事については，それらの内容に応じ，年間，学期ごと，月ごと等に適切な授業時数を充てることについては変更はない。

第1章
総　説

④　学習指導の改善・充実

　特別活動の目標の実現のため，学校の教育活動全体の中における特別活動の役割も踏まえて充実を図ることが求められることとして，次のような点を示した。

○　特別活動の深い学びとして，児童生徒が集団や社会の形成者としての見方・考え方を働かせ，様々な集団活動に自主的，実践的に取り組む中で，互いのよさや個性，多様な考えを認め合い，等しく合意形成に関わり役割を担うようにすることを重視することとした。

○　小学校，中学校ともに，学級活動における児童生徒の自発的，自治的な活動を中心として，各活動と学校行事を相互に関連付けながら，学級経営の充実を図ることとした。

○　いじめの未然防止等を含めた生徒指導との関連を図ること，学校生活への適応や人間関係の形成などについて，主に集団の場面で必要な指導や援助を行うガイダンスと，個々の児童生徒の多様な実態を踏まえ一人一人が抱える課題に個別に対応した指導を行うカウンセリングの双方の趣旨を踏まえて指導を行うことを示した。

○　異年齢集団による交流を重視するとともに，障害のある幼児児童生徒との交流及び共同学習など多様な他者との交流や対話について充実することを示した。

第1節　特別活動の目標

学習指導要領第6章の第1「目標」で，次のとおり示されている。

> 　集団や社会の形成者としての見方・考え方を働かせ，様々な集団活動に自主的，実践的に取り組み，互いのよさや可能性を発揮しながら集団や自己の生活上の課題を解決することを通して，次のとおり資質・能力を育成することを目指す。
>
> (1)　多様な他者と協働する様々な集団活動の意義や活動を行う上で必要となることについて理解し，行動の仕方を身に付けるようにする。
>
> (2)　集団や自己の生活，人間関係の課題を見いだし，解決するために話し合い，合意形成を図ったり，意思決定したりすることができるようにする。
>
> (3)　自主的，実践的な集団活動を通して身に付けたことを生かして，集団や社会における生活及び人間関係をよりよく形成するとともに，自己の生き方についての考えを深め，自己実現を図ろうとする態度を養う。

　この特別活動の目標は，学級活動，児童会活動，クラブ活動及び学校行事の四つの内容（以下「各活動・学校行事」という。）の目標を総括する目標である。

●1　特別活動の目標

　特別活動は，「集団や社会の形成者としての見方・考え方」を働かせながら「様々な集団活動に自主的，実践的に取り組み，互いのよさや可能性を発揮しながら集団や自己の生活上の課題を解決する」ことを通して，資質・能力を育むことを目指す教育活動である。

　今回の改訂では，各教科等の指導を通してどのような資質・能力の育成を目指すのかを明確にしつつ，それらを育むに当たり，児童がどのような学びの過程を経るのかということ，さらにはそうした学びの過程において，各教科等の特質に応じた「見方・考え方」を働かせながら，教育活動の充実を図ることを，各教科等の目標の中で示した。

特別活動においてもこうした考え方に基づいて目標を示した。このことは，これまでの特別活動の基本的な性格を転換するものではなく，教育課程の内外を含めた学校の教育活動全体における特別活動の役割を，より一層明確に示すものである。

(1) 特別活動における「人間関係形成」，「社会参画」，「自己実現」の視点

特別活動において育成を目指す資質・能力や，それらを育成するための学習過程の在り方を整理するに当たっては，これまで目標において示してきた要素や特別活動の特質，教育課程全体において特別活動が果たすべき役割などを勘案して，「人間関係形成」，「社会参画」，「自己実現」の三つの視点で整理した。

これらの三つの視点は，(4)において述べるように，特別活動において育成を目指す資質・能力における重要な要素であり，これらの資質・能力を育成する学習過程においても重要な意味をもつ。「人間関係形成」，「社会参画」，「自己実現」の三つの視点が，育成を目指す資質・能力に関わるものであると同時に，それらを育成する学習過程においても重要な意味をもつということは，特別活動の方法原理が「なすことによって学ぶ」ということにある。

三つの視点はそれぞれ重要であるが，相互に関わり合っていて，明確に区別されるものではないことにも留意する必要がある。

① 「人間関係形成」

「人間関係形成」は，集団の中で，人間関係を自主的，実践的によりよいものへと形成するという視点である。人間関係形成に必要な資質・能力は，集団の中において，課題の発見，実践，振り返りなどの特別活動の学習過程全体を通して，個人と個人あるいは個人と集団という関係性の中で育まれると考えられる。年齢や性別といった属性，考え方や関心，意見の違い等を理解した上で認め合い，互いのよさを生かすような関係をつくることが大切である。

なお，「人間関係形成」と「人間関係をよりよく形成すること」は同じ視点として整理している。

② 「社会参画」

「社会参画」は，よりよい学級・学校生活づくりなど，集団や社会に参画し様々な問題を主体的に解決しようとするという視点である。社会参画に必要な資質・能力は，集団の中において，自発的，自治的な活動を通して，個人が集団へ関与する中で育まれると考えられる。学校は一つの小さな社会であると同時に，様々な集団から構成される。学校内の様々な集団における活動に関わる

ことが，地域や社会に対する参画，持続可能な社会の担い手となっていくことにもつながっていく。

なお，社会は，様々な集団で構成されていると捉えられることから，学級や学校の集団をよりよくしようとするために参画することと，社会をよりよくしようとするために参画することは，「社会参画」という意味で同じ視点として整理している。

③ 「自己実現」

「自己実現」は，一般的には様々な意味で用いられるが，特別活動においては，集団の中で，現在及び将来の自己の生活の課題を発見し，よりよく改善しようとする視点である。自己実現に必要な資質・能力は，自己の理解を深め，自己のよさや可能性を生かす力，自己の在り方や生き方を考え設計する力など，集団の中において，個々人が共通して当面する現在及び将来に関わる課題を考察する中で育まれると考えられる。

(2) 集団や社会の形成者としての見方・考え方を働かせる

学級や学校は，児童にとって最も身近な社会である。児童は学級や学校という社会での生活の中で，様々な集団活動を通して，多様な人間関係の築き方や，集団の発展に寄与することや，よりよい自分を追求することなどを学ぶ。児童は，学年や学校段階が上がるにつれて人間関係や活動の範囲を広げ，特別活動で身に付けたこのような資質・能力と，他教科等で学んだことを，地域・社会などその後の様々な集団や人間関係の中で生かしていく。

こうした学習過程においては，特別活動ならではの「見方・考え方」を働かせることが重要である。今回の改訂で各教科等の目標に位置付けられた「見方・考え方」は，各教科等の特質に応じた，物事を捉える視点や考え方であり，各教科等を学ぶ意義の中核をなすものである。特別活動の特質は，課題を見いだし解決に向けて取り組む実践的な学習であるということや，各教科等で学んだことを実際の生活において総合的に活用して実践するということにある。このことから，特別活動の特質に応じた見方・考え方は「集団や社会の形成者としての見方・考え方」として示した。

「集団や社会の形成者としての見方・考え方」を働かせるということは，各教科等の見方・考え方を総合的に働かせながら，自己及び集団や社会の問題を捉え，よりよい人間関係の形成，よりよい集団生活の構築や社会への参画及び自己の実現に向けた実践に結び付けることである。こうした「見方・考え方」は特別活動の中だけでなく，社会に出て生活していくに当たっても重要な働きをする。

(3) 様々な集団活動に自主的，実践的に取り組み，互いのよさや可能性を発揮しながら集団や自己の生活上の課題を解決する

　今回の改訂では，資質・能力を育成するために，「様々な集団活動に自主的，実践的に取り組み，互いのよさや可能性を発揮しながら集団や自己の生活上の課題を解決することを通して」という学習過程を示した。

①　様々な集団活動

　私たちは社会の中で，様々な集団を単位として活動する。集団は，目的によってつながっていたり，生活する地域を同じにするという点においてつながっていたりと様々なものがある。目的や構成が異なる様々な集団での活動を通して，自分や他者のよさや可能性に気付いたり，それを発揮したりすることができるようになる。

　学校は一つの小さな社会であり，様々な集団から構成される。特別活動は，各活動・学校行事における様々な集団活動の中で，児童が集団や自己の課題の解決に向けて取り組む活動である。集団の活動の範囲は学年や学校段階が上がるにつれて広がりをもち，社会に出た後の様々な集団や人間関係の中でその資質・能力が生かされていくことになる。

　学級活動は，学校生活において最も身近で基礎的な所属集団である学級を基盤とした活動である。学級は，年間を通して日々の生活を共にする集団である。卒業後においては，職業生活の中心となる職場における集団や，日々の生活の基盤となる家族といった集団での生活につながる活動である。

　日々の生活を共にする中で，児童は多様な考え方や感じ方があることを知り，時には葛藤や対立を経験することもある。こうした中で，より豊かで規律ある生活を送るために，様々な課題の解決方法を話し合い，合意形成を図って決まったことに対して協力して実践したり，意思決定したことを努力して実践したりする。

　児童会活動は，学校生活全般に関する自発的，自治的な集団活動である。卒業後においては，地域社会における自治的な活動につながる活動である。児童会では，全校児童集会等のように全児童で活動する場面と，委員会活動等のように，役割を同じくする異年齢集団の児童で活動する場面とがある。いずれの場合も，学級の枠を超え，高学年の児童がリーダーシップを発揮しながらよりよい学校づくりに参画し，協力して諸問題の解決を行う活動である。

　クラブ活動は，小学校において，主として第4学年以上の同好の児童から構成される異年齢集団による活動である。卒業後においては，地域・社会におけるサークル活動や同好会など同好の者による自主的な活動につながる活動であ

る。この活動では，どのクラブに参加してどのように活動するかを児童が主体的に決定し，みんなで楽しむことができる活動の実施について，児童自らが計画・運営を行う。

　学校行事は，学年や学校全体という大きな集団において，一つの目的の下に行われる様々な活動の総体である。卒業後は地域や社会の行事や催し物など，様々な集団で所属感や連帯感を高めながら一つの目標などに向かって取り組む活動につながる活動である。学校が計画し，実施するものであるが，児童が積極的に参加，協力することにより充実する教育活動である。このような学校行事は，学校内だけでなく，地域の催し物等，学校外の行事とつながりのある活動内容も多い。児童は学校行事を通して，地域や社会への所属感や連帯感も高めていく。

② 自主的，実践的に取り組む

　特別活動の各活動・学校行事は，一人一人の児童の学級や学校の生活における諸問題への対応や課題解決の仕方などを自主的，実践的に学ぶ活動内容によって構成されている。特別活動の目標や内容で示している資質・能力は，自主的，実践的な学習を通して初めて身に付くものである。例えば，多様な他者と協働する様々な集団活動の意義を理解し，そうした活動に積極的に取り組もうとする態度を育てるためには，実際に学級や学校の生活をよりよくするための活動に全ての児童が取り組むことを通して，そのよさ，大切さを，一人一人が実感を伴って理解できるようにすることが大切である。また，例えば事件や事故，災害等から身を守る安全な行動を体得するためには，表面的・形式的ではなく，より具体的な場面を想定した訓練等を体験することによって，各教科等で学習した安全に関する資質・能力が実際に活用できるものとなる。このように，集団活動の中で，一人一人の児童が，実生活における課題の解決に取り組むことを通して学ぶことが，特別活動における自主的，実践的な学習である。

　特別活動のいずれの活動も，児童が自主的，実践的に取り組むことを特質としているが，学級活動(1)，児童会活動，クラブ活動については，さらに「自発的，自治的な活動」であることを特質としている。「自発的，自治的な活動」は，「自主的，実践的」であることに加えて，目的をもって編制された集団において，児童が自ら課題等を見いだし，その解決方法・取扱い方法などについての合意形成を図り，協力して目標を達成していくものである。児童の自発的，自治的な活動に関わる内容と，それ以外の内容については，本解説第3章で説明するように，学習過程に違いがあるが，いずれの場合にも，児童の自

主的，実践的な活動が助長されるようにする必要がある。この点については本解説第4章で説明する。

　自主的，実践的な活動に関する指導に当たっては，次のようなことに留意することが必要である。

　集団の中で人間関係が築かれることに伴い，児童間に自主的，実践的な取組を促す相互作用が活発に行われるようになる。しかし，低学年の段階や学級の状況に応じて，教師は児童が自らの課題に合った具体的な目標を考え，話合いを生かして意思決定し，粘り強く取り組むことができるよう指導していくことが必要である。

　その一方，教師が意図的に児童の抱える共通の問題を提示し，その解決を図るために自主的，実践的に取り組めるよう，計画的に指導していくことも必要である。

③　互いのよさや可能性を発揮しながら

　「互いのよさや可能性を発揮しながら」は，これまでの学習指導要領の目標で「望ましい集団活動を通して」として示した趣旨をより具体的に示したものである。

　①で説明したように，特別活動の大きな特質の一つに，様々な集団での活動を基本とすることが挙げられる。特別活動における集団活動の指導においては，過度に個々やグループでの競争を強いたり，過度に連帯での責任を求めて同調圧力を高めたりするなど，その指導方法によっては，違いを排除することにつながりかねない。例えば，いじめなどに見られるように一部の児童が排斥されたり，不登校のきっかけになったり，児童一人一人のよさが十分発揮できなかったりする場合さえもある。また，一見すると学級全体で協力的に実践が進められているように見えても，実際には教師の意向や一部の限られた児童の考えだけで動かされていたり，単なるなれ合いとなっていたりする場合もある。このような状況は，特別活動の学習過程として望ましいものとは言えない。

　集団活動における合意形成は，他者に迎合することでも，相手の意見を無理にねじ伏せることでもない。複数の人がいる集団では，意見の相違や価値観の違いがあって当然である。そのため，集団における合意形成では，同調圧力に流されることなく，批判的思考力をもち，他者の意見も受け入れつつ自分の考えも主張できるようにすることが大切である。そして，異なる意見や考えを基に，様々な解決の方法を模索したり，折り合いを付けたりすることが，「互いのよさや可能性を発揮しながら」につながるのである。

こうしたことを常に念頭に置き，特別活動における集団活動の指導に当たっては，「いじめ」や「不登校」等の未然防止等も踏まえ，児童一人一人を尊重し，児童が互いのよさや可能性を発揮し，生かし，伸ばし合うなど，よりよく成長し合えるような集団活動として展開しなければならない。児童が自由な意見交換を行い，全員が等しく合意形成に関わり，役割を分担して協力するといった活動を展開する中で，所属感や連帯感，互いの心理的な結び付きなどが結果として自然に培われるようにすべきものである。このような特別活動の特質は，学級経営や生徒指導の充実とも深く関わるものである。

なお，学習指導要領の前文においても，「(中略) 一人一人の児童が，自分のよさや可能性を認識するとともに，あらゆる他者を価値のある存在として尊重し，多様な人々と協働しながら様々な社会的変化を乗り越え，豊かな人生を切り拓き，持続可能な社会の創り手となることができるようにすることが求められる。」と示されている。このことは特別活動にとどまらず，学校教育全体で大切にする必要があることを示している。

④ 集団や自己の生活上の課題を解決する

「集団や自己の生活上の課題を解決する」とは，様々な集団活動を通して集団や個人の課題を見いだし，解決するための方法や内容を話し合って，合意形成や意思決定をするとともに，それを協働して成し遂げたり強い意志をもって実現したりする児童の活動内容や学習過程を示したものである。

「なすことによって学ぶ」を方法原理としている特別活動においては，学級や学校生活には自分たちで解決できる課題があること，その課題を自分たちで見いだすことが必要であること，単に話し合えば解決するのではなく，その後の実践に取り組み，振り返って成果や課題を明らかにし，次なる課題解決に向かうことなどが大切であることに気付いたり，その方法や手順を体得できるようにしたりすることが求められる。

ここでいう「課題」とは，現在生じている問題を解消することだけでなく，広く集団や自己の現在や将来の生活をよりよくするために取り組むことを指す。各活動・学校行事における課題については，第3章において解説する。

(4) 特別活動で育成を目指す資質・能力

特別活動では，学んだことを人生や社会での在り方と結び付けて深く理解したり，これからの時代に求められる資質・能力を身に付けたり，生涯にわたって能動的に学び続けたりすることができるようになることが重要である。

そこで，特別活動の指導に当たっては，児童が互いのよさや可能性を発揮し，

よりよく成長し合えるような集団活動を,「集団や社会の形成者としての見方・考え方」を働かせながら展開することを通して,次のような資質・能力を育むことが大切である。

① 「知識及び技能（何を知っているか，何ができるか）」

> 多様な他者と協働する様々な集団活動の意義や活動をする上で必要となることについて理解し，行動の仕方を身に付けるようにする。

学級や学校における集団活動を前提とする特別活動は，よりよい人間関係の形成や合意形成，意思決定をどのように行っていくかということを大切にしている。こうした集団活動を通して，話合いの進め方やよりよい合意形成や意思決定の方法，チームワークの重要性，集団活動における役割分担の方法などについて理解できるようにすることが必要である。その際，方法論的な知識や技能だけではなく，よりよい人間関係とはどのようなものなのか，合意形成や意思決定とはどういうことなのかという本質的な理解も極めて重要である。知識や技能を教授するのではなく，各教科等において学習したことも含めて，特別活動の実践活動や体験活動を通して体得させていくようにすることが必要である。

具体的には，例えば次のように知識や技能を身に付けていくことが考えられる。

○ 集団で活動する上での様々な困難を乗り越えるためには何が必要になるのかという理解や，集団でなくては成し遂げられないこと，集団で行うからこそ得られる達成感があることなど，集団と個の関係について理解すること。集団活動のよさや社会の中で果たしている役割，自己の在り方や生き方との関連で集団活動の価値を理解すること。

○ 基本的な生活習慣，学校生活のきまり，社会生活におけるルールやマナー及びその意義について理解し，実践できるようにすることなど，集団や人間関係をよりよく構築していく中で大切にすべきことを理解し実践できるようにすること。

○ 現在及び将来の自己の課題との関連における学習の意義を理解し，課題解決に向けて意思決定し，行動することの意義や，そのために必要となること，大切にしなければならないことなどを理解すること。将来，自立した生活を営むことと現在の学習がどのように関わるかということを理解し，現在，自分でできることを意思決定し，実践していくこと。

② 「思考力，判断力，表現力等（知っていること，できることをどう使うか）」

> 集団や自己の生活，人間関係の課題を見いだし，解決するために話し合い，合意形成を図ったり，意思決定したりすることができるようにする。

特別活動では，学級や学校における様々な集団活動を通して，集団や自己の生活上の課題や他者との関係の中で生じる課題を見いだす。そして，その解決のために話し合い，決まったことを実践する。さらに，実践したことを振り返って次の課題解決に向かう。この一連の学習過程において，児童が各教科等で学んだ知識などを課題解決に関連付けながら主体的に考えたり判断したりすることを通して，個人と集団との関わりの中で合意形成や意思決定が行われ，こうした経験や学習の積み重ねにより，課題解決の過程において必要となる「思考力，判断力，表現力等」が育成される。

具体的には，様々な集団活動の中で，例えば次のようなことができるようにすることが考えられる。

○ 人間関係をよりよく形成していくために，様々な場面で，自分自身及び自分と違う考えや立場にある多様な他者と，互いを認め合いながら，助け合ったり協力し合ったり，進んでコミュニケーションを図ったり，協働したりしていくこと。

○ 集団をよりよいものにしたり，社会に主体的に参画したりしていくために，自分自身や他者のよさを生かしながら，集団や社会の問題について把握し，合意形成を図ってよりよい解決策を決め，それに取り組むこと。

○ 現在及び将来に向けた自己実現のために，自己のよさや可能性を発揮し，置かれている状況を理解し，それを生かしつつ意思決定することや，情報を収集・整理し，興味・関心，個性の把握などにより，将来を見通して自己の生き方を選択・形成すること。

③ 「学びに向かう力，人間性等（どのように社会・世界と関わり，よりよい人生を送るか）」

> 自主的，実践的な集団活動を通して身に付けたことを生かして，集団や社会における生活及び人間関係をよりよく形成するとともに，自己の生き方についての考えを深め，自己実現を図ろうとする態度を養う。

　人は，実社会において，何らかの目的を達成するため，また，自己実現を図るために様々な集団に所属したり，新たな集団を形成したりする。したがって，多様な集団の中で，よりよい人間関係を形成しようとしたり，集団をよりよいものにしようとしたり，自己実現を図ろうとしたりすることは，まさに自分自身の在り方や生き方と深く関わるものである。

　特別活動では，集団活動の意義や役割を理解し，多様な他者と関わる上で，様々な活動に自主的，実践的に関わろうとする態度を養う必要がある。

　具体的には，例えば次のような態度を養うことが考えられる。

○　多様な他者の価値観や個性を受け入れ，助け合ったり協力し合ったりして，よりよい人間関係を築こうとする態度。

○　集団や社会の形成者として，多様な他者と協働して，集団や生活上の諸問題を解決し，よりよい生活をつくろうとする態度。

○　日常の生活や自己の在り方を主体的に改善しようとしたり，将来を思い描き，自分にふさわしい生き方や職業を主体的に考え，選択しようとしたりする態度。

●2　特別活動の目標と各活動・学校行事の目標との関連

　特別活動は，各活動・学校行事で構成されており，それぞれ独自の目標と内容をもつ教育活動である。しかし，それらは決して異なる目標を達成しようとするものではない。構成や規模，活動の原理などが異なる集団活動を通して，第1の目標に掲げる，特別活動で育成すべき資質・能力を身に付けることを目指して行うものである。

　学習指導要領第6章の第2では，各活動・学校行事の目標を，次のとおり示している。いずれの目標も，集団の特質や活動の過程の特徴を踏まえた活動を通して，第1の目標に示す資質・能力を育成するものであることを示している。各活動・学校行事ごとに育成を目指す資質・能力を，資質・能力の三つの柱に即して具体的に示していないのはそのためであり，各学校においては，こうした特別活動の全体目標と各活動・学校行事の目標の関係を踏まえて，それぞれの活動の特質を生かした指導計画を作成し，指導の充実を図ることが大切である。

（特別活動の目標（全体目標））

　集団や社会の形成者としての見方・考え方を働かせ，様々な集団活動
に自主的，実践的に取り組み，互いのよさや可能性を発揮しながら集団
や自己の生活上の課題を解決することを通して，次のとおり資質・能力
を育成することを目指す。

(1) 多様な他者と協働する様々な集団活動の意義や活動を行う上で必
　　要となることについて理解し，行動の仕方を身に付けるようにす
　　る。

(2) 集団や自己の生活，人間関係の課題を見いだし，解決するために
　　話し合い，合意形成を図ったり，意思決定したりすることができる
　　ようにする。

(3) 自主的，実践的な集団活動を通して身に付けたことを生かして，
　　集団や社会における生活及び人間関係をよりよく形成するととも
　　に，自己の生き方についての考えを深め，自己実現を図ろうとする
　　態度を養う。

（学級活動の目標）

　学級や学校での生活をよりよくするための課題を見いだし，解決する
ために話し合い，合意形成し，役割を分担して協力して実践したり，学
級での話合いを生かして自己の課題の解決及び将来の生き方を描くため
に意思決定して実践したりすることに，自主的，実践的に取り組むこと
を通して，第1の目標に掲げる資質・能力を育成することを目指す。

（児童会活動の目標）

　異年齢の児童同士で協力し，学校生活の充実と向上を図るための諸問
題の解決に向けて，計画を立て役割を分担し，協力して運営することに
自主的，実践的に取り組むことを通して，第1の目標に掲げる資質・能
力を育成することを目指す。

（クラブ活動の目標）

異年齢の児童同士で協力し，共通の興味・関心を追求する集団活動の計画を立てて運営することに自主的，実践的に取り組むことを通して，個性の伸長を図りながら，第1の目標に掲げる資質・能力を育成することを目指す。

（学校行事の目標）

全校又は学年の児童で協力し，よりよい学校生活を築くための体験的な活動を通して，集団への所属感や連帯感を深め，公共の精神を養いながら，第1の目標に掲げる資質・能力を育成することを目指す。

● 3　特別活動における「主体的・対話的で深い学び」

学習指導要領第1章の第3の1の(1)において，資質・能力を偏りなく育成するために，児童の「主体的・対話的で深い学び」の実現に向けた授業改善を行うこと，その際には各教科等の見方・考え方を働かせ，各教科等の学習の過程を重視して充実を図ることを示している。

特別活動においては，児童同士の話合い活動や，児童が自主的，実践的に活動することを特質としてきた。特別活動における「主体的・対話的で深い学び」の実現は，各活動・学校行事の学習過程において，授業や指導の工夫改善を行うことで，一連の学習過程の中での質の高い学びを実現することである。それは，特別活動の各活動・学校行事の内容を深く理解し，それぞれを通して資質・能力を身に付け，小学校卒業後も能動的に学び続けるようにすることでもある。

「主体的な学び」の実現とは，学ぶことに興味・関心をもち，学校生活に起因する諸課題の改善・解決やキャリア形成の方向性と自己との関連を明確にしながら，見通しをもって粘り強く取り組み，自己の活動を振り返りながら改善・解消に励むなど，活動の意義を理解した取組である。

特別活動においては，学級や学校における集団活動を通して，生活上の諸課題を見いだし，解決できるようにすることが大切である。例えば，学級や学校の実態，自己の現状に即して，自ら課題を見いだしたり，解決方法を決めて自主的に実践したり，その取組を振り返り，よい点や改善点に気付いたりできるような学習過程とすることが大切である。そうした学習過程によって，集団や自己の新た

な課題の発見や目標の設定が可能となり，生活を更によりよくしようという次の活動への動機付けとなるなど，児童の主体的な学びが可能になる。

「対話的な学び」の実現とは，児童相互の協働，教職員や地域の人との対話，先哲の考え方や資料等を手掛かりに考えたり話し合ったりすることを通して，自己の考え方を協働的に広げ深めていくことである。

特別活動は多様な他者との様々な集団活動を行うことを基本とし，そこでの「話合い」を全ての活動の中心に置いている。特に，学級活動や児童会活動，クラブ活動の自発的，自治的な活動においては，学級や学校における集団や自己の生活上の課題を見いだし，解決するために合意形成を図ったり，意思決定したりする中で，話合いを通して他者の様々な意見に触れ，自分の考えを広げたり，課題について多面的・多角的に考えたりすることが重要である。

また，対話的な学びは，学級など同一集団の児童同士の話合いにとどまるものではない。異年齢の児童生徒や障害のある幼児児童生徒等，多様な他者と対話しながら協働することや地域の人との交流を通して自分の考えを広げたり，自分のよさやがんばりに気付き自己肯定感を高めたりすること，自然体験活動を通して自然と向き合い，学校生活では得られない体験から新たな気付きを得ること，キャリア形成に関する自分自身の意思決定の過程において，他者や教師との対話を通して自己の考えを発展させることなど，様々な関わりを通して感性を豊かにし，よりよい合意形成や意思決定ができるような資質・能力を育成することも，特別活動における対話的な学びとして重要である。

「深い学び」の実現とは，学びの過程の中で，各教科等の特質に応じた「見方・考え方」を働かせながら，知識を相互に関連付けてより深く理解したり，情報を精査して考えを形成したり，新たな課題を見いだして解決策を考えたり，思いや考えを基に創造したりすることで，学んだことを深めることである。

特別活動における「深い学び」の実現には，特別活動が重視している「実践」を，単に行動の場面と狭く捉えるのではなく，課題の設定から振り返りまでの一連の活動を「実践」と捉えることが大切である。特別活動において重視する「人間関係形成」，「社会参画」，「自己実現」の三つの視点のいずれにおいても各教科等で育成する資質・能力と様々に関わっており，基本的な学習過程を繰り返す中で，各教科等の特質に応じた見方・考え方を総合的に働かせ，各教科等で学んだ知識や技能などを，集団及び自己の問題の解決のために活用していくことが大切である。

そのために，それぞれの学習過程において，どのような資質・能力を育もうとするのかを明確にした上で，意図的，計画的に指導に当たることが，「深い学び」の実現につながるのである。

第2節　特別活動の基本的な性格と教育活動全体における意義

　特別活動とは，様々な集団活動を通して，課題の発見や解決を行い，よりよい集団や学校生活を目指して行われる活動の総体である。また，身近な社会である学校において各教科等で育成した資質・能力について，実践的な活動を通して，社会生活に生きて働く汎用的な力として育成する教育活動でもある。したがって，社会に出た後の様々な集団や人間関係の中で，特別活動で身に付けた資質・能力が生かされていくことになる。これまで，特別活動は，全教育活動を通して行われる人間形成の統合的な時間として教育課程に位置付けられ，海外からも高く評価されてきたところである。この人間形成を実践的に統合する全人教育としての役割が，特別活動の基本的な性格である。

●1　人間形成と特別活動

　社会の変化は加速度を増し，複雑で予測困難となってきている。さらに，そうした変化は，どのような職業や人生を選択するかにかかわらず，全ての児童の生き方に影響するものとなっている。すなわち，これからの複雑で変化の激しい社会において，将来，社会的・職業的に自立して生きるための「生きる力」を育成することが，一層求められている。

　特に，グローバル化や情報化の進む社会において，様々な情報や出来事を受け止め，主体的に判断しながら，自分を社会の中でどのように位置付け，社会をどう描くかを考え，他者と共に生き，課題を解決していくための力がますます重要となると考えられる。加えて，平和で民主的な国家及び社会の在り方に責任を有する主権者として，また，多様な個性・能力を生かして活躍する自立した人間として，適切な判断や意思決定に基づき，主体的に社会参画することが，強く求められているところである。

　このような複雑で変化の激しい社会をたくましく生きていかなければならない児童にとっては，多様な他者と協働して創造的に課題を解決する力や，希望や目標をもって生きる態度を身に付けることが重要である。

　これまで，特別活動は，学校における集団活動や体験的な活動を通して，各教科や道徳等で身に付けた力を，実際の生活において生きて働く汎用的な力とするための人間形成の場として，教育課程上の重要な役割を担ってきた。

　学校は人と人とが関わり合う一つの社会である。児童は，特別活動を通して学校における生活の向上に努め，社会的で文化的な活動に取り組み，多様な他者と関わり合ってよりよく生きることを学ぶ。

そのため，特別活動は，集団活動や体験的な活動を通して，多様な他者と人間関係を築き，協働して学級や学校文化の創造に参画する教育活動であり，人間関係形成や社会参画に資する力を育むことを目指すものである。また，その活動を通して，自分自身と他者とを共に尊重し，夢や希望をもって生きる自己実現の力を育むことが期待されている。

　このような資質・能力は，学校の教育活動全体を通して育成されるものであるが，特に，学校における様々な集団活動や体験的な活動を通して，児童の人間形成を統合的に図ることを特質とする特別活動は，大きな役割を担うものである。

(1) 学校生活や学習の基盤としての集団づくり

　特別活動は，学級や学校の様々な集団づくりに重要な役割を果たしている。特別活動では，学校の内外で，多様な他者と関わり合う集団活動の機会が豊富にある。各活動・学校行事を通して，児童は，多様な集団活動を経験し，集団における行動や生活の在り方を学びながら，よりよい集団づくりに参画する。

　特に学級の集団づくりは，児童一人一人のよさや可能性を生かすと同時に，他者の失敗や短所に寛容で共感的な学級の雰囲気を醸成する。こうした学級の雰囲気は，協力して活動に取り組んだり，話合いで萎縮することなく自分の意見を発言し合ったり，安心して学習に取り組んだりすることを可能とする，学校生活や学習の基盤となるものである。

　特別活動は，学級活動を通して，学級経営の充実を図りながら，学びに向かう集団の基盤を形成する。また，児童会活動，クラブ活動，学校行事における多様な集団活動を通して，よりよい人間関係を形成することも，児童が安心して学習に励むことができることにつながっていく。

　これまで特別活動の目標には，「望ましい集団活動」という用語が表記されてきた。しかしながら，「望ましい集団活動」という表現は，達成されるべき目標という印象を与えたり，最初から「望ましい集団」が存在するものであるかのような誤解を与えたりするという問題が指摘されていた。また，「望ましい集団活動」という用語では「連帯感」や「所属感」を大切にするあまり，ともすれば，教師の期待する児童像や集団からのはみ出しを許容しないことで，過度の同調圧力につながりかねないという問題もあった。

　また学級や学校の集団を考える上で，グローバル化や情報化という社会的背景の変化を踏まえて，「望ましい集団活動」について改めて検討する必要が生じてきた。近年では，地域を問わず，外国籍の児童や両親が国際結婚であるなどのいわゆる外国につながる児童が学校に増えてきているように，様々な社会的・文化的背景をもつ他者と共に生活するということが急速に身近になりつつある。ま

た，実際に他者と対面する物理的空間だけでなく，インターネットなどを通した仮想的空間での他者との関わりも増え，地域や国という境界を超えて人と人とのつながりが広がっている。この社会の変化において，児童は，多様な他者と関わり，今までに経験したことも見たこともない文化に向き合って生きている。このように，人と人の関わり方も変容していく社会において，児童には自立した人間として他者とよりよく協働することができる資質・能力が求められている。そのため，これからの社会で多様な他者と関わり合って生きるためには，寛容さをもち，自己と他者を同時に尊重しながら，異なる意見や考え方をもとに新たな価値を創造的に生み出す力が求められている。

このように学校生活や学習の基盤としての集団づくりは，児童の現在及び将来に強く関わるものであり，これまでも特別活動として特に大事にしてきたものを今回の改訂においても改めて明確にしたものである。

(2) 発達的な特質を踏まえた指導

特別活動において，「主体的・対話的で深い学び」の実現を保障し，自発的，自治的な活動を通して人間形成を図るためには，児童期の人間関係，社会参画，自己実現に関わる発達的な特質を十分に踏まえて指導する必要がある。以下に説明する各学年における特徴は，あくまで一般的な目安であり，児童や学級，学校の実態に応じた指導を行うことが大切である。

ア　低学年

児童は，まず学級生活を中心に新しい生活を始める。小学校への入学当初においては，幼児期の自己中心性がかなり残っており，学校の中の児童相互の関係は，個々の児童の集合の段階にある。さらには，言ってよいことと悪いことについての理解はできるようになるが，感情的な言動等が多く，入学期に小学校生活や集団生活にうまく適応できなかったり，このことによって授業が成立しにくい状況が生まれたりすることなども考えられる。しかしながら，幼稚園教育要領の「人間関係」の領域などの教育や社会性を育む幼児期の教育では，友達との関わりを通して，互いの思いや考えなどを共有し，実現に向けて，工夫したり，協力したりする充実感を味わいながらやり遂げることもできるようになっている。そのため，第1学年については，幼児期の教育で養われた力を生かしながら，小学校における生活や人間関係に適応できるようにすることが大切である。

第1学年後半になると，教師を中心とする学級への所属感や一体感があらわれ始める。しかしながら，社会性に関する個の発達の差は大きく，グループで活動する児童も多く見られる一方で，他者と関わるよりも一人で過ごしたい児童や他者との関わりを苦手とする児童もいる。またグループで活動する際，他者の気持

ちや感情を理解しようとする児童もいる一方で，自己中心的な関わりをする児童もいる。

第2学年になると，活動の中心となる児童が目立ち始め，他人の立場を認めたり，理解したりしようとする態度や，よりよい学級生活を築こうとする自主性なども次第に高まってくる。学級の中のそれぞれの集団は，仲間としての結び付きもその期間も次第に長くなり，その成員数も増え，小グループでの協働的な活動ができるようになってくる。また，学級全体に目を向けたり，人間関係を少しずつ広げていったりするようになる。さらには，役割を分担して活動したり，きまりの大切さを認識して生活したり遊んだりすることができるようになる。

そこで，教師は，このような低学年の学校生活における集団活動の発達的な特質を踏まえ，就学前教育との関連を図り，入学当初から徐々に大きな集団における幅広い人間関係の中で活動できるようにし，集団で活動する楽しさを味わわせたり，上学年の児童が温かく見守るようにしたりするなどして，安心して学校に通えるようにすることが大切である。また，集団活動を通して，約束やきまりなどを守ることの大切さを理解できるようにしたり，みんなと一緒に活動できるようにしたりする必要がある。さらには，学習や給食，清掃など学校における基本的な生活の仕方を身に付けるとともに，集団活動を通して他者に対して行ってよいことや悪いことをしっかりと自覚できるようにすることが大切である。その他にも，友達の大切さを実感させたり，徐々に児童が学校での生活に慣れるようにしたりして，学校生活を楽しく送ることができるように計画的に指導することが重要である。

この時期の特別活動では，特に学級や学校における集会活動や係活動などを通してみんなと一緒に活動する楽しさを体感させたり，学級会において他者の意見をしっかり聞くことの大切さを理解して話合いができるようにしたりして，異年齢集団や学級内のグループの活動を協力して行うことを通して個々の児童がよりよい人間関係を築く態度の基礎を身に付けることができるようにすることが大切である。

低学年においては，これらのことに配慮し，様々な集団活動や体験的な活動を通して，児童が協力したり助け合ったりして学級生活を楽しくすることができるようにするとともに，進んで日常の生活や学習に取り組むことができるようにすることが大切である。

イ　中学年

第3学年になると，集団における個々の結び付きや集団としての閉鎖性が次第に増え，協力して豊かな学級生活をつくろうとする小集団による活動が盛んになる。また，この時期は，集団感情や集団意識が強く育ってきて，いわゆる「われ

われ意識」などの社会意識が高まってくる。しかし，指示する者とされる者が次第にはっきりしてきて，それぞれの小集団が分立し，集団同士の対立や集団に安易に賛成するような行動も見られるようになってくるなど，学級全体としてのまとまりが育ちにくい時期でもある。集団活動を行うにしても，それぞれの集団での活動目標について，ある程度共通に理解し，持続して活動することができるが，まだ，個人的な興味・関心や要求に動かされることが多く，その集団に所属する成員の間にはっきりとした社会的関係があらわれにくい。

第4学年になると，集団の活動目標の達成に主体的に関わったり，協働的な活動に取り組んだりして，リーダー的な児童を中心に教師の力を借りなくても，ある程度の計画的な活動ができるようになり，自分たちできまりをつくって守ろうとするなどの主体性も増してくる。また，クラブ活動に参加するなど，学級生活のみでなく学校生活全般に興味・関心を広げ，自発的に活動しようとする意欲が強くなる。また，男女の活動の違いも見られるようになり，男女間の問題や葛藤も生じやすくなる。

そこで，教師は，このような中学年の学校生活における集団活動の発達的な特質を踏まえ，低学年の経験を生かしつつ，例えば，児童の集団活動に対する強い興味・関心の出現，自発的な活動への要求の高まりなどを積極的に生かし，自分の行動や集団としての活動の成果や反省を踏まえて，特に楽しく豊かな学級生活づくりのための係活動などの充実を図ったり，多様な集団に所属してよりよい人間関係を築く態度を形成するための活動を充実させたりする必要がある。

また，生活や遊びのきまりをつくって守る活動やよりよい生活を築くために集団としての合意形成の方法などを理解して話し合う活動ができるようにしたり，集団の秩序や規範，集団活動の方法などを自分たちでつくり上げたり，そのための方法を身に付けたりすることができるように指導することも大切である。さらには，高学年に向けて学年の集団など他の学級と一緒に活動に取り組む機会を適切に設けるなどして，より大きな集団においても個人と集団が調和的に発達できるようにすることが大切である。

中学年においては，これらのことに配慮し，様々な集団活動や体験的な活動を通して，互いを尊重し，協力し合って学級の生活づくりに主体的に参画するようにするとともに，日常の生活や学習について，めあてや目標をもち，意欲的に取り組み，振り返り，改善するように指導することも大切である。

ウ　高学年

第5学年になると，中学年までの経験を生かして，自分たちで決めた集団の活動目標をできるだけ大切にし，常に実践活動を振り返り，改善しながらこれを達成しようとする感情や意識が強くなる。学級全体としてまとまった活動ができる

ようになり，他者の長所や短所なども相対的に捉えられるようになるとともに，目標を実現するために，互いに信頼し支え合って活動することを強く求めるようになる。また，集団としての実践や自分の言動について振り返り，改善するなどしてよりよい生活を築こうとする意欲が高まってくる。さらには，児童会活動やクラブ活動の運営に参加するなど，学校生活の改善や向上にも目を向け，学校全体の集団をまとめようとする意識や活動も見られ，自分の役割や責任などについての自覚が深まってくる。

その一方で，思春期にさしかかるこの時期の児童は，ときに，理想主義的であり，一面的で独断的な傾向になりやすく，相手に批判的になったり自分の価値判断に固執しがちになったりする。また，他者と自分を比較して自分に自信がもてなくなったり，些細なことで他者との関係が壊れたり，他者への不信感をもったり，傷付いたりして，悩みや不安を感じるようにもなる。また，この時期の学級は，心身の成長の差がより大きくなる中で，共に生活していることも特徴の一つである。

第6学年になると，児童会活動やクラブ活動，学校行事などにおいて中心的な役割を担うようになり，最高学年としてリーダーシップを発揮しようとするなどの意識や態度も育ち，役割や責任を自覚して活動するようになる。また，思春期特有の不安定な感情がより大きくなり，人間関係に悩んだり，先頭に立って活動することに消極的になったり，中学校生活への不安を抱きながら生活したりする児童も少なくない。

そこで，教師は，このような高学年の学校生活における発達的な特質を踏まえ，高学年としての役割や責任を果たしたり，リーダーシップを発揮したりする活動を多様に設定するとともに，多様な他者を認めることの大切さを実感できるようにしたり，友人関係の大切さについて，経験を通して理解できるようにしたりすることが大切である。特に，自尊感情の低さが問題として指摘されていることを踏まえ，社会的役割や責任を果たす体験や，より高い目標をもって様々な役割を担う体験を通して，困難を越えて目標を達成できるようにしたり，互いが認め合えるようにしたりすることで，自分への自信をもてるようにすることが大切である。また，よりよい自己実現を図るため，希望や目標をもって生きることの意義や，現在及び将来の自己の生き方を取り上げたり，中学校の学級活動等の指導との関連を図った指導計画を作成したりするなど，小中の接続に関わる課題に配慮し，社会的な自立を高める中学校への指導につなぐことができるような教育活動を重視する必要がある。

高学年においては，これらのことに配慮し，様々な集団活動や体験的な活動を通して，互いに信頼し支え合い，楽しく豊かな学級や学校の生活づくりに主体的

に参画するとともに，日常の生活や学習について，適切なめあてや目標を立て，自主的に取り組み，振り返り，改善することができるように指導することも大切である。

●2 特別活動の教育活動全体における意義

特別活動は，「集団活動」と「実践的な活動」を特質とすることが強調されてきた。

学級や学校における集団は，それぞれの活動目標をもち，目標を達成するための方法や手段を全員で考え，共通の目標を目指し，協力して実践していくものである。特に，実践的な活動とは，児童が学級や学校生活の充実・向上を目指して，自分たちの力で諸問題の解決に向けて具体的な活動を実践することを意味している。したがって，児童による実践的な活動を前提とし，実践を助長する指導が求められるのであり，児童の発意・発想を重視し，啓発しながら，「なすことによって学ぶ」を方法原理とする必要がある。

この特質を継承しながら，さらに次の教育的意義が，今回の改訂では強調されている。

(1) 特別活動の特質を踏まえた資質・能力の育成

特別活動は，学校生活を送る上での基盤となる力や，社会で他者と関わって生きて働く力を育む活動として機能し，人間形成の中でも特に，情意面や態度面の資質・能力の育成について強調してきた。今回の改訂では，各教科を通して育成することを目指す資質・能力として「知識及び技能」，「思考力，判断力，表現力等」，「学びに向かう力，人間性等」をバランスよく育むことを重視している。そのために重要なことは，目標に明示されたように「様々な集団活動を通す」ということ，「自主的，実践的な活動を重視する」ということである。様々な集団活動の中で，「思考力，判断力，表現力等」を活用しながら他者と協力して実践することを通して，「知識及び技能」は実感を伴って体得され，活動を通して得られたことを生涯にわたって積極的に生かそうとする「学びに向かう力，人間性等」が育成されていく。特別活動の内容は，各教科等に広く関わるものであるが，こうした特徴をもつ特別活動だからこそ育成することができる資質・能力を育むということが大切である。

このため，今回の改訂では，特別活動全体を通して育成することを目指す資質・能力を第1の目標において示すとともに，各活動・学校行事の特質を踏まえて育成することが期待される資質・能力についての基本的な考え方を，各活動・

学校行事の目標の中で明示したところである。

(2) 学級経営の充実と特別活動

　特別活動は，教育課程全体の中で，特別活動の各活動・学校行事において資質・能力を育む役割だけではなく，学校教育全体の活動を通して行われている学級経営に寄与することから学習指導要領では次のとおり示された。

　学習指導要領第1章総則の第4の1の(1)で「学習や生活の基盤として，教師と児童との信頼関係及び児童相互のよりよい人間関係を育てるため，日頃から学級経営の充実を図ること。」と示されている。これに対応して，学習指導要領第6章特別活動の第3の1の(3)で，学級活動における児童の自発的，自治的な活動を中心として学級経営の充実を図ることが示されている。

　学級は，児童にとって，学習や生活など学校生活の基盤となるものである。児童は，学校生活の多くの時間を学級で過ごすため，自己と学級の他の成員との個々の関係や自己と学級集団との関係は，学校生活そのものに大きな影響を与えることとなる。教師は，個々の児童が，学級内でよりよい人間関係を築き，学級の生活に適応し，各教科等の学習や様々な活動の効果を高めたいと考え，学級内での個別指導や集団指導を工夫していく。学級経営の内容は多岐にわたるが，学級集団としての質の高まりを目指したり，教師と児童，児童相互のよりよい人間関係を形成しようとしたりすることは，その中心的な内容である。そのため，学級担任が学校の教育目標や学級の実態を踏まえて作成した学級経営の目標・方針に即して，必要な諸条件の整備を行い運営・展開されるものである。その点では，児童が自発的，自治的によりよい生活や人間関係を築こうとして様々に展開される特別活動は，結果として児童が主体的に集団の質を高めたり，よりよい人間関係を築いたりすることになる。

　学級がよりよい生活集団や学習集団へと向上するためには，教師の意図的，計画的な指導とともに，児童の主体的な取組が不可欠である。まさしく，学級経営は，特別活動を要として計画され，特別活動の目標に示された資質・能力を育成することにより，さらなる深化が図られることとなる。こうしたことを通して，本章第2節の1の(1)で説明したような，学びに向かう集団づくりの基盤となり，各教科等で「主体的・対話的で深い学び」を実現する授業改善を行う上では，こうした基盤があることは欠かせないものである。

(3) 各教科等の学びを実践につなげる特別活動

　特別活動では，各教科等で育成した資質・能力を，集団や自己の課題の解決に向けた実践の中で活用することにより，実生活で活用できるものにする役割を果

たすものである。例えば「防災」に関しては，社会科で地域の地形の特徴や過去の自然災害について学び，理科で自然災害につながる自然の事物・現象の働きや規則性などを学んだりしたことを生かしながら，災害に対してどのように身を守ったらよいのか，実際に訓練しながら学ぶ。こうしたことを通して，各教科等で学んだ知識や技能などの資質・能力が，実生活において活用可能なものとなっていく。例えば食育，安全教育，健康教育など，現代的な教育内容や課題についても，各教科等の特質に応じて育まれた資質・能力を，実践的な集団活動を通して，統合的で汎用的な力に変え，実生活で活用できるようにするということが求められる。

　また，学習指導要領第1章総則の第4の1の(3)では，「児童が，学ぶことと自己の将来とのつながりを見通しながら，社会的・職業的自立に向けて必要な基盤となる資質・能力を身に付けていくことができるよう，特別活動を要としつつ各教科等の特質に応じて，キャリア教育の充実を図ること。」と新たに特別活動を要とするキャリア教育の充実が示された。小学校におけるキャリア教育は学校教育全体で行うことという前提のもと，これからの学びや自己の生き方を見通し，これまでの活動を振り返るなど，教育活動全体の取組を自己の将来や社会につなげていくための要として，特別活動を位置付けることとなった。こうした視点からも，特別活動を通して，各教科等で学んだことを実生活で活用できるものとしていくことが求められている。

(4) 学級や学校の文化を創造する特別活動

　特別活動は，楽しく豊かな学校文化をつくる実践的な活動である。例えば，学級活動における自発的，自治的な活動を通して，児童は学級生活の主体的な参画者となる。また，児童会活動やクラブ活動，学校行事における様々な集団活動を通して，楽しく豊かな学校文化が醸成され，各学校の特色ある教育活動の展開が可能となっている。

　したがって，特別活動の指導に当たっては，これらの教育的意義を理解して効果的な指導計画を立てる必要がある。その際，楽しく豊かな学級や学校の文化を自発的，自治的に創造することを通して，協働的な実践的活動を充実させることが極めて重要である。例えば，長い伝統を有する学校において受け継がれている伝統や校風は教育上の財産と言えるものであるが，それらを継承すること自体が目的ではなく，それらを通して児童にどのような資質・能力を育みたいのかという本質を大事にして，児童が発展的に新しいものを生み出していくことができるようにすることが大切である。

●3　特別活動の内容相互の関連

学習指導要領第6章の第3の1の(2)で，次のとおり示している。

> (2)　各学校においては特別活動の全体計画や各活動及び学校行事の年間指導計画を作成すること。その際，学校の創意工夫を生かし，学級や学校，地域の実態，児童の発達の段階などを考慮するとともに，第2に示す内容相互及び各教科，道徳科，外国語活動，総合的な学習の時間などの指導との関連を図り，児童による自主的，実践的な活動が助長されるようにすること。また，家庭や地域の人々との連携，社会教育施設等の活用などを工夫すること。

学級活動，児童会活動，クラブ活動は，児童による自発的，自治的な活動を効果的に展開する実践的な活動である。したがって，これらの活動における一貫した指導によって身に付けた態度が相互に生かされ，学級や学校の生活づくりに参画する態度や自治的能力がより一層身に付くことになる。

また，特別活動の各活動・学校行事は，集団の単位，活動の形態や方法，時間の設定などにおいて異なる特質をもっており，それぞれが固有の意義をもつものである。しかし，これらは，最終的に特別活動の目標を目指して行われ，相互に関連し合っていることを理解し，児童の資質・能力を育成する活動を効果的に展開できるようにすることが大切である。

学級活動においては，児童の学校における基礎的な生活単位ともいうべき学級集団を基盤として行われる活動である。学級活動の「(1)学級や学校における生活づくりへの参画」においては，学級や学校の課題を自分たちで見いだし，解決しようとする活動であり，「ウ　学校における多様な集団の生活の向上」において児童会活動，クラブ活動，学校行事の充実に対して学級として関わることも生活づくりの問題の一つとして取り上げることになる。このため，学級活動は特別活動の各活動・学校行事の中心となる教育活動である。

また，学級活動において，児童の自主的，実践的な取組の積み重ねにより身に付いた資質・能力が，児童会活動，クラブ活動，学校行事においても発揮される。一方，児童会活動やクラブ活動，学校行事で育まれた自主的，実践的な態度や自分への自信が学級活動で発揮されるなど，往還の関係にあると言える。

これらの四つの内容相互の密接な関連を全教職員が理解し，学校として6年間を見通した特別活動の全体計画と各活動・学校行事の年間指導計画を作成し，児童の自主的，実践的な取組を効果的に指導することによって，特別活動の全体が

充実し，特別活動の目標を達成していくことができるのである。

●4　特別活動と各教科，道徳科，外国語活動及び総合的な学習の時間などとの関連

学習指導要領第6章の第3の1の(2)で，次のとおり示している。

> (2)　各学校においては特別活動の全体計画や各活動及び学校行事の年間
> 指導計画を作成すること。その際，学校の創意工夫を生かし，学級や
> 学校，地域の実態，児童の発達の段階などを考慮するとともに，第2
> に示す内容相互及び各教科，道徳科，外国語活動，総合的な学習の時
> 間などの指導との関連を図り，児童による自主的，実践的な活動が助
> 長されるようにすること。また，家庭や地域の人々との連携，社会教
> 育施設等の活用などを工夫すること。

小学校の教育課程は，各教科，道徳科，外国語活動，総合的な学習の時間及び特別活動によって編成されており，それぞれが固有の目標やねらいをもつ教育活動である。そして，それぞれの教育活動が直接的，あるいは間接的に様々な関連をもち，相互に関連し補充し合いながら，それぞれのねらいを達成することにより，全体として小学校教育の目的や目標を達成することができる。

(1)　各教科及び外国語活動との関連

特別活動は，実践的な活動として，様々な集団活動において，自己や集団の生活上の課題の解決に取り組むものである。このため，各教科等の学習で獲得した資質・能力などが，集団活動の場で総合的に生かされ，発揮されなければならない。逆に，各教科等で育成された資質・能力は，特別活動において，実生活上の課題解決に活用されることによって，思考力，判断力，表現力等は鍛えられ，知識や技能は実感を伴って体得したり，各教科等を学ぶ意義の理解が深まったりするなど，より確かなものとなっていく。

各教科等で「主体的・対話的で深い学び」の実現に向けた授業改善を行うためには，児童は失敗を恐れずに行動することができたり，他の児童と互いの考えを伝え合ったり協力し合ったりすることができるような，学級における児童同士の人間関係や，教師と児童の信頼関係があることが重要になる。特別活動は，学級活動における自発的，自治的な活動を中心として，学級経営の充実に資するものであり，特別活動の充実により各教科の「主体的・対話的で深い学び」が支えられるという関係にもある。逆に，各教科等における主体的な学習や対話的な学習

を通して，児童同士の信頼関係が深まり，それによって特別活動がより充実するということも考えられる。

　このように，児童一人一人の資質・能力の育成という視点だけでなく，学びに向かう主体的で協働的な集団づくりという視点からも，各教科等の学習と，特別活動は，互いに支え合い，高め合う関係にあると言える。

　特別活動の目標を達成し，ひいては各学校の教育目標をよりよく実現するために，他の教育活動との関連を十分に図って特別活動の全体計画や各活動・学校行事の年間指導計画を作成して，指導することが大切である。

　特別活動における集団活動は，他者と話し合い，意見の異なる人と折り合いを付けたり，集団としての意見をまとめたりする話合い活動や，体験したことや調べたことをまとめたり発表し合ったりする活動などが多様に展開されることから，言語力の育成や活用の場として重要な役割を果たしている。

　例えば，国語科との関連においては，国語科で身に付けた「話すこと・聞くことの能力」が，特別活動においてよりよい生活や人間関係を築いたり，集団としての意見をまとめたりするための話合い活動に実践的に働くことになる。また，特別活動で養われることになる，よりよい生活を築くために話し合ったり，言葉で表現したり，まとめたり，発表し合ったりするための資質・能力が，国語科における「話すこと・聞くことの能力」「書くことの能力」を養うための学習においても生かされることになる。

　また，学級活動や児童会活動などで行われる調査・統計の結果を効果的にまとめたり，説明したりするなどの基礎となる能力は，算数科，理科，社会科などで培われるものである。

　同好の児童が共通の興味・関心を追求する活動を展開するクラブ活動においては，伝統的な活動や文化的な活動，体育的な活動，生産的な活動，奉仕的な活動などから様々なテーマを取り上げて取り組むことがある。これらのテーマは，各教科等の学習と深い関わりをもっている場合が多い。

　学校行事においては，学芸会，作品展，音楽会，運動会，遠足，集団宿泊活動，修学旅行など各種の学校行事が行われており，これらは，各教科等の学習と深い関わりをもつものが多い。逆に，様々な学校行事の経験が各教科等の学習に生きるなど，学校行事と各教科等は深い関わりをもっている。このように学校行事は，児童が日常の学習や経験を総合的に発揮し，発展を図る教育活動であり，各教科等では容易に得られない体験活動である。また，儀式的行事などにおける国旗及び国歌の指導については，社会科や音楽科などにおける指導と十分に関連を図ることが大切である。

　また，外国語活動との関連については，外国語活動において「友達との関わり

を大切にした体験的なコミュニケーションを行う」特質を生かして,「文化的寛容さをもち,多様な他者を尊重する態度」を大切にする特別活動においても,友達とのコミュニケーションを図る活動を一層効果的に展開できるようにする必要がある。

ここに例示したものに限らず,特別活動で育成することを目指す資質・能力や内容は,各教科等の学習と深い関わりをもっている。第4章で説明するように,特別活動の全体計画等を作成するに当たっては,こうした各教科等との関連について十分考慮することが必要である。

(2) 道徳科との関連

学習指導要領第6章の第3の1の(6)で,次のとおり示している。

> 第1章総則の第1の2の(2)に示す道徳教育の目標に基づき,道徳科などとの関連を考慮しながら,第3章特別の教科道徳の第2に示す内容について,特別活動の特質に応じて適切な指導をすること。

ア　道徳教育と特別活動

特別活動における道徳教育の指導においては,学習活動や学習態度への配慮,教師の態度や行動による感化とともに,次に述べるような特別活動の目標と道徳教育との関連を明確に意識しながら,適切な指導を行う必要がある。

特別活動における学級や学校生活における集団活動や体験的な活動は,日常生活における道徳的な実践の指導を行う重要な機会と場であり,道徳教育において果たす役割は大きい。特別活動の目標には,「集団活動に自主的,実践的に取り組み」,「互いのよさや可能性を発揮」,「集団や自己の生活上の課題を解決」など,道徳教育でもねらいとする内容が含まれている。また,育成を目指す資質・能力には,「多様な他者との協働」,「人間関係」,「自己の生き方」,「自己実現」など,道徳教育がねらいとする内容と共通している面が多く含まれており,道徳教育において果たすべき役割は極めて大きい。

具体的には,例えば,多様な他者の意見を尊重しようとする態度,自己の役割や責任を果たして生活しようとする態度,よりよい人間関係を形成しようとする態度,みんなのために進んで働こうとする態度,自分たちできまりや約束をつくって守ろうとする態度,目標をもって諸問題を解決しようとする態度,自己のよさや可能性を大切にして集団活動を行おうとする態度などは,集団活動を通して身に付けたい道徳性である。

特に,学級活動については,道徳教育の各学年段階における配慮事項を踏まえ

て，学級活動における各学年段階の指導における配慮事項を示している。また，学級活動の「(1) 学級や学校における生活づくりへの参画」は，学級や学校の生活上の諸課題を見いだし，これを自主的に取り上げ，協力して解決していく自発的，自治的な活動である。このような児童による自発的，自治的な活動によって，望ましい人間関係の形成やよりよい生活づくりに参画する態度などに関わる道徳性を身に付けることができる。学級活動の「(2) 日常の生活や学習への適応と自己の成長及び健康安全」では，基本的な生活習慣の形成やよりよい人間関係の形成，心身ともに健康で安全な生活態度の形成，食育の観点を踏まえた学校給食と望ましい食習慣の形成を示している。また学級活動の内容の「(3) 一人一人のキャリア形成と自己実現」では，現在や将来に希望や目標をもって生きる意欲や態度の形成，社会参画意識の醸成や働くことの意義の理解，主体的な学習態度の形成と学校図書館等の活用を示している。これらについて，自らの生活を振り返り，自己の目標を定め，粘り強く取り組み，よりよい生活態度を身に付けようとすることは，道徳性を養うことと密接に関わるものである。

　児童会活動においては，異年齢の児童が学校におけるよりよい生活を築くために，諸問題を見いだし，これを自主的に取り上げ，協力して解決していく自発的，自治的な活動を通して，異年齢によるよりよい人間関係の形成やよりよい学校生活づくりに参画する態度などに関わる道徳性を養うことができる。

　クラブ活動においては，異年齢によるよりよい人間関係の形成や個性の伸長，よりよいクラブ活動づくりに参画する態度などに関わる道徳性を養うことができる。

　学校行事においては，特に，自然の中での集団宿泊活動やボランティア精神を養う活動，幼児，高齢者や障害のある人々などとの触れ合いや文化や芸術に親しむ体験を通して，よりよい人間関係の形成，自律的態度，心身の健康，協力，責任，公徳心，勤労，社会奉仕などに関わる道徳性を養うことができる。

イ　道徳科と特別活動

　特別活動は，道徳科の授業で学んだ道徳的価値の理解及びそれに基づいた自己の生き方についての考えを，よりよい学級や学校の生活と人間関係を築こうとする実践的な活動や，キャリア形成と自己実現に向けた活動の中で実際に言動に表すとともに，集団の一員としてのよりよい生き方についての考えを深めたり，身に付けたりする場や機会でもある。そして，児童が特別活動における様々な活動において経験した道徳的行為や道徳的な実践について，道徳科の授業でそれらについて取り上げ，学級全体でその道徳的な意義について考えられるようにし，道徳的価値として自覚できるようにしていくこともできる。さらに，道徳科の授業での指導が特別活動における具体的な活動場面の中に生かされ，具体的な実践や

体験などが行われることによって，道徳的な実践との有機的な関連を図る指導が効果的に行われることにもなる。

特に，道徳科の目標にある「自己の生き方についての考えを深める学習」との関連化を図り，特別活動の実践的な取組を通して，「自己の生き方についての考えを深め，自己実現を図ろうとする態度」を養う必要がある。それぞれの指導方法などの違いを十分に理解した上で，日常生活における道徳的な実践の指導の充実を図る必要がある。

特別活動における「自己の生き方についての考えを深める」とは，実際に児童が実践的な活動や体験的な活動を通して，現在及び将来にわたって希望や目標をもって生きることや，多様な他者と共生しながら生きていくことなどについての考えを深め，集団の一員としての望ましい生き方についての認識をもてるようにすることである。教材を活用して，道徳的諸価値の理解を基に，自己を見つめ，物事を多面的・多角的に考え，自己の生き方についての考えを深める道徳科の授業とは力点の違いを明確にして指導する必要がある。

どちらも，学級の中での話合いを行うことが重要な学習過程となるが，その目指すところは本質的な違いがある。例えば，「よりよい人間関係」について，学級活動において話し合う場合には，学級における人間関係に係る現実の問題をどのように解決するかを話し合い，集団として取り組むべき解決策を合意形成したり，自分が行うことを意思決定したりすることが目的である。他方，道徳科において「よりよい人間関係」について話し合うということは，なぜ仲よくすることが大切なのか，仲よくすることが大事だと分かっていてもできないのはなぜなのか，といったことを問いながら道徳的価値の理解を深めながら自分自身の生き方についての考えを深めていくことが目的である。前者は道徳的な実践そのものを行うこと，後者は道徳的な実践を行うために必要な内面的資質を養うことを目的としている。

こうしたことから，特別活動と道徳科の授業は，両方の特質を生かした上で関連付けることで，学習効果を高めることができる。特質を踏まえない安易な関連付けは，逆に双方の学習効果を低くすることになりかねない。両者の特質をしっかり理解した上で，それぞれの特質を生かして関連付けることが必要である。

具体的には，例えば，集団宿泊活動では，実際に寝食を共にする体験やよりよい生活を築くための話合い活動を繰り返し行った際に，自己の役割や責任を果たして生活することや他者と共生しながら生きていくことなどについての考えを深めることができる。この活動を通して，「豊かに他者と関わり合って生活するためには，意見や考えの異なる人とでも，協力することが大切である」とか，「集団としての合意形成を行うためには，多面的・多角的な視点に立って自分と異な

る意見や立場を大切にする必要がある」などの望ましい認識をもてるようにするとともに，このような認識に基づいて実際に行動や態度に表すことができるよう指導することなどが考えられる。

これらは，特別活動において道徳性の育成に関わる実践的な活動や体験的な活動を積極的に取り入れ，活動そのものを充実させることによって道徳性の育成を図ろうとするものである。そして，このような実践的な活動や体験的な活動における道徳的価値の大切さを自覚し，自己の生き方についての考えを深めるという視点から実践的な活動や体験的な活動を考えることができるように道徳科の授業を工夫し，連携を図っていく必要がある。

(3) 総合的な学習の時間との関連

特別活動と総合的な学習の時間との関連を考えるに当たっては，まず，それぞれの目標や内容を正しく理解しておく必要がある。

両者とも，各教科等で身に付けた資質・能力を総合的に活用しながら，児童が自ら現実の課題の解決に取り組むことを基本原理としている点に，共通性が見られる。体験的な学習を重視すること，協働的な学習を重視することも同様である。自己の生き方についての考えを深める点においても通じるところがある。

両者の目標を比べると，特別活動は「実践」に，総合的な学習の時間は「探究」に本質があると言うことができる。特別活動における「実践」は，話し合って決めたことを「実践」したり，学んだことを学校という一つの社会の中で，あるいは家庭を含めた日常の生活の中で，現実の問題の解決に生かしたりするものである。総合的な学習の時間における「探究」は，物事の本質を探って見極めようとしていくことである。

特別活動の特質である「実践的な取組」とは，身に付けた資質・能力を実生活に生かし，実生活の中で実感を伴って理解するという意味をもっており，他教科等で学んだことやそれらを横断的・総合的に捉えたことを実生活の中で生かし，現実の問題を解決するという実践の場としての役割を重視している。仮定や仮説の場面ではなく，学んだことを現在及び将来の生活改善や集団づくりに実際に生かすことができるように指導することが大切である。

特別活動における「解決」は，実生活における，現実の問題そのものを改善することである。総合的な学習の時間における「解決」は，一つの疑問が解決されることにより，さらに新たな問いが生まれ，物事の本質に向けて問い続けていくものである。その学習過程においては重なり合う面もあるが，目指しているものそのものが本質的に異なるのである。

以上のような点を踏まえ，両者のそれぞれの目標や内容に沿った指導を行うこ

とを前提とした上で，両者の関連を図った指導を行うことも効果的である。例え
ば，総合的な学習の時間で学んだ環境に関する内容が，特別活動における実際の
学級や学校の生活に生かされ，そこで体得したことが次の探究的な学習の問いに
つながるなどの両者の特質を生かし合った関連の在り方が考えられる。

とりわけ特別活動における学校行事については，その趣旨と総合的な学習の時
間の趣旨を相互に生かし，両者の活動を関連させることにより，活動の成果を高
めるようにすることが大切である。また，このことにより，体験活動がダイナ
ミックに展開されるようにするなど，学校全体として体験活動が充実されるよう
にする必要がある。

総合的な学習の時間において計画した学習活動が，学習指導要領に示した特別
活動の目標や内容と同等の効果が得られる場合も考えられる。このため，学習指
導要領第1章総則の第2の3(2)のエにおいて，このような場合について，総合
的な学習の時間の実施によって，特別活動の学校行事の実施に替えることができ
ることとする規定を設けている。

具体的には，総合的な学習の時間において，問題の解決や探究活動といった総
合的な学習の時間の趣旨を踏まえ，例えば，自然体験活動やボランティア活動を
行う場合において，これらの活動は集団活動の形態をとる場合が多く，よりよい
人間関係の形成や公共の精神の育成など，特別活動の趣旨も踏まえた活動とする
ことが考えられる。

○　総合的な学習の時間に行われる自然体験活動は，環境や自然を課題とした問
題の解決や探究活動として行われると同時に，「自然の中での集団宿泊活動な
どの平素と異なる生活環境にあって，見聞を広め，自然や文化などに親しむと
ともに，よりよい人間関係を築くなどの集団生活の在り方や公衆道徳などにつ
いての体験を積むことができるようにする」と同様の成果も期待できると考え
られるような場合

○　総合的な学習の時間に行われるボランティア活動は，社会との関わりを考え
る学習活動として行われると同時に，「勤労の尊さや生産の喜びを体得すると
ともに，ボランティア活動などの社会奉仕の精神を養う体験が得られるように
する」勤労生産・奉仕的行事と，それぞれ同様の成果も期待できると考えられ
る場合

その際，学校行事は，目標と五つの種類の学校行事を教育課程の基準として示
している集団活動であること，学年や学校を単位とする，学校生活に秩序と変化
を与えることを目指す教育活動であること，学校集団や学校生活への所属感を深
め，よりよい人間関係の形成や公共の精神などを養う教育活動であることを正し
く理解しておく必要がある。

(4) 生徒指導等との関連

学習指導要領第6章の第3の1の(3)において，次のとおり示している。

> (3) 学級活動における児童の自発的，自治的な活動を中心として，各活
>   動と学校行事を相互に関連付けながら，個々の児童についての理解を
>   深め，教師と児童，児童相互の信頼関係を育み，学級経営の充実を図
>   ること。その際，特に，いじめの未然防止等を含めた生徒指導との関
>   連を図るようにすること。

また，学習指導要領第1章の第4の1の(2)においても，「児童が，自己の存在感を実感しながら，よりよい人間関係を形成し，有意義で充実した学校生活を送る中で，現在及び将来における自己実現を図っていくことができるよう，児童理解を深め，学習指導と関連付けながら，生徒指導の充実を図ること。」と示している。

生徒指導は，「一人一人の児童生徒の人格を尊重し，個性の伸長を図りながら，社会的資質や行動力を高めることを目指して行われる教育活動のこと」である。このことは，「個性の伸長」や「社会的な資質・能力の育成」の役割を担ってきた特別活動で大切にされ，深い関わりを指摘されてきたところである。

特別活動の指導は，個々の児童や集団での生活や活動の場面において，児童の自主性や自発性を尊重しながら展開されるものであり，児童の積極的な活動が展開されていくためには，深い児童理解と相互の信頼関係を前提とした生徒指導の充実が不可欠である。また，生徒指導のねらいである自己指導能力や自己実現のための態度や能力の育成は，特別活動の目標と重なる部分もある。

特別活動と生徒指導との関わり方として，次の三点を挙げることができる。

　　ア　所属する集団を，自分たちの力によって円滑に運営することを学ぶ
　　イ　集団生活の中でよりよい人間関係を築き，それぞれが個性や自己の能力
　　　　を生かし，互いの人格を尊重し合って生きることの大切さを学ぶ
　　ウ　集団としての連帯意識を高め，集団（社会）の一員としてのよりよい態
　　　　度や行動の在り方を学ぶ

これらの内容は，学級活動と深い関わりがある。特に，学級活動の「(2) 日常の生活や学習への適応と自己の成長及び健康安全」の「基本的な生活習慣の形成」，「よりよい人間関係の形成」，「心身ともに健康で安全な生活態度の形成」，「食育の観点を踏まえた学校給食と望ましい食習慣の形成」と，「(3) 一人一人のキャリア形成と自己実現」の「現在や将来に希望や目標をもって生きる意欲や態度の形成」，「社会参画意識の醸成や働くことの意義の理解」，「主体的な学習態度

の形成と学校図書館等の活用」においては，個々の児童の自己指導能力の育成を目指して，地域や学校，児童の実態に応じて，学級活動の時間に計画的に指導することになる。

生徒指導は，児童が自らを生かし自己実現できるよう援助する教育機能であり，学校の教育活動全体を通して推進することを基本としている。その中にあって学級活動は，児童が日常生活を営む上で必要な様々な行動の仕方を，計画的，発展的に指導する教育活動である。その意味で学級活動には，各教科等の時間以上に生徒指導の機能が多く作用していると考えられる。学級を超えて行われる集団活動では，ともすると児童一人一人への配慮が欠けがちになる。そこで，指導に当たっては，児童との人間的な触れ合いを深め，児童一人一人に存在感や自己実現の喜びを味わえる場と機会を与えることが大切である。

生徒指導は，学業指導，適応指導，進路指導，社会性指導，道徳性指導，保健に関する指導，安全に関する指導，余暇指導などに分けて考え，計画されることがある。これらの内容は，特別活動の全体，なかでも学級活動の活動内容と密接な関連をもっており，このことからも学級活動の時間は，生徒指導が中心的に行われる場と言えるのである。

第1節　学級活動

● 1　学級活動の目標

学習指導要領第6章の第2の〔学級活動〕の1「目標」で，次のとおり示している。

> 　学級や学校での生活をよりよくするための課題を見いだし，解決するために話し合い，合意形成し，役割を分担して協力して実践したり，学級での話合いを生かして自己の課題の解決及び将来の生き方を描くために意思決定して実践したりすることに，自主的，実践的に取り組むことを通して，第1の目標に掲げる資質・能力を育成することを目指す。

　学級活動は，共に生活や学習に取り組む同年齢の児童で構成される集団である「学級」において行われる活動である。学級生活の充実と向上を目指し，他者と協力したり，個人として努力したりしながら自主的，実践的に取り組むことにより，活動することの楽しさや成就感，達成感を得たり，自己有用感を高めたりすることにつながるものである。

　「学級や学校での生活をよりよくするための課題を見いだし，解決するために話し合い，合意形成し，役割を分担して協力して実践」するとは，学級活動「(1) 学級や学校における生活づくりへの参画」における一連の活動を示している。「学級や学校での生活をよりよくするための課題」とは，児童が自ら発見した学級や学校での生活上の諸問題の中から，全員で解決すべき課題を示している。「解決するために話し合い，合意形成し，役割を分担して協力して実践」するとは，児童が見いだした課題について，一人一人の思いや願いを意見として出し合い，互いの意見の違いや多様な考えがあることを大切にしながら，学級としての考えや取り組むことについて合意を形成して決定することを示している。また，合意形成したことについて，必要な役割や仕事を決めたり，それらを全員で分担したりするとともに，協力してやり遂げることを示している。

　「学級での話合いを生かして自己の課題の解決及び将来の生き方を描くために意思決定して実践したりする」とは，学級活動「(2) 日常の生活や学習への適応と自己の成長及び健康安全」及び学級活動「(3) 一人一人のキャリア形成と自己

実現」における一連の活動を示している。教師があらかじめ学校として作成した年間指導計画に即し，学級として取り上げる題材を設定して話し合うことを効果的に生かす活動を示したものである。ここでの「自己の課題」とは，児童一人一人が，自らの学習や生活の目標を決めて，その実現に向けて取り組めるものでなければならない。「学級での話合いを生かして」と「意思決定して実践」することとは，教師の適切な指導の下に，例えば，児童が話合い活動を通して共通する課題が何かを見いだすこと，一人一人の課題の原因や解決しなければならない理由や背景などをさぐること，多様な視点から解決方法を考えて見付けること，自己の具体的な実践課題を意思決定し，粘り強く努力することなどである。

なお，「自己の課題の解決」とは，学級活動「(2) 日常の生活や学習への適応と自己の成長及び健康安全」で取り上げる題材の特質を示したものであり，「将来の生き方を描くため」については，学級活動「(3) 一人一人のキャリア形成と自己実現」で取り上げる題材の特質を示したものである。

第1の目標に掲げる資質・能力を育成するために，学級活動においては，例えば次のとおり資質・能力を育成することが考えられる。

○　学級における集団活動に進んで参画することや意識的に健康で安全な生活を送ろうとすることの意義について理解するとともに，そのために必要となることを理解し身に付けるようにする。

○　学級や自己の生活，人間関係をよりよくするための課題を見いだし，解決するために話し合い，合意形成を図ったり，意思決定したりすることができるようにする。

○　学級における集団活動を通して身に付けたことを生かして，人間関係をよりよく形成し，他者と協働して集団や自己の課題を解決するとともに，将来の生き方を描き，その実現に向けて，日常生活の向上を図ろうとする態度を養う。

学級活動において育成することを目指す資質・能力は，問題の発見・確認，解決方法等の話合い，解決方法の決定，決めたことの実践，振り返りといった基本的な学習過程の中で育まれるものである。その際，合意形成する話合い活動を通して取り組む学級活動「(1) 学級や学校における生活づくりへの参画」と，話合いを生かして具体的な実践方法等を意志決定する学級活動「(2) 日常の生活や学習への適応と自己の成長及び健康安全」及び学級活動「(3) 一人一人のキャリア形成と自己実現」の，それぞれの特質を踏まえた学習過程とする必要がある。

学級活動 (1) の学習過程において，問題の発見・確認とは，学級や学校での生活をよりよくするため，児童が共通して取り組むべき課題を見いだすことを意味する。その課題の例としては，全員で協力して楽しく豊かな学級や学校生活にするために，取り組みたいこと，つくってみたいこと，解決したいことなどが考え

られる。ここで見いだされた課題を基に，児童によって提案されたことについて，教師の適切な指導の下に学級活動(1)で取り上げる内容を「議題」と称す。解決方法等の話合いや解決方法の決定とは，議題についての提案理由を基に，一人一人の思いや願いを大切にしながら意見を出し合い，共通点や相違点を確認したり，分類したり，共通の視点をもってくらべ合ったりするとともに，よりよいものを選んだり，意見の違いや多様性を生かしたりして学級としての考えをまとめたり決めたりして「合意形成」を図るまでの過程を示したものである。決めたことの実践とは，児童が自分たちで決めたことについて協働して取り組むとともに，一連の活動を振り返り，次の課題解決へとつなげていくことまでを含んだ活動を意図している。

こうした学級活動(1)の学習過程は，例えば次のように表すことができる。

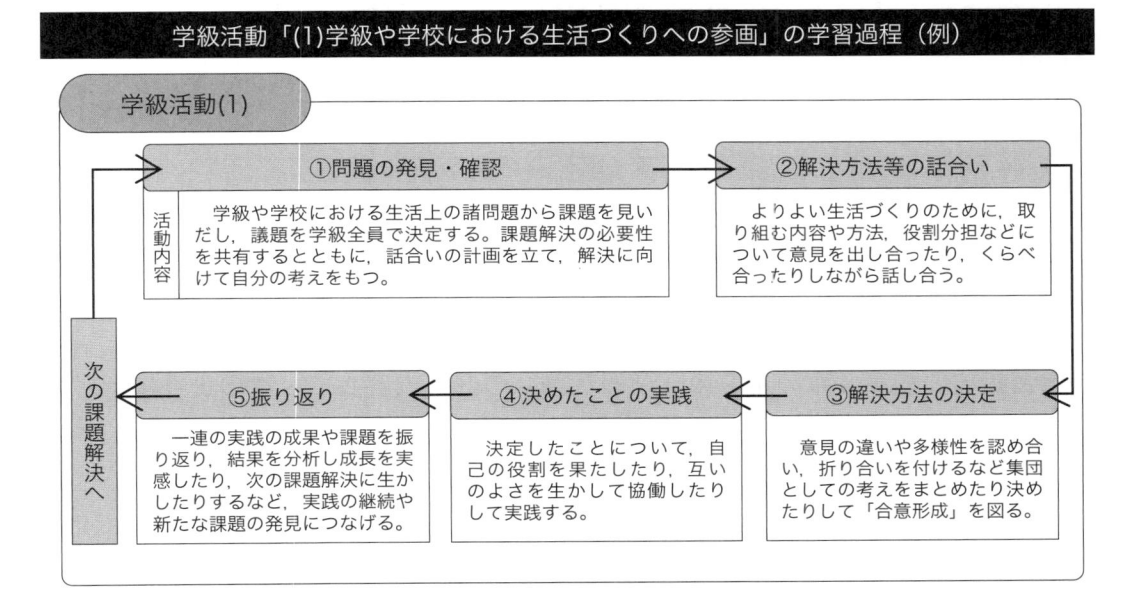

学級活動「(1)学級や学校における生活づくりへの参画」の学習過程（例）

学級活動(1)

①問題の発見・確認

活動内容：学級や学校における生活上の諸問題から課題を見いだし，議題を学級全員で決定する。課題解決の必要性を共有するとともに，話合いの計画を立て，解決に向けて自分の考えをもつ。

②解決方法等の話合い

よりよい生活づくりのために，取り組む内容や方法，役割分担などについて意見を出し合ったり，くらべ合ったりしながら話し合う。

③解決方法の決定

意見の違いや多様性を認め合い，折り合いを付けるなど集団としての考えをまとめたり決めたりして「合意形成」を図る。

④決めたことの実践

決定したことについて，自己の役割を果たしたり，互いのよさを生かして協働したりして実践する。

⑤振り返り

一連の実践の成果や課題を振り返り，結果を分析し成長を実感したり，次の課題解決に生かしたりするなど，実践の継続や新たな課題の発見につなげる。

次の課題解決へ

1
学級活動

学級活動(2)，(3)においては，(2)は現在の生活上の課題，(3)は現在及び将来を見通した生活や学習に関する課題という違いがあるが，問題の発見・確認，解決方法等の話合い，解決方法の決定，決めたことの実践，振り返りという基本的な学習過程は同じである。なお，教師がこれらの活動で取り上げたいことをあらかじめ年間指導計画に即して設定したものを「題材」と称す。ここでいう問題の発見・確認とは，児童一人一人が日常生活や将来に向けた自己の生き方に関して，課題を確認し，解決の見通しをもつことである。解決方法等の話合い，解決方法の決定とは，話合いを通して自分の考えを広げたり，課題について多面的・多角的に考えたりして自分に合った解決方法を自分で決めるなど，「意思決定」するまでの過程を示している。また，決めたことの実践，振り返りについては，意思決定しただけで終わることなく，決めたことについて粘り強く実践したり，一連の活動を振り返って成果や課題を確認し，自分の努力に自信を深めたり，更

なる課題の解決に取り組もうとする意欲を高めたりすることが重要であることも意図して示したものである。

　学級活動(2)，(3)の学習過程は，例えば次のように表すことができる。

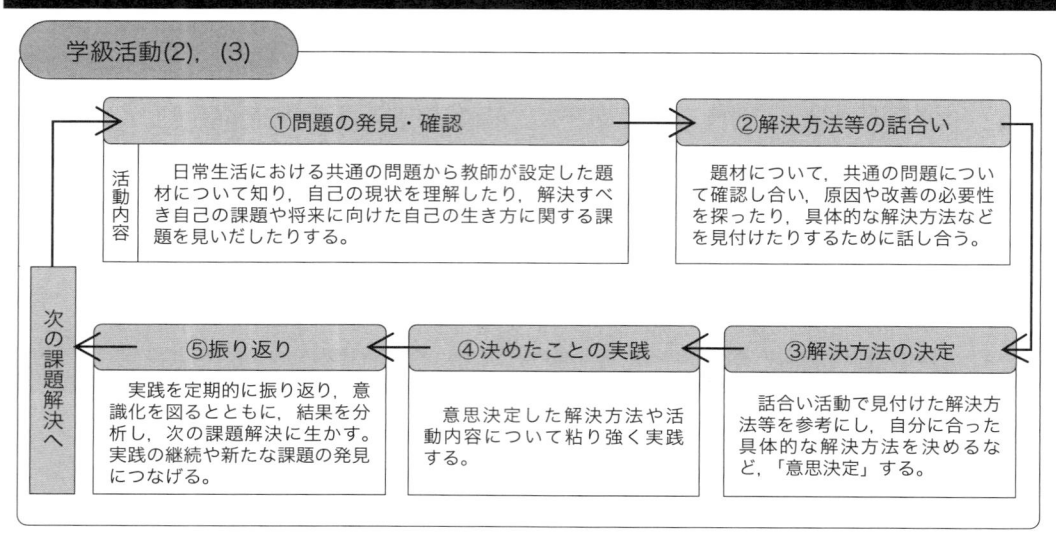

学級活動「(2) 日常の生活や学習への適応と自己の成長及び健康安全」，学級活動「(3) 一人一人のキャリア形成と自己実現」の学習過程（例）

学級活動(2)，(3)

①問題の発見・確認
活動内容
日常生活における共通の問題から教師が設定した題材について知り，自己の現状を理解したり，解決すべき自己の課題や将来に向けた自己の生き方に関する課題を見いだしたりする。

②解決方法等の話合い
題材について，共通の問題について確認し合い，原因や改善の必要性を探ったり，具体的な解決方法などを見付けたりするために話し合う。

⑤振り返り
実践を定期的に振り返り，意識化を図るとともに，結果を分析し，次の課題解決に生かす。実践の継続や新たな課題の発見につなげる。

④決めたことの実践
意思決定した解決方法や活動内容について粘り強く実践する。

③解決方法の決定
話合い活動で見付けた解決方法等を参考にし，自分に合った具体的な解決方法を決めるなど，「意思決定」する。

次の課題解決へ

● 2　学級活動の内容

　学習指導要領第6章の第2の〔学級活動〕の2「内容」で，次のように示している。

　1の資質・能力を育成するため，全ての学年において，次の各活動を通して，それぞれの活動の意義及び活動を行う上で必要となることについて理解し，主体的に考えて実践できるよう指導する。

(1)　学級や学校における生活づくりへの参画

　　ア　学級や学校における生活上の諸問題の解決

　　　学級や学校における生活をよりよくするための課題を見いだし，解決するために話し合い，合意形成を図り，実践すること。

　　イ　学級内の組織づくりや役割の自覚

　　　学級生活の充実や向上のため，児童が主体的に組織をつくり，役割を自覚しながら仕事を分担して，協力し合い実践すること。

　　ウ　学校における多様な集団の生活の向上

　　　児童会など学級の枠を超えた多様な集団における活動や学校行事を通して学校生活の向上を図るため，学級としての提案や取組を話し合って決めること。

---

(2) 日常の生活や学習への適応と自己の成長及び健康安全

　ア　基本的な生活習慣の形成

　　身の回りの整理や挨拶などの基本的な生活習慣を身に付け，節度ある生活にすること。

　イ　よりよい人間関係の形成

　　学級や学校の生活において互いのよさを見付け，違いを尊重し合い，仲よくしたり信頼し合ったりして生活すること。

　ウ　心身ともに健康で安全な生活態度の形成

　　現在及び生涯にわたって心身の健康を保持増進することや，事件や事故，災害等から身を守り安全に行動すること。

　エ　食育の観点を踏まえた学校給食と望ましい食習慣の形成

　　給食の時間を中心としながら，健康によい食事のとり方など，望ましい食習慣の形成を図るとともに，食事を通して人間関係をよりよくすること。

(3) 一人一人のキャリア形成と自己実現

　ア　現在や将来に希望や目標をもって生きる意欲や態度の形成

　　学級や学校での生活づくりに主体的に関わり，自己を生かそうとするとともに，希望や目標をもち，その実現に向けて日常の生活をよりよくしようとすること。

　イ　社会参画意識の醸成や働くことの意義の理解

　　清掃などの当番活動や係活動等の自己の役割を自覚して協働することの意義を理解し，社会の一員として役割を果たすために必要となることについて主体的に考えて行動すること。

　ウ　主体的な学習態度の形成と学校図書館等の活用

　　学ぶことの意義や現在及び将来の学習と自己実現とのつながりを考えたり，自主的に学習する場としての学校図書館等を活用したりしながら，学習の見通しを立て，振り返ること。

　小学校の学級活動は，それぞれの特質に応じて (1)，(2)，(3) の内容に分類される。ここに示した内容は全て，いずれの学年においても取り扱うものである。
　この三つの活動内容について，概要を述べる。

(1) 学級活動「(1) 学級や学校における生活づくりへの参画」

　この内容は，主として自発的，自治的な集団活動の計画や運営に関わるものであり，教師の適切な指導の下での，学級としての議題選定や話合い，合意形成と

それに基づく実践を重視する。これらは，日々の学級経営の充実と深く関わる活動である。

学級活動(1)においては，例えば次のとおり資質・能力を育成することが考えられる。

○　学級や学校の生活上の諸問題を話し合って解決することや他者と協働して取り組むことの大切さを理解し，合意形成の手順や活動の方法を身に付けるようにする。

○　学級や学校の生活をよりよくするための課題を見いだし，解決するために話し合い，多様な意見を生かして合意形成を図り，協働して実践することができるようにする。

○　生活上の諸問題の解決や，協働し実践する活動を通して身に付けたことを生かし，学級や学校における人間関係をよりよく形成し，他者と協働しながら日常生活の向上を図ろうとする態度を養う。

ここで取り上げる課題は，例えば話を静かに聞くなどの一人一人が心掛ければ解決するような課題ではなく，学級や学校生活の充実と向上を図るために，学級の児童全員が協働して取り組まなければ解決できないものでなければならない。また，児童の発達の段階に応じて，自分たちで解決することができ，しかも，教育的に望ましいと認められる課題であることも大切である。児童が自主的，実践的にこうした課題に取り組んでいく中で，教師は共に考え，解決していこうとする姿勢が求められる。

指導に当たっては，一人一人の児童について，集団の中での成長を見つめ，児童の実態を的確に把握して指導することが大切である。個々の児童の思いや願いを理解し，一人一人が当該学級集団に所属し，集団の一員として認められているという満足感や充実感，連帯感などをもち，互いに協力する中で自己有用感を高めることができるように配慮することが求められる。

学級活動(1)に関する内容には，次のようなものがある。

ア　学級や学校における生活上の諸問題の解決

> 学級や学校における生活をよりよくするための課題を見いだし，解決するために話し合い，合意形成を図り，実践すること。

この内容は，児童が学級や学校における生活の充実と向上を図るために，そこで生じる人間関係や生活上の様々な問題について，協力して自主的，実践的に解決していこうとする活動である。学級や学校での生活をよりよくするための課題を児童が見いだし，「学級会」等で話し合い，合意形成を図り実践し，振り返る

ことまでが主な内容となる。

　この内容において育成を目指す資質・能力としては，例えば，学級や学校での生活をよりよくするための話合いの進め方やよりよい合意形成の図り方について理解すること，生活上の諸問題を自分たちの課題として捉え，多様な意見を認め合い，よさを生かし合いながら考え，伝え合い，合意形成することができるようにすること，合意形成したことに基づき協働してよりよい生活を築くことができるようにすることなどが考えられる。また，そうした過程を通じて，多様な他者とよりよい人間関係を形成し，協働して日常生活の向上を図ろうとする態度を養うことも期待される。

　この内容は，特別活動における自発的，自治的な活動の中心となる内容である。特に，自分と異なる意見や少数の意見も尊重し，安易に多数決で決定することなく，折り合いを付けて集団としての意見をまとめることの大切さを理解したり，合意形成を図っていくための手順や方法を身に付けたりすることができるようにすることが，児童会活動やクラブ活動において自発的，自治的な活動を行っていく上での基盤となる。

　学級や学校における生活をよりよくするための課題としては，学級や学校の生活，その他日常生活に関して，具体的な問題について話し合うようにし，実践を通して解決を図る方向に活動が展開するようなものとすることが大切である。例えば，学級内の生活上の諸問題の解決や集会活動の計画，楽しく豊かな学級生活を送るためのきまりや工夫などが考えられる。これらは，児童の発意・発想を大切にして取り上げる必要があるため，議題箱や児童のつぶやき，作文などの児童の記述したものなどから見付け，教師が適切な助言を行うことで，課題発見の視点を与え，議題の提案につなげるようにすることが考えられる。また，学級経営を充実させる視点から，教師が学級集団育成上の段階などを意図しつつ，児童の思いや願いを引き出すなどして関連を図って，取り上げる議題を選定できるようにすることも考えられる。

　なお，児童の自発的，自治的な活動とするためには，学校として児童に任せることができない条件を明確にして指導することが大切である。それには，例えば，個人情報やプライバシーの問題，相手を傷付けるような結果が予想される問題，教育課程の変更に関わる問題，校内のきまりや施設・設備の利用の変更などに関わる問題，金銭の徴収に関わる問題，健康・安全に関わる問題などが考えられる。

　学級会では，学級や学校の生活上の諸問題を解決するために，提案理由を基によりよい解決方法や実践内容について話し合い，少数意見の考えも考慮するなど多様な意見をまとめ，合意形成を図っていく。話し合って決まったことは学級全

体で共通理解し，協力して実践し，振り返りを行う。このように「問題の発見・確認」→「解決方法等の話合い」→「解決方法の決定」→「決めたことの実践」→「振り返り」を児童が主体的に行えるようにするなど，自発的，自治的な活動が一層充実するよう指導することが求められる。

このような指導は，中学校での学級活動における自発的，自治的な活動の指導の基盤となり，さらには積み上がるようにすることが求められることから，中学校の指導との関連を図っていくことが重要である。例えば，小学校における学級活動の取組を中学校教師に公開したり，中学校での取組を小学校教師が参観したりするとともに，小学校教師が環境の異なる中学校での指導へとつなぐことを意識して指導することなどが考えられる。

なお，学級生活の充実と向上を目指して，児童自らが話し合い，計画するだけでなく，決まったことを実際に実践するなど児童が自主的，実践的に取り組む時間が必要となる。話し合うこと自体が目的となってしまわないよう，話し合って決めたことに時機を逸せずに取り組むことができるように，適切な授業時数を確保する必要がある。

イ　学級内の組織づくりや役割の自覚

> 　学級生活の充実や向上のため，児童が主体的に組織をつくり，役割を自覚しながら仕事を分担して，協力し合い実践すること。

この内容は，学級の生活の充実や向上を図るために必要とされる学級内の組織づくりや仕事の分担などを，教師の適切な指導の下で児童自身が見いだし，協力しながら責任をもって行う活動である。

この内容において育成を目指す資質・能力については，例えば，集団活動における役割分担の意義や活動の方法について理解し，学級生活の充実や向上のために，一人一人のよさを生かしながら活動できる組織づくりや分担などについて考え，話し合って決めるとともに，自分の役割を自覚しながら，協力し合って実践することができるようにすることなどが考えられる。また，そうした過程を通して，生活の中で自分の役割や責任を自覚し，他者と協力しながらよりよい生活をつくっていこうとする態度を養うことが考えられる。

この内容において，児童が主体的に組織をつくるとは，例えば，係活動において，学級を楽しく豊かにするために必要な係を出し合い，合意形成によって組織をつくっていくことである。その際，学級における係の役割を自覚し，活動内容を決定して，仕事を分担しながら協力して実践することが大切になる。これらの組織が機能し，活発な活動が展開されることにより，学級生活の充実や向上を図

ることができる。

　学級活動においては，一人一人の児童の活動過程を大切にする必要がある。今回の改訂で，学習指導要領第6章の第3の1の(1)において，指導計画の作成に当たり，「等しく合意形成に関わり役割を担うようにすることを重視すること」を明示したように，学級の成員全員が何らかの役割を分担し，学級の一員として，みんなから必要とされているという認識をもったり，仲間と共に活動をしているという充実感が得られたりすることができるような組織を工夫することが必要である。

　また，児童が学級の多くの成員と共に活動しながら，相互に理解し合えるよう，児童一人一人の役割や所属する組織を固定せず，柔軟で弾力性に富んだ組織になるよう工夫することも重要である。その際，児童の発達の段階や学級の実態を考慮し，なるべく簡潔で，いずれの児童にも理解しやすい組織を工夫することも大切である。

ウ　学校における多様な集団の生活の向上

> 　児童会など学級の枠を超えた多様な集団における活動や学校行事を通して学校生活の向上を図るため，学級としての提案や取組を話し合って決めること。

　児童は，学級の形成者の一人であると同時に，学校の形成者の一人でもある。この内容は，児童会やクラブの集団，学校行事に取り組む各種の集団，日常的に異年齢交流を行う集団，通学を共にする集団など学級や学年の枠を超えた多様な集団における活動及び学校行事を通して学校生活の向上を図るために，学級としての提案や取組を話し合って決める活動である。特別活動の各活動・学校行事の内容の関係に着目すると，この内容は，学級活動と児童会活動や学校行事をつなぐ活動であるとも言える。

　この内容において育成を目指す資質・能力については，例えば，学校生活をより豊かにする様々な集団での活動のよさを理解したり，他学級や他学年のことを考えながら，創意工夫を生かした取組や提案について話し合って合意形成を図り，協力して実践したりすることができるようにすることが考えられる。また，こうした過程を通して，多様な集団で，学級や学年を超えて人間関係をよりよく形成していく態度や，様々な集団活動に積極的に参画しようとする態度を養うことなどが考えられる。

　「学級としての提案や取組」とは，例えば運動会や学芸会などの学級の枠を超えた学校行事の内容の一部において，児童の自発的，自治的な活動としての取組

について話し合い，提案を行ったり，代表委員会からの提案を受けて学級として取り組んだりすることが考えられる。また，学校の外へと活動の幅を広げ，学校行事における地域社会との交流や特別支援学校や他の幼稚園，認定こども園，保育所，中学校などとの交流の一部において，児童の自発的，自治的な活動として取り組むことも考えられる。

これらの多様な集団に所属し，その形成者として生活の向上のために発達の段階に即した役割などを果たす活動を通して，児童は所属感を高めたり，公共の精神などを培ったりすることができる。

(2) 学級活動「(2) 日常の生活や学習への適応と自己の成長及び健康安全」

この内容は，日常の生活や学習への適応と自己の成長及び健康や安全に関するもので，児童に共通した問題であるが，一人一人の理解や自覚を深め，意思決定とそれに基づく実践を行うものであり，個々に応じて行われるものである。したがって，学級活動「(1) 学級や学校における生活づくりへの参画」が，教師の適切な指導の下，児童の共同の問題として取り上げ，協力して実践するという学習過程であることとの違いに留意し，関係する教科等における学習や，個別の生徒指導等との関連を図りつつ，教師が意図的，計画的に指導する必要がある。

学級活動「(2) 日常の生活や学習への適応と自己の成長及び健康安全」に関する内容は，児童一人一人が，自らの学習や生活の目標を決めて，その実現に向けて取り組めるものでなければならない。そして，自分から進んで学び，自分の生活上の課題を見いだし，よりよく解決するための活動である。

学級活動 (2) においては，例えば次のとおり資質・能力を育成することが考えられる。

○　日常の生活や学習への適応と自己の成長及び健康安全といった，自己の生活上の課題の改善に向けて取り組むことの意義を理解するとともに，そのために必要な知識や行動の仕方を身に付けるようにする。

○　自己の生活上の課題に気付き，多様な意見を基に，自ら解決方法を意思決定することができるようにする。

○　自己の生活をよりよくするために，他者と協働して自己の生活上の課題の解決に向けて粘り強く取り組んだり，他者を尊重してよりよい人間関係を形成しようとしたりする態度を養う。

この内容では，学級活動の目標に「話合いを生かして」とあるように，児童に共通する問題を取り上げ，話合いを通してその原因や対処の方法などについて考え，自己の問題の解決方法などについて意思決定し，強い意志をもって粘り強く実行していく活動が中心になる。そして，意思決定したことをその後の生活の改

善に生かすことができるように励ましたり，助言したりすることが大切である。その際，児童にとって身近な問題を取り入れ，児童が自分自身の問題として受けとめていくことができるよう，指導方法や提示する資料の工夫を行うことが重要である。目標に向けて努力する過程で，できたことやできなかったことを振り返り，次の取組への意欲につなげていく指導も大切である。

学級活動(2)は，アからエまでの四つの内容からなり，いずれも題材として様々な取り上げ方が可能なものであるが，指導に当たっては，日常のあらゆる教育活動を通して進められる生徒指導との関連を図り，学級活動の授業として取り上げる内容を発達の段階に即して重点化することが必要である。

なお，学級活動(2)についても学級担任の教師による指導が原則であるが，活動の内容によっては，他の教師等の専門性を生かすと効果的である場合も予想される。例えば，健康や安全，給食の問題，読書などを取り上げる場合，養護教諭，栄養教諭，学校栄養職員，司書教諭などの協力を得て指導に当たるようにすることは望ましい配慮である。

学級活動(2)に関する内容には，次のようなものがある。

ア　基本的な生活習慣の形成

> 身の回りの整理や挨拶などの基本的な生活習慣を身に付け，節度ある生活にすること。

この内容は，日常生活での基本的な生活習慣における自己の課題に気付き，改善に向けて自ら目標を立てて努力し，主体的に取り組むなどの活動が中心となる。

この内容において育成を目指す資質・能力については，例えば，基本的な生活習慣や節度ある生活の大切さを理解するとともに，自己の生活を振り返って課題に気付き，学級での話合いを通して，友達の意見などを参考にしながら解決方法を考え，よりよい方法を意思決定し，解決に向けて行動することができるようにすることなどが考えられる。また，そうした過程を通して，自己の目標に向かって主体的に取り組み，基本的な生活習慣を身に付け，進んで楽しく豊かな学級，学校生活をつくろうとする態度を養うことが考えられる。

具体的には，児童の実態や発達の段階に即して，適切な情報や資料を活用することにより，自己の生活上の課題に気付き，基本的な生活習慣を形成することが大切であることを理解するとともに，基本的な生活習慣を身に付けるための活動が考えられる。

基本的な生活習慣については，改善の必要性を強く感じ，日常の生活の中で繰

り返しやってみることが習慣化へとつながると考えられる。活動の振り返りを大切にして，どうすれば改善できるかを繰り返し考えることで日常化を図ることや，成果を実感して実践への意欲を高めるようにすることが大切である。

　持ち物の整理整頓や衣服の着脱，挨拶，言葉遣いなどの基本的な生活習慣に関わる課題は，幼稚園，認定こども園，保育所等との接続に配慮し，児童の実態に応じて適切に指導することが大切である。これらの指導は，ともすると，教師の一方的な説話になりやすい。そこで，児童の実態や発達の段階に即して，具体的な資料を活用して児童の理解を深めるなどの工夫をし，日常生活の実践に結び付く効果的な指導を行うよう配慮することが大切である。また，挨拶をはじめとして，社会の形成者として身に付けるべきルールやマナーを指導する際には，児童の規範意識の醸成に努め，相手を尊重する意識をもって行動することができるようにすることも重要である。

イ　よりよい人間関係の形成

> 　学級や学校の生活において互いのよさを見付け，違いを尊重し合い，仲よくしたり信頼し合ったりして生活すること。

　この内容は，学級や学校内にとどまらず，より広い意味での人間関係の在り方について取り扱うものである。先の見通せない時代においては，多様な他者と互いのよさを生かしながら，将来を切り拓いていく力が求められている。そのため，自他の個性を理解して尊重し，よりよい人間関係を形成することは，特別活動の大きな役割の一つである。今回の改訂においても，特別活動の内容及び指導において重視する三つの視点の一つに「人間関係形成」を位置付けた。

　「互いのよさを見付け，違いを尊重し合い，仲よくしたり信頼し合ったりして」とは，児童一人一人の個性を尊重し，障害の有無や国籍など様々な違いにかかわらず他者と協働する力を育むことを示している。

　この内容において育成を目指す資質・能力については，例えば，学級や学校において互いのよさを見付け，違いを尊重し合い，仲よくしたり信頼し合ったりして生活することのよさや大切さを理解すること，互いの個性を尊重し合う人間関係を形成することができるようにすることなどが考えられる。また，友達と関わる過程を通して自己理解を深め，互いに協力し合って温かな人間関係を形成しようとする態度を養うことなどが考えられる。

　具体的な指導内容としては，例えば，友達と仲よくする，仲直り，男女の協力，互いのよさの発見，違いを認め合う，よい言葉や悪い言葉，友情を深める，などが考えられる。

また，児童の問題行動として，いじめや，暴力行為などが挙げられる。これらの原因として，家庭や地域社会などにおける児童の人間関係の希薄化に伴う対人関係の在り方の未熟さが指摘されてきた。学校生活においても，教師と児童，児童相互の間に信頼，尊敬，親愛，協力など，温かい人間関係が形成されていないところでは，児童の学級への所属意識も薄くなり，人間関係に関わる様々な問題が発生する。また，障害のある児童や海外から帰国した児童，外国人の児童など，様々な事情を抱えた児童が在籍していることも増えている中で，多様な他者と理解し合って協力し合える人間関係を形成することが一層重要になっている。こうした中で，特別活動において自他を尊重する態度を養うことにより，問題行動の未然防止に努めるとともに，様々な人間関係を経験させることが大切である。

　さらに，教師は，例えば，幼児期の教育における人間関係に関する内容や道徳科の「主として人との関わりに関すること」等と関連させて指導をすることが望ましい。そのために，日頃から一人一人の児童と密接な人間関係を保ち，よりよい人間関係を築く態度の形成に努めるとともに，学級活動においても適切な内容を取り上げて効果的に指導する必要がある。

　加えて，集団活動を通して，自己と他者の価値観や文化の違いを理解し合い，間違いや失敗を支え合い助け合うことを経験できるようにすることが大切である。この経験を通して，児童は互いに信頼し合って生活することの大切さを体得する。このことは，いじめの未然防止等に役立つと考えられる。

　この内容は，学級活動「(3) 一人一人のキャリア形成と自己実現」の「ア　現在や将来に希望や目標をもって生きる意欲や態度の形成」の内容や「イ　社会参画意識の醸成や働くことの意義の理解」とも関連付けることで，より指導の効果が高まることが期待される。

　なお，よりよい人間関係の形成の指導として，社会的スキルを身に付けるための活動を効果的に取り入れることも考えられる。その際，学級活動の指導の特質を踏まえ，児童が自ら課題を見いだし，話合いを生かして意思決定をするという指導の展開となるようにするとともに，時間の配分に留意して適切な授業時数を充てるようにし，児童が現実の生活の中で自主的，実践的によりよい人間関係を形成しようとすることができるように配慮する必要がある。

ウ　心身ともに健康で安全な生活態度の形成

　現在及び生涯にわたって心身の健康を保持増進することや，事件や事故，災害等から身を守り安全に行動すること。

この内容は，心身の機能や発達，心の健康についての理解を深め，生涯にわたって積極的に健康の保持増進を目指すものである。日常の健康や安全に関する問題に自ら気付き，必要な情報を進んで収集し，よりよい解決方法を考えて，自己の健康や安全を保持増進するために的確な意思決定や行動選択を行うなどの活動が中心となる。

この内容において育成を目指す資質・能力については，例えば，現在及び生涯にわたって心身の健康を保持増進するには自己管理が大切であることや，防災を含め，日常及び災害時の安全確保には正しい知識が大切であることを理解すること，健康安全を意識した行動の仕方を身に付け，情報を集め状況に応じてよりよく判断を行い行動することができるようにすることが考えられる。また，そうした過程を通して，主体的に心身の健康を保持増進したり安全に行動したりしようとする態度を養うことなどが考えられる。

児童が心身ともに健やかに育つことは，時代を超えて全ての人々の願いである。児童は，学習の場であり生活の場である学校において，他者との関わりを深めつつ，多様な経験を積み重ね，視野を広げ，人生や社会の在り方等について考えながら，心身ともに成長していく。こうした場である学校において，心身ともに健康で安全な生活態度の形成は，教育活動全体を通して総合的に推進するものであるが，学級活動においてもその特質を踏まえて取り上げる必要がある。この内容には，保健に関する指導と安全に関する指導の内容があることから，学校における特別活動の全体計画等と関連付けながら学校保健計画及び学校安全計画を作成し，効果的な指導が行われなければならない。また，授業時数に限りがあることから，学級活動「(2) ウ　心身ともに健康で安全な生活態度の形成」については，体育科，家庭科はもとより，各教科，総合的な学習の時間等とも関連を図りながら指導することが大切である。

保健に関する指導としては，心身の発育・発達，心身の健康を高める生活，健康と環境との関わり，病気の予防，心の健康などがある。これらの題材を通して，児童は，自分の健康状態について関心をもち，身近な生活における健康上の問題を見付け，自分で判断し，処理する力や，心身の健康を保持増進する態度を養う。さらに，性や薬物等に関する情報の入手が容易になるなど，児童を取り巻く環境が大きく変化している。こうした課題を乗り越えるためにも，現在及び生涯にわたって心身の健康を自分のものとして保持し，健康で安全な生活を送ることができるよう，必要な情報を児童が自ら収集し，よりよく判断し行動する力を育むことが重要である。

なお，心身の発育・発達に関する指導に当たっては，発達の段階を踏まえ，学校全体の共通理解を図るとともに，家庭の理解を得ることなどに配慮する必要が

ある。また内容によっては，養護教諭などの協力を得て指導に当たる必要がある。

　安全に関する指導としては，防犯を含めた身の回りの安全，交通安全，防災など，自分や他の生命を尊重し，危険を予測し，事前に備えるなど日常生活を安全に保つために必要な事柄を理解する内容が挙げられる。他にも，進んできまりを守り，危険を回避し，安全に行動できる能力や態度を育成するなどの内容が考えられる。近年でも，東日本大震災や熊本地震，台風や集中豪雨などをはじめとする様々な自然災害の発生や，情報化やグローバル化等の社会の変化に伴い，児童を取り巻く安全に関する環境も変化している。したがって，安全に関する指導においても，取り上げた内容について，必要な情報を自ら収集し，よりよく判断し行動する力を育むことが重要である。

　保健や安全に関する指導については，関係団体や外部講師等の協力を得て実施される健康教室，防犯教室，交通安全教室，避難訓練などの学校行事と関連付けて指導を行うことが重要である。また，防犯や交通安全，防災の指導を行うに当たっては，保護者や地域と連携するなどして作成した「地域安全マップ」を活用するなど，日常生活で具体的に実践できるよう工夫することが大切である。

エ　食育の観点を踏まえた学校給食と望ましい食習慣の形成

> 　給食の時間を中心としながら，健康によい食事のとり方など，望ましい食習慣の形成を図るとともに，食事を通して人間関係をよりよくすること。

　この内容は，自分の食生活を見直し，自ら改善して，生涯にわたって望ましい食習慣が形成され，食事を通してよりよい人間関係や社交性が育まれるようにするものである。楽しく食事をすること，健康によい食事のとり方，給食時の清潔，食事環境の整備などの改善について身近な事例を通して考え，自己の課題に気付き，具体的な目標を立てて取り組むなどの活動が中心となる。

　この内容において育成を目指す資質・能力については，例えば，望ましい食習慣の形成を図ることの大切さや，食事を通して人間関係をよりよくすることのよさや意義などを理解すること，給食の時間の楽しい食事の在り方や健康によい食事のとり方などについて考え，改善を図って望ましい食習慣を形成するために判断し行動することができるようにすることが考えられる。また，そうした過程を通して，主体的に望ましい食習慣や食生活を実現しようとする態度を養うことなどが考えられる。食育の観点を踏まえた学校給食と望ましい食習慣の形成は，食に関する資質・能力等を，児童が発達の段階に応じて総合的に身に付けることが

できるように学校教育全体で指導することである。したがって，学校の教育計画等と関連付けながら食に関する指導の全体計画を作成し，給食の時間を中心としながら，各教科等における食に関する指導を相互に関連付け，総合的かつ効果的な指導が行われるように留意する必要がある。

　給食の時間は，楽しく食事をすること，健康によい食事のとり方，給食時の清潔，食事環境の整備などに関する指導により，望ましい食習慣の形成を図るとともに，食事を通してよりよい人間関係の形成を図る。そして，適切な給食時間を確保した上で，給食の準備から後片付けを通して，計画的・継続的に指導する必要がある。また，食を取り巻く社会環境の変化により，栄養摂取の偏りや欠食といった食習慣の乱れ等に起因する肥満などの生活習慣病，食物アレルギー等の問題が指摘される現在，家庭との連携が今後更に重要になる。心身の健康に関する内容にとどまらず，自然の恩恵への感謝，食文化，食料事情などについても各教科等との関連を図りつつ指導を行うことが重要である。

　これらの指導に当たっては，栄養教諭の専門性を生かしつつ，学校栄養職員や養護教諭などの協力を得て指導に当たることも必要である。また，これらの学校給食に関する内容については，学級活動の授業時数には充てない給食の時間を中心に指導することになるが，学級活動の時間でも取り上げ，その指導の特質を踏まえて計画的に指導する必要がある。その際，学校給食を教材として活用するなど多様な指導方法を工夫することが大切である。

　なお，学校給食を実施していない学校においても，児童が健康の大切さを実感し，生涯にわたって自己の健康に配慮した食生活が営めるよう，食育の観点も踏まえて望ましい食習慣の形成の指導を行う必要がある。また，指導する内容によっては，「ウ　心身ともに健康で安全な生活態度の形成」の指導として取り上げることも考えられる。

(3) 学級活動「(3) 一人一人のキャリア形成と自己実現」

　この内容は，個々の児童の将来に向けた自己実現に関わるものであり，一人一人の主体的な意思決定に基づく実践にまでつなげることをねらいとしている。今回の改訂においては，特別活動を要として，学校の教育活動全体を通してキャリア教育を適切に行うことが示された。これまで小学校では，学級活動についてはいずれの学年においても取り扱う内容を共通事項とし，内容と指導過程の違いから (1)，(2) の二つに分類していたが，今回，キャリア教育の視点からの小・中・高等学校のつながりが明確になるように (3) を設け，三つに分類・整理した。学級活動「(2) 日常の生活や学習への適応と自己の成長及び健康安全」と扱う内容は異なるが，(2) と同様に児童に共通した問題を取り上げ，教師が意図的，計画

的に指導し，話合い等を通して一人一人の考えを深め，実践につなげることを重視する。ここで扱う活動内容は，児童の現在及び将来の生き方を考える基盤になるものであり，学校の教育活動全体を通して行うキャリア教育や個に応じた指導，支援，相談等との関連を図ることが大切である。

「キャリア形成」とは，社会の中で自分の役割を果たしながら，自分らしい生き方を実現していくための働きかけ，その連なりや積み重ねを意味する。これからの学びや生き方を見通し，これまでの活動を振り返るなどして自らのキャリア形成を図ることは，これからの社会を生き抜いていく上で小学校においても重要な課題である。

夢や希望は，明日を生きていく原動力となるものである。児童が現在や将来に夢や希望を抱き，その実現を目指して物事に取り組むことは，「今の自分」に価値や意味を見いだすことにつながる。児童一人一人が，将来直面する様々な課題に柔軟かつたくましく対応し，社会的・職業的に自立していくためには，学ぶこと，働くこと，そして生きることについて考え，それらの結び付きを理解することや，多様な他者と協働しながら，自分なりの人生をつくっていく力を育むことが必要である。

その際，活動の過程を記述し振り返ることができる教材等の作成とその活用を通して，児童自身が自己の成長や変容を把握し，主体的な学びの実現や今後の生活の改善に生かしたり，将来の生き方を考えたりする活動が求められる。

学級活動 (3) においては，例えば次のとおり資質・能力を育成することが考えられる。

○　働くことや学ぶことの意義を理解するとともに，自己のよさを生かしながら将来への見通しをもち，自己実現を図るために必要なことを理解し，行動の在り方を身に付けるようにする。

○　自己の生活や学習の課題について考え，自己への理解を深め，よりよく生きるための課題を見いだし，解決のために話し合って意思決定し，自己のよさを生かしたり，他者と協力したりして，主体的に活動することができるようにする。

○　現在及び将来にわたってよりよく生きるために，自分に合った目標を立て，自己のよさを生かし，他者と協働して目標の達成を目指しながら主体的に行動しようとする態度を養う。

学級活動「(3) 一人一人のキャリア形成と自己実現」における留意点として，次の2点を踏まえた指導を行うことが望まれる。

一つ目は，総則において，特別活動を学校におけるキャリア教育の要としつつ，各教科等の特質に応じてキャリア教育の充実を図ることとした趣旨を踏まえ

ることである。キャリア教育の要としての役割を担うこととは，キャリア教育が学校教育全体を通して行うものであるという前提のもと，これからの学びや自己の生き方を見通し，これまでの活動を振り返るなど，教育活動全体の取組を自己の将来や社会づくりにつなげていくための役割を果たすということである。

二つ目は，学級活動 (3) の内容が，キャリア教育の視点からの小・中・高等学校のつながりが明確になるよう整理することによって設けられたということである。ここで扱う内容については，将来に向けた自己実現に関わるものであり，一人一人の主体的な意思決定を大切にする活動である。中学校，高等学校へのつながりを考慮しながらも，小学校段階として適切なものを内容として設定している。キャリア教育は，教育活動全体の中で基礎的・汎用的能力を育むものであることから，夢をもつことや職業調べなどの固定的な活動だけにならないようにすることが大切である。

学級活動 (3) に関する内容には，次のようなものがある。

ア　現在や将来に希望や目標をもって生きる意欲や態度の形成

> 学級や学校での生活づくりに主体的に関わり，自己を生かそうとするとともに，希望や目標をもち，その実現に向けて日常の生活をよりよくしようとすること。

この内容は，児童が自分自身の興味・関心やよさなどの個性を理解し，将来に明るい希望や目標をもって現在及び将来の生活や学習に進んで取り組み，自己のよさや可能性を生かそうとする意欲や態度を育てることを示したものである。指導に当たっては，学級や学校生活における不安や心配の解決のための目標を立てて行動することにより，現在の生活をよりよくすることの大切さについて理解したり，学級での話合いを通して，友達の意見などを参考にしながら自己のよさや実現できそうな目標を具体的に考えたりすることができるようにする。

この内容において育成を目指す資質・能力として，例えば，自己への理解を深め，日常生活について実現可能で具体的な目標を立て，意思決定し，自己のよさを生かして主体的に活動することができることなどが考えられる。また，こうした過程を通して，現在や将来に希望や目標をもって，日常の生活をよりよくしていこうという態度を養うことなどが考えられる。

具体的には，学級や学校生活に希望や目標をもち，日常生活での不安や悩みの解決に向けた個人の目標を設定したり，個性の伸長を図るために自己を理解したりして，よりよく意思決定できるようにすることが考えられる。また，児童の思いや保護者の願い，教師の思いを盛り込んだ学級目標の実現を目指し，児童一人

一人がこれからの学習への取り組み方や生活の仕方などについて意思決定をする内容も考えられる。さらに，自分への気付きや意思決定を促す適切な情報・資料を提供するとともに，心の健康の保持増進やよりよい人間関係の形成などの学級活動(2)との関連を図ることも大切である。

イ　社会参画意識の醸成や働くことの意義の理解

> 清掃などの当番活動や係活動等の自己の役割を自覚して協働することの意義を理解し，社会の一員として役割を果たすために必要となることについて主体的に考えて行動すること。

この内容は，働くことの意義を理解することや，多様性を認め合いながら，力を合わせて働いたり，学級や学校の生活の向上に貢献したりする喜びを実感すること，また，現在及び将来において所属する集団や地域の中で，その一員として責任や役割を担うことなど，社会参画意識の醸成につなげていくものである。児童にとって学級は最も身近な社会であり，学級での集団活動に主体的に参画することは，地域や社会への参画，社会貢献につながる。

この内容において育成を目指す資質・能力として，例えば，学級や学校のために友達と力を合わせて働くことの意義を理解し，工夫しながら自己の役割を果たすことができるようにすることが考えられる。また，こうした過程を通して，社会の一員として，責任をもって主体的に行動しようとする態度を養うことなどが考えられる。

指導に当たっては，多様性を認め合いながら，他の児童と力を合わせて働くことの大切さや自分のよさを生かすことについて考えることができるようにするとともに，自分の仕事に対して工夫しながら役割を果たすことができるようにすることが大切である。

具体的には，学級全員で分担する清掃や給食，交替しながら行う日直，飼育，栽培等の当番活動や学級活動(1)での係活動，学校内外でのボランティア活動など，学級，学校や地域のために一生懸命働く活動を取り上げる。

これらの指導は，学級活動の授業時数を充てない朝や帰りの時間，当番活動を行っている時間などに行うことが中心となるが，学級活動においても適切に取り上げ，計画的に指導する必要がある。日常の積み重ねを通してキャリア教育の一環として働くことの大切さや意義を理解させていくことは，学級・学校生活の向上に寄与する活動などの充実につながるとともに，公共の精神を養い，望ましい勤労観・職業観，社会性の育成を図ることにもつながる。また，道徳教育や学校行事の勤労生産・奉仕的行事，総合的な学習の時間などで行うボランティア体験

などと関連させて指導したり，地域全体で児童の社会的・職業的自立に向けた基盤づくりができるよう，地域との連携・協働を進めたりすることも大切である。

ウ　主体的な学習態度の形成と学校図書館等の活用

> 　学ぶことの意義や現在及び将来の学習と自己実現とのつながりを考えたり，自主的に学習する場としての学校図書館等を活用したりしながら，学習の見通しを立て，振り返ること。

　この内容は，学ぶことに興味や関心をもち，自ら進んで学習に取り組むことや，自己のキャリア形成と関連付けながら，見通しをもって粘り強く取り組むこと，学習活動を振り返って次に生かす主体的な学びの実現に関わるものである。また，様々な情報が得られ，自主的な学習を深める場としての学校図書館の効果的な活用や，日常の読書指導との関連などにも関わるものである。

　この内容において育成を目指す資質・能力として，例えば，学習することの楽しさや価値に気付き，学習の見通しや振り返りの大切さを理解したり，学校図書館等を日々の学習に効果的に活用するなど，自分に合った効果的な学習の方法や，学ぶことが将来の自己実現にどうつながっていくかについて考えたりして，主体的に学習することができるようにすることなどが考えられる。また，こうした過程を通して，生涯にわたって主体的に学び続けようとする態度を養うことなどが考えられる。

　指導に当たっては，各教科等を学習する意義や学習習慣の定着に向けた取組や学習を深めるための資料の活用など，主体的に学ぶための方法や工夫などについても意思決定できるような工夫が望まれる。

　これらの指導は，各教科等の学習と関連して指導したり，内容によって司書教諭や，学校図書館司書，ICTに関わるボランティアなどの協力を得て，実際に学校図書館の仕組みの理解や利用の仕方に関する実践的な活動を行ったりするなど，指導に具体性と変化をもたせることが望ましい。

●3　学級活動の指導計画

学習指導要領第6章の第3の1の(2)で，次のとおり示している。

> (2)　各学校においては特別活動の全体計画や各活動及び学校行事の年間指導計画を作成すること。その際，学校の創意工夫を生かし，学級や学校，地域の実態，児童の発達の段階などを考慮するとともに，第2

に示す内容相互及び各教科，道徳科，外国語活動，総合的な学習の時間などの指導との関連を図り，児童による自主的，実践的な活動が助長されるようにすること。また，家庭や地域の人々との連携，社会教育施設等の活用などを工夫すること。

　学級活動の指導計画には，学校としての年間指導計画，学級ごとの年間指導計画や１単位時間の指導計画がある。これらの学級活動の指導計画の作成に当たっては，ここで示したことを踏まえ，特に次のようなことに配慮して作成する必要がある。

(1) 学級や学校，地域の実態や児童の発達の段階などを考慮し，児童による自主的，実践的な活動が助長されるようにする

　学級活動の指導計画については，特別活動の全体計画や目標を踏まえ，学級や学校，地域の実態や児童の発達の段階などを考慮し，学級経営との関連を図りながら，指導する内容，取り上げる議題例や題材，授業時数などを示すなどして作成する。

　具体的には，学習指導要領第６章の第２の３の(1)の内容や，発達の課題や道徳教育における内容項目，重点等を考慮し，各学校における児童や家庭，地域の実態に応じて，学校としての年間指導計画を作成する。それを基に学級の実態や学級経営との関連を踏まえて学級ごとの年間指導計画を作成することになる。さらには，この学級ごとの指導計画の中から，１単位時間の指導計画を作成する。学校としての年間指導計画，学級ごとの年間指導計画や１単位時間の指導計画を作成する手順を図示すると，例えば次のとおりである。

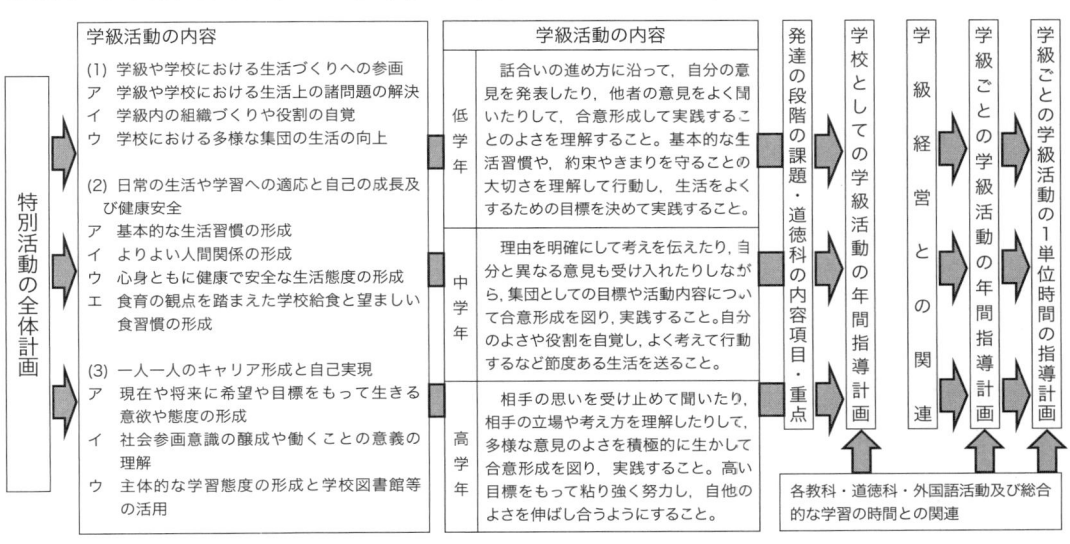

　学級活動「(1) 学級や学校における生活づくりへの参画」に関する内容は，主

として児童の自発的，自治的な活動を特質としたものを扱う。したがって，年間指導計画においては，児童の活動として望ましい内容（予想される議題例）や時期，方法，授業時数などについて，あらかじめ大まかな枠組みを定める。実際の活動については，児童の手によって一層具体的な活動計画が立てられて実施することができるような弾力性，融通性に富むものにすることが大切である。

学級活動における自主的，実践的な活動の経験は，児童会活動やクラブ活動などにおける活動の基盤となる。そのため，低学年，中学年及び高学年の発達の段階に応じて児童による自主的，実践的な活動が十分に行われるように工夫する必要がある。また，議題の選定から振り返りまでの一連の過程を「実践」と捉える。その中で，育成を目指す資質・能力は何かということを明確にした上で，意図的，計画的に指導に当たることが求められる。

なお，学級活動「(2) 日常の生活や学習への適応と自己の成長及び健康安全」，学級活動「(3) 一人一人のキャリア形成と自己実現」の内容は，一人一人の意思決定とそれに基づく実践等を大事にする。その際，できるだけ児童による話合いを生かして考えを深め，一人一人の主体的な意思決定へつなげるように配慮することが望ましい。

(2) 内容相互，各教科，道徳科，外国語活動及び総合的な学習の時間などの指導との関連を図る

学級活動の指導計画を作成するに当たっては，学級経営との関連を図り，学習内容等を検討していく必要がある。また，「カリキュラム・マネジメント」の実現に向けて，児童にどのような資質・能力を育むかを明確にし，それを育む上で効果的な学習内容や活動を組み立て，各教科等における学びと関連付けていくことが不可欠である。そこで，各教科等で身に付けた資質・能力などを，学級活動においてよりよく活用できるようにすることが大切となる。また，学級活動で取り扱う内容について各教科等の学習内容との関連を図って指導の効果を高めたり，各教科等の学習内容との関連を踏まえて学級活動の指導内容を重点化したりすることも考えられる。さらに，学級活動で身に付けた資質・能力を各教科等の学習に生かすようにすることも大切である。

学級活動の話合い活動は，国語科を中心として各教科等の指導で身に付けた言葉を的確に理解したり表現したりする能力，互いの立場や考えを尊重し合う能力，要約して記録する能力などを実践的に活用したり，向上させたりする場である。また，「(2) 日常の生活や学習への適応と自己の成長及び健康安全」，「(3) 一人一人のキャリア形成と自己実現」に充てられる授業時数に限りがあることから，「(2) ウ　心身ともに健康で安全な生活態度の形成」や「(2) エ　食育の観点

を踏まえた学校給食と望ましい食習慣の形成」は体育科や家庭科など，「(3) ウ 主体的な学習態度の形成と学校図書館等の活用」については，国語科や総合的な学習の時間の学習などとも関連を図りつつ，特別活動の特質を踏まえて指導することが大切である。

(3) 家庭や地域の人々との連携などを工夫する

学級活動の指導計画を作成するに当たっては，家庭や地域の人々との連携，社会教育施設等の活用などを工夫することが大切である。具体的には，学級活動における楽しく豊かな学級や学校の生活づくりや健全な生活態度を育成する活動，キャリア形成のための活動を効果的に展開するために，個々の家庭の状況に配慮したり，家庭での指導との連携を図ったり，地域の人材，施設を活用したりすることである。

学級活動「(2) 日常の生活や学習への適応と自己の成長及び健康安全」については，児童の家庭生活との関連が深い事項が多いことから，特に家庭と連携して指導することが大切である。例えば「ア 基本的な生活習慣の形成」，「ウ 心身ともに健康で安全な生活態度の形成」，「エ 食育の観点を踏まえた学校給食と望ましい食習慣の形成」などの内容は，家庭での教育と連携を図ることで一層効果的な指導をすることが期待できる。その際，保護者と児童が一緒に学び合う工夫をしたり，保護者や家庭などの個人情報やプライバシーなどの問題に十分留意して指導計画を作成したりする必要がある。また，学級活動「(3) 一人一人のキャリア形成と自己実現」に関する指導に当たっては，児童に社会や職業との関連を意識させる学習であることから，その実施に当たっては，地域との連携が不可欠である。指導する内容によって，積極的に地域の人材を活用し，専門的な立場の人々から話を聞くことなどは，望ましい工夫の例である。

(4) その他の配慮事項

① 時間の配当を工夫する

学級活動の標準授業時数については，学校教育法施行規則別表第1で，第1学年は34単位時間，第2，3，4，5，6学年はそれぞれ35単位時間と示されている。したがって，特別活動の基盤となる学級活動については，児童の継続的な活動を促進する上から毎週計画的に実施することを基本としつつ，具体的な実践活動によっては弾力的に扱うようにすることも考えられる。

なお，特別活動の標準授業時数について，「学級活動（学校給食に係るものを除く。）」と示されているが，この「学校給食に係るものを除く」という意味は給食の時間における指導は特別活動の標準授業時数には含まれないという意

味である。

　すなわち，別表第1では，特別活動に充てる標準授業時数を示しているが，年間にわたり日々1単位時間程度を充てて行われる給食の時間を，特別活動の標準授業時数に含めることは適切でないので，同令別表第1で示している授業の中には，給食の時間は含まれないということである。

　しかし，このことは，給食の時間における指導を学級活動として位置付けることを否定したものではない。学校給食の特質は，例えば，よりよい食習慣や人間関係の在り方などについて，食事をすることを中心とする給食の時間における児童の実践活動を通して体得することにあるのである。したがって，給食の時間に，それらの内容を指導計画に基づいて指導する場合には，学級活動の時間とすることができるのである。ただし，その場合，別表第1に示された標準授業時数以外の時間と考えて計画し，実施することになる。

　学校給食は，よりよい食習慣の形成とともに，食事を通してよりよい人間関係を形成し，心身ともに健全な発達を図ることを目指している。このねらいを達成するために，学校給食に関する指導は，主として給食の時間に指導することになるが，特に指導を必要とする内容については，学級活動の時間に計画的に取り上げて指導することになる。

　なお，もとより，清掃などの当番活動については，当番活動の役割と働くことの意義の理解を図るための指導を学級活動で行うものであり，全校で分担して行っている清掃活動や個々の児童が日常的に行っている当番活動の時間を標準授業時数に含むことは適切ではない。

②　内容の配分を工夫する

　学級活動は，「(1) 学級や学校における生活づくりへの参画」と「(2) 日常の生活や学習への適応と自己の成長及び健康安全」，「(3) 一人一人のキャリア形成と自己実現」の三つの内容から構成されているので，それぞれに充てる授業時数は，学校や児童の実態及び低・中・高学年の内容に応じて適切に配分する。その際，擬似的な体験を通してではなく，実生活の中で生じた諸問題を解決するなど，よりよい生活をつくる活動を重視することが大切である。

　また，学級活動「(2) 日常の生活や学習への適応と自己の成長及び健康安全」及び学級活動「(3) 一人一人のキャリア形成と自己実現」は，学級，学校及び児童の実態に応じて，取り上げる指導内容の重点化を図ることが大切である。

　日頃から学級経営の充実に努め，教師と児童の信頼関係及び児童相互のよりよい人間関係を育て，児童が安心して生活できるよう指導を充実することに

よって，学級活動の授業として取り上げる指導内容の関連や統合を図ることも可能である。児童の自主性を伸ばし，学校生活を一層楽しくするために，「(1)学級や学校における生活づくりへの参画」に重点を置いた学級活動の指導が行われるよう工夫することが大切である。

(5) 学級としての指導計画の作成

学級活動の目標に掲げた資質・能力を育成していくために，指導計画について全教職員が共通理解を図り，計画的に指導する必要がある。そこで，学級活動の目標を踏まえた上で，まず学校として第1学年から第6学年までを見通した各学年の年間指導計画を作成する。さらにそれを基にして，学級の実態に応じた学級ごとの年間指導計画を作成する必要がある。教師は，年間指導計画に即して，1単位時間の指導計画を作成し，指導することになる。なお，実際の指導に当たっては，学級活動の活動形態の特質を踏まえて行うことになる。

ア　学級や学校としての年間指導計画の作成

学校としての年間指導計画や学級ごとの年間指導計画に示す内容には，例えば，次のものが考えられる。

- ○　学校や学年，学級の指導目標
- ○　育成を目指す資質・能力
- ○　指導内容（予想される議題例，題材名）と時期
- ○　指導の時間配当
- ○　特別活動の他の内容との関連
- ○　他教科等との関連
- ○　評価の観点

「(1)学級や学校における生活づくりへの参画」は，児童の自発的，自治的な活動を特質としている。このことから年間指導計画には，児童の活動として望ましい内容（予想される議題例）や時期，時間配当などについて示すことが考えられる。

一方，「(2)日常の生活や学習への適応と自己の成長及び健康安全」及び「(3)一人一人のキャリア形成と自己実現」に関する内容は，学級担任の教師が意図的，計画的に指導する内容であるため，各学年，学級ごとに，指導する内容（題材）や時期，時間配当などを明確にして年間指導計画を作成する必要がある。

また，「(1)学級や学校における生活づくりへの参画」と「(2)日常の生活や学習への適応と自己の成長及び健康安全」及び「(3)一人一人のキャリア形成と自己実現」のそれぞれの特質を生かし，相互の関連を十分考慮して弾力的な

1
学級活動

指導が展開できるように配慮し，学級活動を通して成果を上げられるような年間指導計画を作成することが大切である。

　なお，学級活動には多様な内容が含まれており，年度当初から詳細な計画を立てて指導することが容易な内容もあれば，年度の途中で新たに生起する問題もある。そのような場合には，年間指導計画の一部を変更して指導を行う必要がある。しかし，学級活動に充て得る時間にも限りがあることから，年度の途中で偶発的に発生する問題を全て学級活動として取り上げるのではなく，例えば朝や帰りの時間などを活用して随時指導するなどの配慮をすることが大切である。

イ　1単位時間の指導計画

　「(1) 学級や学校における生活づくりへの参画」の指導の1単位時間の指導計画に示す内容には，例えば，次のようなものが考えられる。

○　議題

○　児童の実態と議題選定の理由

○　育成を目指す資質・能力

○　事前の活動（本時に至るまでの活動の流れ）

○　本時のねらい

○　児童の活動計画

　教師の適切な指導の下に児童が作成する「児童の活動計画」に示す内容には，例えば，次のようなものが考えられる。

○　議題

○　計画委員会の役割分担

○　提案理由や話合いのめあて

○　決まっていること

○　話合いの順序

○　気を付けること

○　準備

①はじめのことば
②計画委員の紹介
③議題の確認
④提案理由やめあての確認
⑤決まっていることの確認
⑥話合い
⑦決まったことの発表
⑧振り返り
⑨先生の話
⑩おわりのことば

○　教師の指導計画（指導上の留意点）

○　使用する教材や資料

○　事後の活動

○　評価の観点

　「(2) 日常の生活や学習への適応と自己の成長及び健康安全」，「(3) 一人一人

のキャリア形成と自己実現」の1単位時間の指導計画に示す内容には，例えば，次のようなものが考えられる。

- ○　題材
- ○　児童の実態と題材設定の理由
- ○　育成を目指す資質・能力
- ○　事前指導
- ○　本時のねらい
- ○　指導過程（導入・展開・終末）
- ○　使用する教材・資料
- ○　事後指導
- ○　評価の観点

　なお，学級活動の指導に当たっては，特別活動の他の内容や道徳科，総合的な学習の時間などとの関連を図ったり，発達の段階に即して指導方法や教材，資料などを工夫したりすることが必要である。例えば，「(2) 日常の生活や学習への適応と自己の成長及び健康安全」の教材や資料の工夫については，各内容に即した問題の状況や原因を理解するための各種の調査結果，解決の方法を理解するための必要な情報，解決方法を見定めるための多様な事例などが考えられる。これらの教材や資料については，各学級の実態に即して学級で作成することが多いが，学校として作成して，共有できるようにすることも考えられる。

　学級活動 (1) と学級活動 (2)，(3) の学習過程は，一般的には次のように考えられる。

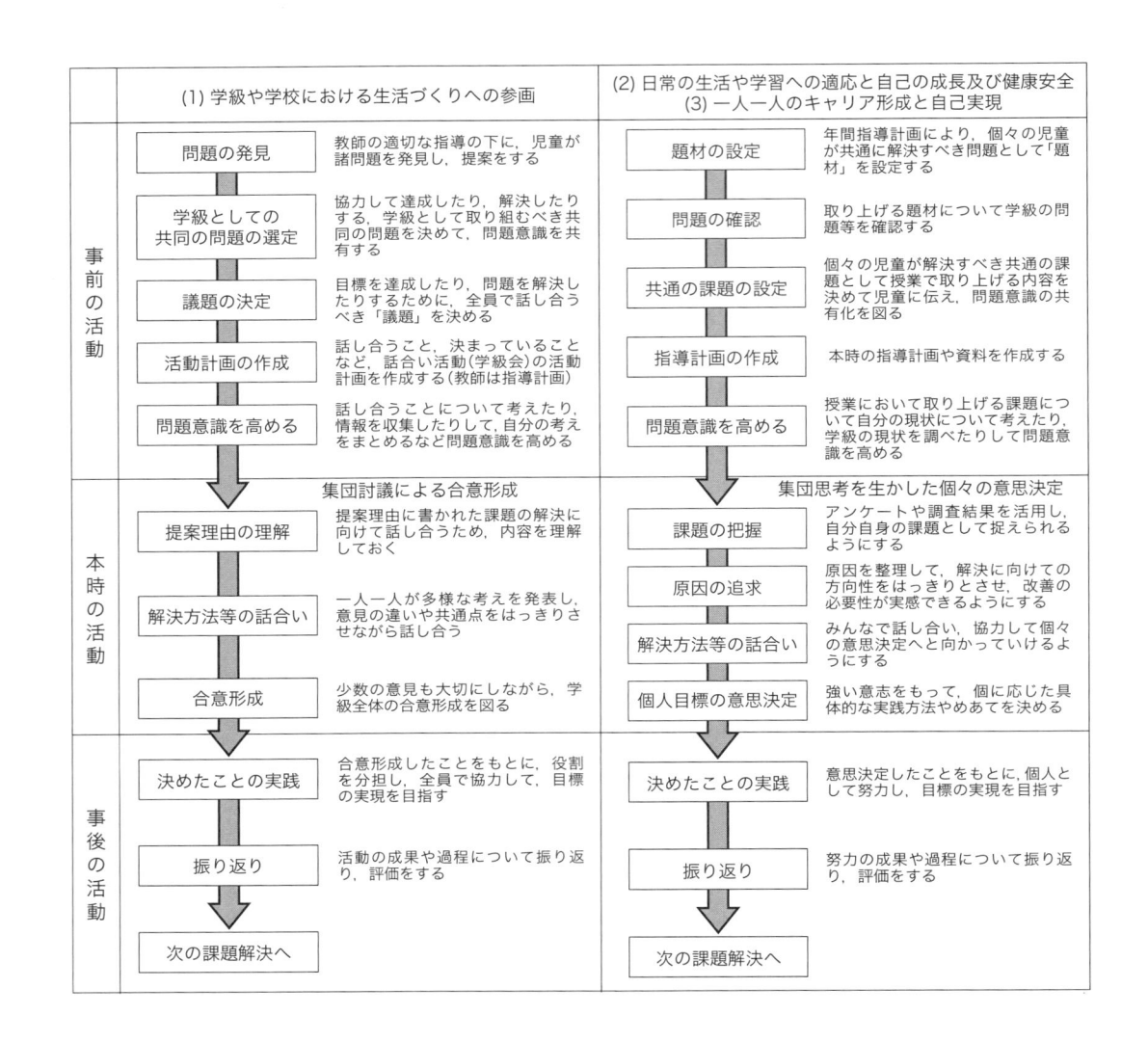

	(1) 学級や学校における生活づくりへの参画		(2) 日常の生活や学習への適応と自己の成長及び健康安全 (3) 一人一人のキャリア形成と自己実現	
事前の活動	問題の発見	教師の適切な指導の下に，児童が諸問題を発見し，提案をする	題材の設定	年間指導計画により，個々の児童が共通に解決すべき問題として「題材」を設定する
	学級としての共同の問題の選定	協力して達成したり，解決したりする，学級として取り組むべき共同の問題を決めて，問題意識を共有する	問題の確認	取り上げる題材について学級の問題等を確認する
	議題の決定	目標を達成したり，問題を解決したりするために，全員で話し合うべき「議題」を決める	共通の課題の設定	個々の児童が解決すべき共通の課題として授業で取り上げる内容を決めて児童に伝え，問題意識の共有化を図る
	活動計画の作成	話し合うこと，決まっていることなど，話合い活動(学級会)の活動計画を作成する(教師は指導計画)	指導計画の作成	本時の指導計画や資料を作成する
	問題意識を高める	話し合うことについて考えたり，情報を収集したりして，自分の考えをまとめるなど問題意識を高める	問題意識を高める	授業において取り上げる課題について自分の現状について考えたり，学級の現状を調べたりして問題意識を高める
本時の活動	*集団討議による合意形成*		*集団思考を生かした個々の意思決定*	
	提案理由の理解	提案理由に書かれた課題の解決に向けて話し合うため，内容を理解しておく	課題の把握	アンケートや調査結果を活用し，自分自身の課題として捉えられるようにする
	解決方法等の話合い	一人一人が多様な考えを発表し，意見の違いや共通点をはっきりさせながら話し合う	原因の追求	原因を整理して，解決に向けての方向性をはっきりとさせ，改善の必要性が実感できるようにする
	合意形成	少数の意見も大切にしながら，学級全体の合意形成を図る	解決方法等の話合い	みんなで話し合い，協力して個々の意思決定へと向かっていけるようにする
			個人目標の意思決定	強い意志をもって，個に応じた具体的な実践方法やめあてを決める
事後の活動	決めたことの実践	合意形成したことをもとに，役割を分担し，全員で協力して，目標の実現を目指す	決めたことの実践	意思決定したことをもとに，個人として努力し，目標の実現を目指す
	振り返り	活動の成果や過程について振り返り，評価をする	振り返り	努力の成果や過程について振り返り，評価をする
	次の課題解決へ		次の課題解決へ	

(6) 学級活動の活動形態

　学級活動 (1) では，学級や学校における生活をよりよくするための課題について，児童が主体となって具体的に解決の方法を話し合い，決めたことについて協力して実践していく活動が中心になる。その際，合意形成したことにみんなで取り組むことの大切さが実感できるようにするとともに，学級や学校の生活を楽しく豊かなものにすることができるようにすることが重要である。なお，学級や学校の生活の充実と向上に関する諸問題について学級全員で話し合う場を一般的に「学級会」，そこで取り上げる一連の内容を「議題」と称する。

　学級活動の活動形態としては，一般的には，内容等に応じて，(ｱ) 話合い活動，(ｲ) 係活動，(ｳ) 集会活動といった活動に大別できる。それぞれの活動形態に即して効果的に展開できるようにすることが大切である。

　(ｱ)　話合い活動

　「話合い活動」は，学級活動の中心的な活動形態である。特に，学級活動「(1) 学級や学校における生活づくりへの参画」において中心的な役割を果たす学級会では，学級や学校の生活をよりよくするための課題を学級全員で話し合

う。こうした話合い活動を効果的，効率的に進めていくためには，児童が輪番制で行う計画委員会（以下，「計画委員会」という）を組織し，話合いに向けた準備や司会，記録等を担当するといった工夫が必要となる。

　話合い活動においては，目標に掲げた資質・能力を育成するため，全教職員の共通理解の下で小学校の6年間を見通した計画的な指導が行われるようにすることが重要である。その際，例えば，児童の発達の段階に応じて，自分たちの生活から問題を見付ける方法や議題選定の方法，司会や黒板記録，ノート記録などの計画委員会への指導，児童による活動計画の作成，円滑な学級会の進め方や合意形成の仕方，振り返りの方法などについて，学校として共通理解を図って指導に当たることが考えられる。また，「学級会コーナー」の設置や司会などの役割を示す表示，賛成・反対や決定などのマーク，時間の目安など学級会で必要な掲示物，互いの顔を見ることができる，いわゆるコの字型など話合いの隊形，役割分担の呼称などについても，学校や学年として共通理解を図ることで，指導の効果がより高まることが期待される。なお，学級会における司会や記録などの役割については，低学年においては教師が中心になって行い，中学年に向けて徐々に計画委員会を組織し，高学年までには教師の指導の下，児童が自主的，実践的に運営できるようにする必要がある。その際に，役割を輪番制にするなど，特定の児童に偏ることのないよう配慮することが重要である。

　学級活動「(2) 日常の生活や学習への適応と自己の成長及び健康安全」及び学級活動「(3) 一人一人のキャリア形成と自己実現」に関する話合いは，教師が中心となって行う。ただし，題材によって，問題の意識化につなげるアンケート調査や，話合いの進行など，児童の自主的，実践的な活動を組み合わせて行う方法も考えられる。学級の実態や児童の発達の段階などを考慮して，指導する内容に応じて効果的な指導方法を工夫することが大切である。また，題材については，年間指導計画に即して，指導のねらいや目指す児童の姿を明確にして進められることが重要である。

(イ) 係活動

　係活動は，学級の児童が学級内の仕事を分担処理し，児童の力で学級生活を楽しく豊かにすることをねらいとしている。したがって，当番活動と係活動の違いに留意し，教科に関する仕事や教師の仕事の一部を担うような係にならないようにすることが大切である。例えば学級新聞係や誕生日係，レクリエーション係など，学級生活を共に楽しく豊かにするために創意工夫しながら自主的，実践的に取り組むことができる活動を行うようにする。

　係活動の組織づくりに当たっては，学級会の議題として取り上げ，学級に

とって必要のある係を話合い活動で決定し，全員で役割を分担するなど，自主的，実践的に取り組むことができるようにすることが大切である。設置する係の種類や数は，児童の発達の段階とともに学級や学年の実態によって異なる。そのため，児童の創意工夫を十分に生かして計画し活動できるよう適切に指導することが望まれる。また，係活動を充実させるためには，協力して活動できるよう各係の人数を複数にするなど配慮するとともに，活動時間を確保する必要がある。さらに，活動予定やお知らせを掲示できる「係活動コーナー」の設置について，学校や学年として共通理解を図りながら取り組むことも大切である。

なお，係活動の指導に当たっては，「(3) 一人一人のキャリア形成と自己実現」の「イ　社会参画意識の醸成や働くことの意義の理解」の内容と関連付けることが大切である。

(ウ) 集会活動

集会活動は，目標に掲げた資質・能力を育成するための活動のねらいを明確にした上で，学級生活を一層楽しく豊かにするために，学級の全児童によって行われる活動である。学級会において話し合う際には，提案理由に合わせて「何をするか」，「どのようにするか」，「役割分担」などを話し合い，計画を立てる。また，決めたことの実践に向けて児童が自主的，実践的に取り組む際，児童の発達の段階に応じて適切に指導する必要がある。集会活動の指導においては，一連の活動を通して計画の立案や効果的な運営方法，協力や責任などについて体得できるようにするとともに，児童の学級への愛着を深められるようにすることが大切である。

なお，集会活動の充実のためには，話合いや，準備を含めた一連の活動全体について振り返ることが大切になる。そのため，集会活動のねらいの達成状況や，児童自身の取組の姿勢等を振り返る機会を設け，活動の成果や課題を明らかにし，感想や振り返りを記録に残していく。これらの活動を通して，次の活動への期待や，さらに創意工夫した集会活動にしようとする意欲を高めることができる。集会活動のための話合い活動は，活動するために話し合うことから，話合いや準備に充てる時間についてはあまり時間がかかりすぎないように留意する。

(7) 学級活動の各活動における指導過程の例

① 学級活動「(1) 学級や学校における生活づくりへの参画」における指導過程の例

学習指導要領第6章の第1「目標」に掲げられている資質・能力は，「問題

の発見・確認」，「解決方法等の話合い」，「解決方法の決定」，「決めたことの実践」，「振り返り」といった実践も含めた全体の学習過程の中で育まれる。この一連の活動を児童が主体的に行うことによって，学級や学校の生活づくりが自発的，自治的に展開される。

　一般的には，学級活動 (1) については，例えば，次のような一連の指導過程が考えられる。

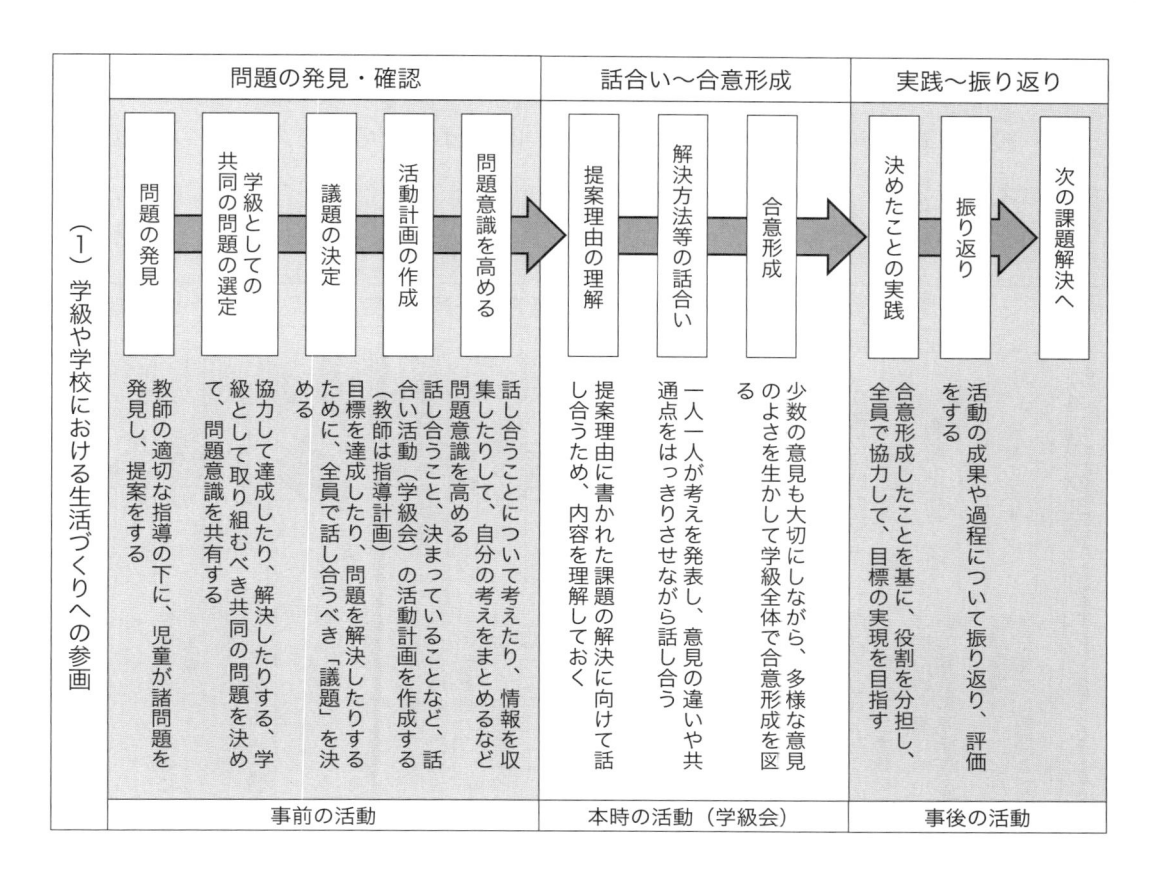

問題の発見・確認					話合い～合意形成			実践～振り返り		
問題の発見	学級としての共同の問題の選定	議題の決定	活動計画の作成	問題意識を高める	提案理由の理解	解決方法等の話合い	合意形成	決めたことの実践	振り返り	次の課題解決へ
教師の適切な指導の下に、児童が諸問題を発見し、提案をする	協力して達成したり、解決したりする、学級として取り組むべき共同の問題を決める	目標を達成したり、問題を解決したりするために、全員で話し合うべき「議題」を決める	話し合うこと、決まっていることなど、話合い活動（学級会）の活動計画を作成する（教師は指導計画）	話し合うことについて考えたり、情報を収集したりして、自分の考えをまとめるなど問題意識を高める	提案理由に書かれた課題の解決に向けて話し合うため、内容を理解しておく	一人一人が考えを発表し、意見の違いや共通点をはっきりさせながら話し合う	少数の意見も大切にしながら、多様な意見のよさを生かして学級全体で合意形成を図る	合意形成したことを基に、役割を分担し、全員で協力して、目標の実現を目指す	活動の成果や過程について振り返り、評価をする	
事前の活動					本時の活動（学級会）			事後の活動		

(1) 学級や学校における生活づくりへの参画

　この指導過程を踏まえ，主に本時の活動（学級会）においての指導計画として，一般的に，「学級活動指導案」を作成する。この 1 単位時間の指導計画については，学級活動の活動内容の「(1) 学級や学校における生活づくりへの参画」の特質を踏まえて作成する必要がある。本時の活動（学級会）は，児童による自発的，自治的な実践活動であることから，発達の段階に応じて，計画委員会などで児童自らの作成した活動計画を添付するなどの工夫が大切である。

1
学級活動

②　学級活動「(2) 日常の生活や学習への適応と自己の成長及び健康安全」における指導過程の例

　学級活動 (2) における 1 単位時間の指導計画については，学級活動の活動内容の「(2) 日常の生活や学習への適応と自己の成長及び健康安全」の特質を踏まえて作成する必要がある。「(2) 日常の生活や学習への適応と自己の成長及び健康安全」は，集団での話合いを通して，個人の目標を決め，自ら実践する児童の自主的，実践的な活動を特質としている。したがって，これらの特質を踏まえた指導過程にすることが大切である。

　一般的には，学級活動 (2) については，例えば，次のような一連の指導過程が考えられる。

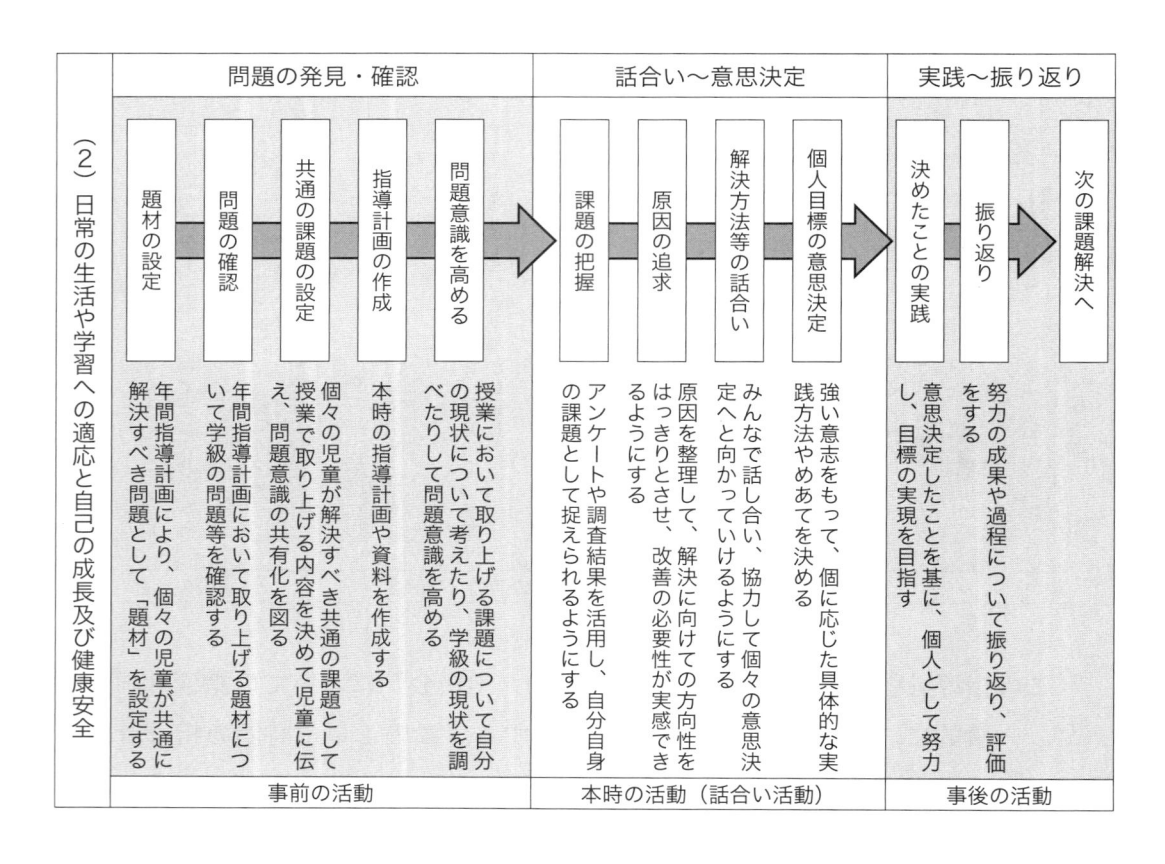

③　学級活動「(3) 一人一人のキャリア形成と自己実現」における指導過程の例

　学級活動 (3) における指導過程は， 1 単位時間の指導計画については，学級活動の活動内容の「(3) 一人一人のキャリア形成と自己実現」の特質を踏まえて作成する必要がある。ここでは，学級での話合いを通して，個人の目標を意思決定し，各自で実践する児童の自主的，実践的な活動を特質としている。したがって，これらの特質を踏まえた指導過程にすることが大切である。

　一般的には，学級活動 (3) については，例えば，次のような一連の指導過程の例が考えられる。

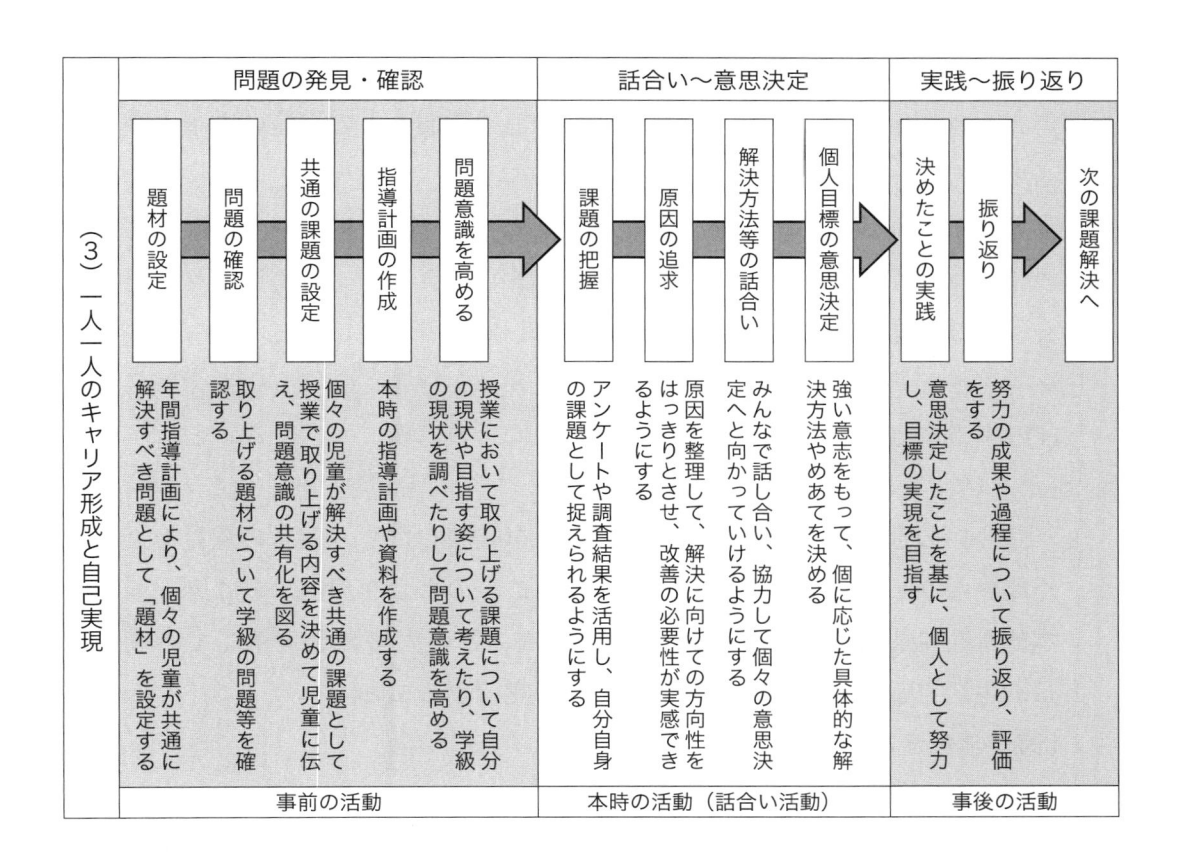

問題の発見・確認					話合い〜意思決定				実践〜振り返り		
題材の設定	問題の確認	共通の課題の設定	指導計画の作成	問題意識を高める	課題の把握	原因の追求	解決方法等の話合い	個人目標の意思決定	決めたことの実践	振り返り	次の課題解決へ

（3）一人一人のキャリア形成と自己実現

事前の活動 ／ 本時の活動（話合い活動） ／ 事後の活動

(8) 各学年において取り上げる指導内容の重点化を図る

　学級活動においては，「児童及び学校の実態及び第 1 章総則の第 6 の 2 に示す道徳教育の重点などを踏まえ，各学年において取り上げる指導内容の重点化を図る」ことが大切である。

ア　児童及び学級の実態を踏まえる

　学級活動において児童及び学級の実態を踏まえて重点化を図る際には，学級の児童の生活の問題や自主的，実践的な取組の状況，学校としての生徒指導上の課題などを踏まえて，各学年段階において取り上げる指導内容を重点化することが大切である。ただし，児童の実態に応じた柔軟な対応も必要である。例えば，中学年や高学年にあっても，前学年までに学級会をした経験が少ない場合は，年度当初において教師が中心になって進めることも考えられる。

イ　各学年において取り上げる指導内容の重点化を図る

　学級活動は年間35時間（第 1 学年は34時間）が学校教育法施行規則に標準時間授業時数として定められている。学級活動の活動内容は，(1)，(2)，(3)を合わせて10項目の内容が示されているが，特に学級活動(2)や(3)については，各学年で取り上げる指導内容の重点化を図り，前の学年で取り扱った内容と同じようなことを指導すること等がないように，系統性を踏まえ，年間指導計画を適切に設定する必要がある。

ウ 発達の課題を踏まえる

「発達の課題」には，集団適応の課題や中学校への接続を踏まえた課題など
が考えられる。指導に当たっては，活動内容や形態ごとの発達の段階も踏まえ
る必要がある。

学習指導要領第6章の第2〔学級活動〕の3の(1)において，学級活動の学
年段階の配慮事項に関して，〔第1学年及び第2学年〕，〔第3学年及び第4学
年〕，〔第5学年及び第6学年〕に分けて示している。

> (1) 指導に当たっては，各学年段階で特に次の事項に配慮すること。
> 〔第1学年及び第2学年〕
> 　話合いの進め方に沿って，自分の意見を発表したり，他者の意見をよ
> く聞いたりして，合意形成して実践することのよさを理解すること。基
> 本的な生活習慣や，約束やきまりを守ることの大切さを理解して行動
> し，生活をよくするための目標を決めて実行すること。
> 〔第3学年及び第4学年〕
> 　理由を明確にして考えを伝えたり，自分と異なる意見も受け入れたり
> しながら，集団としての目標や活動内容について合意形成を図り，実践
> すること。自分のよさや役割を自覚し，よく考えて行動するなど節度あ
> る生活を送ること。
> 〔第5学年及び第6学年〕
> 　相手の思いを受け止めて聞いたり，相手の立場や考え方を理解したり
> して，多様な意見のよさを積極的に生かして合意形成を図り，実践する
> こと。高い目標をもって粘り強く努力し，自他のよさを伸ばし合うよう
> にすること。

学級活動の各内容に即して考えると，次のような点に配慮することが考えられ
る。

学級活動「(1)学級や学校における生活づくりへの参画」については，低学年
では，教師の助言を受けながら発表の仕方や意見の聞き方など基本的な話合いの
進め方を身に付けることができるように配慮する。特に入学当初の時期において
は，教師が話合いの司会の役割を受け持ち，記録についても担当するなどして，
話合いの進め方を実際に見て，理解できるようにすることが大切である。また，
合意形成によって決めたことをみんなで実践することのよさを実感できるような
活動となるよう配慮する必要がある。話合いで決まったことをすぐに実践するこ
とによって，合意形成の意義を体感することができる。そのため，1単位時間の

中で，前半の時間で話合いを行い，後半の時間を使って決めたことを実践することも有効である。

　中学年では，理由を明確にしたわかりやすい発言，自分と異なる意見の受容，公平な判断ができるように特に配慮する。また，学級会において提案理由を踏まえ，自分もよくみんなもよいものとなるよう合意形成を図り，決まったことをみんなで協力し実践できるように適切な指導をすることが大切である。なお，自分の考えと異なる意見に決まっても，気持ちよく協力することの大切さについて実践を通して理解できるよう指導する必要がある。集団の中の仲間としての結び付きが強くなる反面，集団同士の対立も見られる時期であることから，話合いや実践を積み重ね，協働して取り組む活動を充実させていく必要がある。

　高学年では，出された意見の一つ一つを大切に受け止め，意見の背景にある相手の立場や考え方を理解できるように特に配慮する。また，出された意見を基にして，組み合わせたり，よいところを取り入れて新たな考えを生み出したりするなど，創意工夫を生かして合意形成を図ることができる活動となるよう配慮する。建設的な話合いの求められる高学年においては，一連の活動を振り返り，次の活動に生かしていくことを意識した取組が大切になる。

1
学級活動

　学級活動「(2) 日常の生活や学習への適応と自己の成長及び健康安全」については，低学年では，児童が幼児期に経験してきたことを踏まえつつ，健康や安全に気を付け，自分勝手な行動をとらずに，規則正しい生活をしたり，自分がやらなければならない勉強や仕事をしっかり行ったりできるようにし，目標を決めて進んで生活や学習に取り組む活動となるよう特に配慮する。

　中学年では，よく考えて行動し，節度ある生活をするとともに，目標を立てて自分でやろうと決めたことは最後までやり遂げることができるようにし，自分の特徴に気付き，よいところを伸ばし集団の中で生かすことができる活動となるよう特に配慮する。

　高学年では，日常の生活や学習についてより高い目標を立て，自分の生活を見直すなどして目標をもって粘り強く努力することができるようにし，自他の特徴に気付き，よいところを伸ばし合うことができる活動となるよう特に配慮する。

　学級活動「(3) 一人一人のキャリア形成と自己実現」については，低学年では，年度当初などにおける学級や学校生活への不安を解消するための方法を話し合い，自分にできる方法を決め，目標をもって取り組む活動となるように配慮する。

　中学年では，自分のよさを生かしながら，協力して楽しい学級生活が送れるように具体的な解決方法や目標を決めて，一定期間継続して取り組み，成長を感じることができる活動となるように配慮する。

高学年では，児童自ら，現在及び将来の生き方を考えたり，自分に自信をもち，よさを伸ばして生活したりできるようにするために，学級での話合いを生かして考えを深め，意思決定したことについて粘り強く努力できる活動になるよう配慮する。

　これらを踏まえて，指導計画を作成する必要がある。具体的には，例えば，次のような発達の段階に即した指導のめやすなどを参考に，児童の実態や各活動の特質を踏まえ，適切な指導を行うことが大切である。

① 学級活動 (1) の発達の段階に即した指導のめやす

	各学年段階における指導のめやすの例		
	話合い活動（学級会）	係活動	集会活動
低学年	○教師が司会の役割を受け持つことから始め，少しずつ児童がその役割を担うことができるようにしていく。 ○話合いの約束に沿って友達の意見をよく聞いたり，自分の意見を言えるようにしたりして，合意形成を図ることができるようにする。	○入門期には，学級生活にとって必要な仕事を見付け，自分から進んで取り組めるようにする。 ○当番的な活動から始め，少しずつ創意工夫できる係の活動を見付けられるようにする。 ○少人数で構成された係で仲よく助け合って活動し，学級生活を楽しくすることができるようにする。	○入門期には，教師が主導して楽しい集会活動を多く経験できるようにする。 ○児童が集会の内容を選択し，簡単な役割や準備をみんなで分担して，誰とでも仲よく集会活動を楽しむことができるようにする。
中学年	○教師の適切な指導の下に児童が活動計画を作成し，進行等の役割を輪番で受けもち，より多くの児童が司会等の役割を果たすことができるようにする。 ○理由を明確にして意見を言えるようにしたり，異なる意見も受け入れたりして，楽しい学級生活をつくるために合意形成を図ることができるようにする。	○様々な活動を整理統合して児童の創意工夫が生かせるような係活動として組織できるようにし，協力し合って楽しい学級生活をつくることができるようにする。 ○朝や帰りの時間などを生かして，積極的に取り組むことができるようにする。	○ねらいを明確にして，創意工夫を加え，より多様な集会活動に取り組むことができるようにする。 ○計画や運営，準備などにおける役割を，より多くの児童が分担し，協力し合って楽しい集会活動をつくることができるようにする。
高学年	○教師の助言を受けながら，児童自身が活動計画を作成し，話合いの方法などを工夫して効率的，計画的に運営することができるようにする。 ○学級のみならず学校生活にまで目を向け，自分の言葉で建設的な意見を述べ合えるようにし，多様な意見のよさを生かして楽しい学級や学校の生活をつくるためによりよい合意形成を図るようにする。	○自主的，実践的に係活動を進めたり，自分のよさを生かせる係に所属したりして，継続的に活動できるようにする。 ○高学年にふさわしい創意工夫のできる活動に重点化するなどして，信頼し支え合って，楽しく豊かな学級や学校の生活をつくることができるようにする。	○児童会活動やクラブ活動の経験を生かして，学級生活を楽しく豊かにするための活動に取り組めるようにする。 ○話合い活動によって，互いのよさを生かしたり，反省を生かしたりして，信頼し支え合って創意工夫のある集会活動をつくることができるようにする。

② 学級活動 (2) の発達の段階に即した指導のめやすの例

〈低学年の指導〉

○ 集団への適応の問題を解決することは，学級や学校での生活を充実させる活動を展開していく上で不可欠である。入学時には，幼児期の教育との接続に配慮して，重点化を図って指導する。

○ 基本的な生活習慣が定着するよう，適切な題材を設定するとともに，計画的に指導する。

○ 特に，問題の解決方法について考え，正しい方法や自分に合った方法を選んで，目標をもって努力できるようにする。

○ 学級活動の指導を中心にして，個に応じて繰り返し指導したり，家庭と連携して指導したりする。

〈中学年の指導〉

○ 学校生活にも徐々に慣れ，活動範囲も広がっていく一方で，小集団をつくり，その集団を中心に活動したいと願う児童も増える。小集団間や小集団の中で様々な摩擦が生じ，人間関係に問題が生じやすい時期でもある。そこで，協力して楽しい学級生活が築けるようにすることを重視して指導する。

○ 特に，問題を自分のものとして真剣に考えることができるようにし，具体的な解決方法や目標を決めて，一定の期間継続して互いに努力できるようにする。

〈高学年の指導〉

○ 思春期にさしかかり，心身ともに大きく変化する時期なので，人間関係や健康安全，食育などに関する悩みの解消などを重視して指導する。

○ 特に，自己の問題について真剣に受け止め，資料などを参考にして自己に合った実現可能な解決方法を決め，目標をもって粘り強く努力できるようにする。

○ 第6学年では，最高学年としての自覚をもつことができるようにするとともに，中学校教育との接続に配慮して指導する。

③ 学級活動 (3) の発達の段階に即した指導のめやすの例

〈低学年の指導〉

○ この一年でどのようになりたいかを考え，目指す姿について話し合い，出された意見を参考に自分の目標を決め，希望や目標をもって生活できるようにすることを重視して指導する。できたという実感を味わい，自信につながる活動にする。

○　学級生活の中で，自分がやってみたい仕事を見付け，一定期間，継続して行ったり，当番の仕事の仕方を覚えたり，友達と一緒に仕事に取り組んだりできるように指導する。

○　学ぶことのよさや大切さについて考え，進んで学習に取り組めるように指導する。

○　幼児期の教育との連携を一層重視するとともに，家庭との連携を密にしながら，意図的，計画的に活動を工夫し，生活の中で繰り返し指導していく。

〈中学年の指導〉

○　教師の思いや保護者の願いを知り，自分が目指す姿について話し合い，具体的な解決方法や目標を設定し，目標に向かって取り組めるようにすることを重視して指導する。振り返りによって自分自身の成長を感じ，更に取り組んでみようとする態度を育てられるような活動にする。

○　日直や当番活動，係活動など，自分の役割を果たすことの意味や大切さについて考え，友達と協力して最後までやり遂げられるように指導する。

○　今の学びが将来につながることを知り，学ぶことの意味，学習の見通しや振り返りの大切さ，学校図書館等の効果的な活用の仕方について考え，主体的に学習に取り組めるように指導する。

〈高学年の指導〉

○　自分や周りの人の学校生活への希望や願いを基に，話合いを通して目標を立て，意思決定したことについて粘り強く取り組めるようにする。努力をしてやり遂げた達成感が味わえるような活動にすることを重視して指導する。

○　当番や委員会など，自分や周りの人のために働くことの大切さについて話し合い，自分の役割や責任，自他のよさを考え，友達と高め合って取り組めるように指導する。

○　自分の将来を描き，その実現のために学習することの意義や，学習の見通しや振り返りの大切さ，適切な情報の収集や活用の仕方について考え，主体的に学習に取り組めるように指導する。

●4　学級活動の内容の取扱い

(1) 学級活動の学年段階での配慮事項

「3　学級活動の指導計画」でも述べたように，学習指導要領第6章の第2〔学級活動〕の3の(1)において，学級活動の学年段階の配慮事項に関して，〔第

1学年及び第2学年〕，〔第3学年及び第4学年〕，〔第5学年及び第6学年〕に分けて示している。

(1) 指導に当たっては，各学年段階で特に次の事項に配慮すること。

〔第1学年及び第2学年〕

　話合いの進め方に沿って，自分の意見を発表したり，他者の意見をよく聞いたりして，合意形成して実践することのよさを理解すること。基本的な生活習慣や，約束やきまりを守ることの大切さを理解して行動し，生活をよくするための目標を決めて実行すること。

〔第3学年及び第4学年〕

　理由を明確にして考えを伝えたり，自分と異なる意見も受け入れたりしながら，集団としての目標や活動内容について合意形成を図り，実践すること。自分のよさや役割を自覚し，よく考えて行動するなど節度ある生活を送ること。

〔第5学年及び第6学年〕

　相手の思いを受け止めて聞いたり，相手の立場や考え方を理解したりして，多様な意見のよさを積極的に生かして合意形成を図り，実践すること。高い目標をもって粘り強く努力し，自他のよさを伸ばし合うようにすること。

1
学級活動

　学級活動は，全ての学年において，学習指導要領第6章の第2〔学級活動〕の2に示す内容を指導するものであるが，各学年の段階に応じて，児童の発達の段階の特性や，各教科等における学習状況，幼児期の教育や中学校との円滑な接続などを踏まえて，適切な内容を取り上げて計画的に指導する必要がある。なお，ここで示している配慮事項は，学習指導要領第1章の第6の2に示す道徳教育の重点にも対応しているものである。

(2) 学習や生活の見通しを立て，振り返る教材の活用

　学習指導要領第6章の第2〔学級活動〕の3の(2)で，次のとおり示している。

　2の(3)の指導に当たっては，学校，家庭及び地域における学習や生活の見通しを立て，学んだことを振り返りながら，新たな学習や生活への意欲につなげたり，将来の生き方を考えたりする活動を行うこと。その際，児童が活動を記録し蓄積する教材等を活用すること。

キャリア教育は特別活動を要としつつ学校教育全体で行うものである。日常の教科等の学習指導においても，学ぶことと自己の将来や社会づくりとを関連付けながら，見通しをもって職業的・社会的自立に向けて基礎となる資質・能力を育成するなど，教育課程全体を通してキャリア教育を推進する必要がある。特別活動の学校教育全体で行うキャリア教育の要としての役割を明確にするため，また，小学校，中学校，高等学校を通してキャリア教育に計画的，系統的に取り組んでいくことを明確にするため，小学校も中学校も学級活動において「(3) 一人一人のキャリア形成と自己実現」が新たに設けられた。このことは，学級活動(3) の指導において，学校での教育活動全体や，家庭，地域での生活や様々な活動を含め，学習や生活の見通しを立て，学んだことを振り返りながら，新たな学習や生活への意欲につなげたり，将来の生き方を考えたりする活動を行うことが必要である旨を示している。

「児童が活動を記録し蓄積する教材等を活用する」とは，こうした活動を行うに当たっては，振り返って気付いたことや考えたことなどを，児童が記述して蓄積する，いわゆるポートフォリオ的な教材のようなものを活用することを示している。特別活動での実践や各教科等における学習過程に関することはもとより，学校や家庭における日々の生活や，地域における様々な活動なども含めて，教師の適切な指導の下，児童自らが記録と蓄積を行うとともに，それらを振り返りながら，新たな生活や学習への目標や，将来の生き方などについて記録していく教材である。

こうした教材を活用した活動を行うことには，例えば次のような三つの意義があると考えられる。

一つ目は，小学校の教育活動全体で行うキャリア教育の要としての特別活動の意義が明確になることである。例えば，各教科等における学習や特別活動において学んだこと，体験したことを振り返り，気付いたことや考えたことなどを蓄積するとともに，それらを学級活動においてまとめたり，つなぎ合わせたりする活動を行うことにより，目標をもって生活できるようになったり，各教科等の学ぶ意義を理解し，学ぶ意欲が高まったりするなど，各教科等の学びと特別活動における学びが往還し，教科等の枠を超えて，特別活動での実践や生活，学習などが自己の将来や社会づくりにつながっていくことが期待される。

二つ目は，小学校から中学校，高等学校へと系統的なキャリア教育を進めることに資するということである。ポートフォリオ的な教材等を活用して，小学校，中学校，高等学校の各段階における学習や生活を振り返って蓄積していくことにより，発達の段階に応じた系統的なキャリア教育を充実させることになると考えられる。例えば，市区町村内あるいは中学校区内の小学校，中学校において，連

続した取組が可能となるよう教材等の工夫や活用方法を共有することは大変有効である。

　三つ目は，児童にとっては自己理解を深めるためのものとなり，教師にとっては児童理解を深めるためのものとなることである。学習や生活の見通しをもち，振り返ることを積み重ねることにより，児童は，年間を通して，あるいは入学してから現在に至るまで，どのように成長してきたかを把握することができる。特に，気付いたことや考えたことを書き留めるだけでなく，それを基に，教師との対話をしたり，児童同士の話合いを行ったりすることを通して，自分自身のよさ，興味・関心など，多面的・多角的に自己理解を深めることになる。また，教師にとっては，一人一人の児童の様々な面に気付き，児童理解を深めていくことになる。

　こうした教材については，小学校から高等学校まで，その後の進路も含め，学校段階を超えて活用できるようなものとなるよう，各地域の実情や各学校や学級における創意工夫を生かした形での活用が期待される。国や都道府県教育委員会等が提供する各種資料等を活用しつつ，各地域，各学校における実態に応じ，学校間で連携しながら，柔軟な工夫を行うことが期待される。

　指導に当たっては，キャリア教育の趣旨や学級活動全体の目標に照らし，書いたり蓄積したりする活動に偏重した内容の取扱いにならないようにする配慮が求められる。なお，プライバシーや個人情報保護に関しても適切な配慮を行うことも求められる。

第2節　児童会活動

●1　児童会活動の目標

　学習指導要領第6章の第2〔児童会活動〕の1「目標」で，次のとおり示している。

　異年齢の児童同士で協力し，学校生活の充実と向上を図るための諸問題の解決に向けて，計画を立て役割を分担し，協力して運営することに自主的，実践的に取り組むことを通して，第1の目標に掲げる資質・能力を育成することを目指す。

　児童会活動は，学校全体の生活を共に楽しく豊かにするために学校の全児童をもって組織する異年齢集団の児童会による自発的，自治的な活動である。運営については主として高学年の児童が行うことになるが，学年，学級を超えて全ての児童から構成される集団での活動であり，異年齢の児童同士で協力したり，よりよく交流したり，協働して目標を実現したりしようとする活動である。

　「学校生活の充実と向上を図るための諸問題の解決に向けて，計画を立て役割を分担し，協力して運営することに自主的，実践的に取り組む」とは，児童会活動の基本的な学習過程を示したものである。学校全体の生活を共に楽しく豊かにするという目標を共有し，その実現を目指して，集団生活や人間関係などの諸問題から課題を見いだし，その解決に向けて自主的，実践的に取り組むことを示している。

　ここでいう「運営」に関しては，主として高学年の児童が，代表委員会や各種委員会などの組織において，学校の上級生としての自覚をもち，具体的な計画立案を行ったり，その実践をリードしたりすることを中心とする。児童会において，全校的な視野で活動を行うには，集団活動の経験を積み，自発的，自治的な活動を展開するための資質・能力を育んできた高学年が中心となってリーダーシップを発揮することが必要となる。しかし，児童会が全校の児童をもって組織されるものであることに常に配慮し，それぞれの活動のねらいや内容に応じて学校の全児童が主体的に活動に参加できるようにする必要がある。

　第1の目標に掲げる資質・能力を育成するために，児童会活動においては，例えば次のとおり資質・能力を育成することが考えられる。

○　児童会やその中に置かれる委員会などの異年齢により構成される自治的組織における活動の意義について理解するとともに，その活動のために必要なこと

を理解したり行動の仕方を身に付けたりするようにする。

○　児童会において，学校生活の充実と向上を図るための課題を見いだし，解決するために話し合い，合意形成を図ったり，意思決定したり，人間関係をよりよく形成したりすることができるようにする。

○　自治的な集団活動を通して身に付けたことを生かして，多様な他者と互いのよさを生かして協働し，よりよい学校生活をつくろうとする態度を養う。

　なお，児童会活動で育成する資質・能力は，中学校，高等学校における生徒会活動において，さらに学校卒業後は，地域社会の自治的な活動の中で生かされ，さらに育まれていくものである。そこで，中学校の生徒会活動においては，小学校の児童会活動で育成した資質・能力を基礎にして，よりよく生徒の資質・能力を育成することができるように指導することが大切である。また，児童会活動の指導に際しても，中学校の生徒会活動の内容や特質との違いを踏まえつつ，しっかりとつなげていくことができるよう，児童会活動を通して育成を目指す資質・能力を意識することが大切である。

　児童会活動は全児童が参加するものであるが，様々な活動の形があり，その関わり方によって児童は様々なことを学び，体験する。運営には主として高学年の児童が当たるが，その中でも，活動の形態や役割の分担は様々な形があり得る。このため，児童にとっては様々な学習過程があることになり，児童会の学習過程を一つに言い表すことは難しいが，基本的な活動の流れは，課題の発見・確認から，解決に向けての話合いを経て，合意形成をして解決方法の決定を行い，決めたことを実践し，振り返り，次の課題に向かっていくというものとなる。代表委員会や各種委員会などの組織における年間の活動のサイクルも，1単位時間の活動も，一つの集会活動等に向けて取り組む一連の過程も，おおむねこうした流れで表すことができる。

　児童会活動の学習過程は，例えば次のように表すことができる。

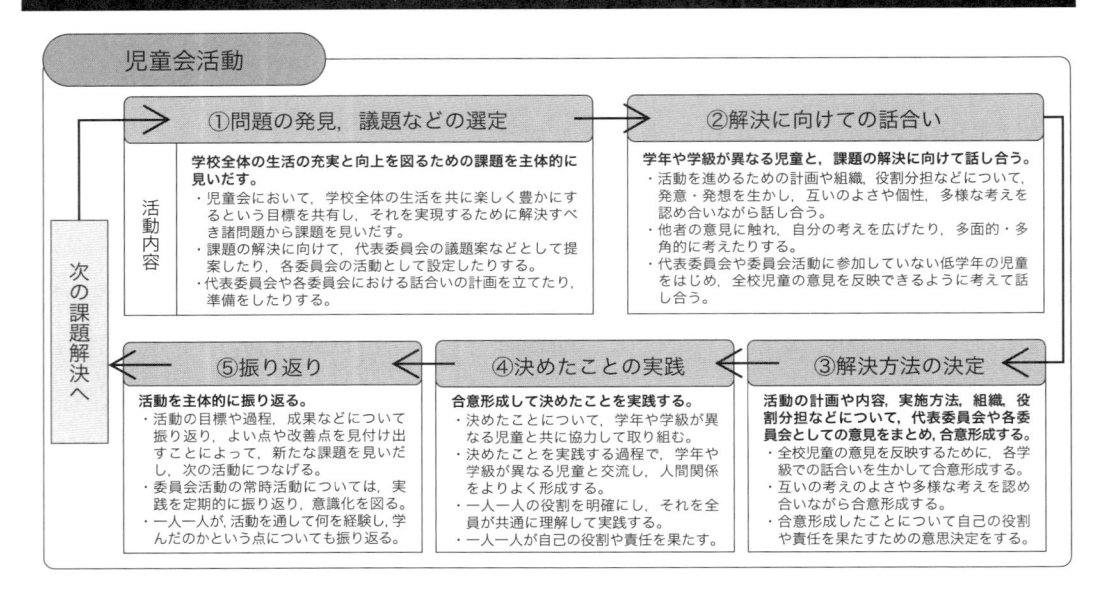

●2　児童会活動の内容

学習指導要領第6章の第2〔児童会活動〕の2「内容」で，次のとおり示している。

(1) 児童会の組織づくりと児童会活動の計画や運営

> 　児童が主体的に組織をつくり，役割を分担し，計画を立て，学校生活の課題を見いだし解決するために話し合い，合意形成を図り実践すること。

　この内容は，児童が，児童会において主体的に組織をつくり，役割を分担し，活動の計画を立てたり，学校全体の生活の課題を見いだし，それを解決するために話し合い，合意形成を図り実践したりするものである。

　この内容においては，例えば次のとおり資質・能力を育成することが考えられる。

○　学校生活の充実と向上のために，組織づくりや役割分担を行い，異年齢の児童と協力して児童会活動に取り組むことや，児童会の一員として役割を果たすことが大切であることを理解し，計画や運営の仕方などを身に付けるようにする。

○　代表委員会や委員会活動，児童会集会活動などにおいて，学校生活の充実と向上のための課題や発意・発想を生かした活動の計画，児童会の一員として自分の果たすべき役割などについて考え，話し合い，決めたことに協力して取り組むことができるようにする。

○　学年や学級が異なる児童と協力し，自他のよさに気付いたり，自分のよさを生かして活動に取り組んだりして，児童会活動の計画や運営に主体的に取り組み，学校生活の充実と向上を図ろうとする態度を養う。

　自発的，自治的な活動として児童会活動を進めるためには，教師の適切な指導の下，各委員会において，年間や学期，月ごとなどに活動計画を立て，役割を分担し，協力して運営に当たることができるようにする必要がある。具体的には，児童会の目標の実現に向けて，主として計画や運営に当たる高学年の児童が中心となって，代表委員会や委員会活動等を進めることが大切である。そのため，組織を主体的につくって役割を分担し，話し合い，合意形成したり，計画を立てたり，運営に当たったりすることができるようにすることが求められる。

　その際，児童にとって様々な役割を経験することが重要である。役割を果たす中で，思考し判断して，他者や所属する集団からの期待に応えることにより，自己有用感を高めることができる。同時に，役割を決め，その責任を果たそうとする過程自体が，主権者として進んで社会参画するための資質・能力を育成することになる。

　なお，ここでいう「児童会の組織づくり」とは，学校における児童会活動の基

2
児童会活動

本的な組織について，例えば，代表委員会の設置の有無や委員会の種類などを児童が全て決めるようにするという意味ではない。自発的，自治的な活動を実現させるために，児童が，教師の適切な指導の下に，発意・発想を生かして児童会活動の活動計画を作成することを大切にすることである。すなわち，代表委員会やそれぞれの委員会等の活動を進めるために必要な組織や役割を，自ら見いだし，話し合って設置するなどの主体的な取組を大切にすることである。その際，代表委員会の活動を中心となって進めるための児童会計画委員会などについて，各学級の代表である代表委員が主体となり互選によって組織することは望ましいことである。また，主権者教育など，社会参画の態度を養う観点から児童会の役員等を児童の投票によって選出することも考えられる。その際は，児童の発達の段階を踏まえ，立候補等の方法，投票する児童の範囲，投票の時期，投票に関わる事前指導などについて十分に配慮した上で，投票することの意義の理解を促したり，児童会としての本来の活動が十分に展開できるようにしたりする必要がある。

(2) 異年齢集団による交流

> 児童会が計画や運営を行う集会等の活動において，学年や学級が異なる児童と共に楽しく触れ合い，交流を図ること。

この内容は，児童会が計画や運営を行う集会等の活動において，学年や学級が異なる児童と共に楽しく触れ合い，交流を図るものである。

この内容においては，例えば次のとおり資質・能力を育成することが考えられる。

○ 学校生活の充実と向上やよりよい人間関係の形成のためには，学年や学級が異なる児童と共に楽しく触れ合ったり協力して活動に取り組んだりすることが大切であることを理解し，計画や運営，交流の仕方などを身に付けるようにする。

○ 児童会集会活動などにおいて，発意・発想を生かした活動の計画や運営，児童会の一員として自分の果たすべき役割などについて考え，学年や学級が異なる児童と共に楽しく触れ合ったり，協力して活動に取り組んだりすることができるようにする。

○ 学年や学級が異なる児童と共に楽しく触れ合ったり，協力して活動に取り組んだりして，異年齢集団におけるよりよい人間関係を形成する活動に主体的に取り組み，学校生活の充実と向上を図ろうとする態度を養う。

児童会活動における「異年齢集団による交流」には，児童会集会活動などで学年や学級の異なる児童と共に楽しく触れ合い，交流を図ることによって，異年齢集団におけるよりよい人間関係を深める活動などが考えられる。

　特に，全校児童が一堂に会して行われる全校児童集会においては，児童の自発的，自治的な活動を効果的に進めるとともに，異年齢集団による交流のよさを一層重視して計画や運営ができるようにすることが大切である。また，代表委員会や各委員会などからの連絡や報告，発表などの活動も異年齢集団による交流の一つである。その際，中心となって活動を進める高学年の児童が，リーダーとしての経験を重ねながら自分の役割を果たすなどの主体的な取組を通して，高学年の自覚や自分への自信を高められるようにする必要がある。そうすることが，下学年の児童にとっては，上学年の児童に親しみやあこがれ，尊敬の気持ちをもち，「自分もこうなりたい」という思いや願いをもつことによって，学校生活に目標や希望をもつことにもつながると考えられる。

　なお，学校として，児童会活動とは別に日常生活の中で継続的に異年齢交流を行う活動を設定している場合は，育成する資質・能力を明確にした上で，児童会活動における「異年齢集団による交流」と連携を図って指導することが大切である。

(3) 学校行事への協力

> 　学校行事の特質に応じて，児童会の組織を活用して，計画の一部を担当したり，運営に協力したりすること。

　この内容は，学校行事の特質に応じて，児童会の組織を活用して計画の一部を担当したり，運営に協力したりするものである。

　この内容においては，例えば次のとおり資質・能力を育成することが考えられる。

○　学校行事に児童会活動として協力して取り組む意義を理解するようにする。
○　学校行事の特質に応じて，児童会としてどのような協力を行うことが行事の充実につながるか考え，話し合い，決めたことに協力して取り組んだり，児童会の組織を活用した運営上の役割に取り組んだりすることができるようにする。
○　他の児童と協力して，学校行事に協力する活動に取り組むことを通して，積極的に学校生活の充実と向上を図ろうとする態度を養う。

　児童会活動における「学校行事への協力」には，教師の適切な指導の下，児童が，学校行事の各種類の内容の特質に応じて，代表委員会や委員会活動などの児

童会の組織を活用して，計画の一部を担当したり，学校行事の運営に協力したりするものである。

　例えば，学芸会や運動会，学年を超えて行う遠足や集団宿泊活動などの学校行事の一部を，児童の発意・発想を生かした計画によって実施したり，各委員会の活動内容を生かした活動を取り入れて実施したりする活動が考えられる。

　学校行事は，児童の自発的，自治的な活動を特質とするものではないが，児童会活動の特質や育成を目指す資質・能力を明確にしつつ「学校行事への協力」の内容の活動に取り組むことが大切である。これにより，よりよい学校づくりに資する学校行事の効果が高まることが期待できるとともに，児童相互の連帯感が深まり活動の幅も広がるなど，児童会活動の充実にも結び付けることができるのである。

●3　児童会活動の指導計画

学習指導要領第6章の第3の1の(2)で，次のとおり示している。

> (2)　各学校においては特別活動の全体計画や各活動及び学校行事の年間指導計画を作成すること。その際，学校の創意工夫を生かし，学級や学校，地域の実態，児童の発達の段階などを考慮するとともに，第2に示す内容相互及び各教科，道徳科，外国語活動，総合的な学習の時間などの指導との関連を図り，児童による自主的，実践的な活動が助長されるようにすること。また，家庭や地域の人々との連携，社会教育施設等の活用などを工夫すること。

　児童会活動の指導計画については，ここに示されたことを踏まえ，特に次のようなことに配慮して作成する必要がある。

(1) 学級や学校，地域の実態，児童の発達の段階などを考慮し，児童による自主的，実践的な活動が助長されるようにする

　「学級や学校，地域の実態を考慮する」とは，児童による自主的，実践的な活動を充実させるため，児童数や学級数，指導に当たる教職員の組織，施設，設備などの学校の実態を考慮し創意工夫して指導計画を作成する必要があることを示したものである。

　例えば，児童数が少ない学校においては，中学年から児童会の計画や運営に当たることができるようにしたり，その人数に見合った委員会の数を組織したりす

るなどの工夫をして，指導計画を作成することが考えられる。

　また，地域の実態に即した委員会を組織することも大切なことである。例え
ば，近隣に外国人が多い地域の学校においては，国際理解に関する活動に取り組
む委員会を設置したり，自然に恵まれた地域においては，学校内外の自然環境を
楽しんだり守ったりする委員会を設置したりすることなどが考えられる。

　「児童の発達の段階などを考慮する」とは，主として計画や運営を行う高学年
の児童をはじめとして児童の自発的，自治的な活動についての資質・能力や活動
の経験などの実態を的確に捉えるとともに，児童の思いや願いや関心などを把握
し，これに応じた指導ができるように考慮して指導計画を作成することである。

　特に，異年齢の児童が共に活動する児童会活動においては，児童の発達の段階
や学年の段階に応じた指導計画を作成することが重要である。

　さらに，「児童による自主的，実践的な活動が助長されるようにする」ために
は，教師の適切な指導の下に，児童が発意・発想に基づき，創意工夫を生かして
児童会活動の活動計画を作成し，児童による自主的，実践的な活動を展開できる
ようにすることが大切である。

　なお，児童会活動は，異年齢集団の児童による自発的，自治的な活動を特質と
する教育活動である。そのため，教師の作成する指導計画は，形式的，画一的，
固定的なものではなく，児童の活動として取り上げるべき具体的な内容，方法，
時間などについて，あらかじめ基本的な枠組みを定めておき，実際の活動では，
児童が具体的な活動計画が立てられるように，弾力性，融通性に富むものにする
ことが大切である。

(2) 内容相互及び各教科，道徳科，外国語活動，総合的な学習の時間などの指導との関連を図る

　児童会活動の指導計画を作成する際は，同じく自発的，自治的な活動を特質と
する学級活動の「(1) 学級や学校における生活づくりへの参画」やクラブ活動の
指導との関連を図ることが大切である。具体的には，学級活動やクラブ活動で育
んだ資質・能力が児童会活動に生かされ，児童会活動で育んだ資質・能力が学級
活動やクラブ活動で生かされる必要がある。

ア　学級活動との関連

　　学級活動の話合い活動や係活動，集会活動などを通して育成した資質・能力
　は，自発的，自治的な活動を行う上で基本となるものである。こうした資質・
　能力を，代表委員会や委員会活動における話合いや日常の取組，児童会集会活
　動などに生かすことができる。また，学級活動の「(1) 学級や学校における生
　活づくりへの参画」の「ウ　学校における多様な集団の生活の向上」の内容

を，児童会活動の指導計画に効果的に取り上げることも考えられる。

学級活動で，児童は生活上の諸問題について積極的に話し合ったり，係活動や当番活動など学級内の仕事の分担処理の活動の経験を積んだり，楽しい集会活動を行ったりする。この過程において，自発的，自治的な活動を助長するための指導を適切に行うことで，児童会活動も活発になり，学校の生活もより楽しいものになる。同時に，児童会活動で経験した多様な活動が学級生活にも生かされ，学級や学校の生活をより一層充実したものにしていくのである。

イ　クラブ活動との関連

クラブ活動については，各クラブからの意見を必要に応じて代表委員会に反映させるなど，それぞれの活動がより充実し発展していくように配慮することが望ましい。さらに，放送や新聞などの委員会の活動によって，各クラブの活動状況についての情報が広く児童に伝わるように配慮することも大切である。

ウ　学校行事との関連

学校行事については，児童会活動の「(3) 学校行事への協力」において，それぞれの内容の特質や育成する資質・能力を踏まえ，児童会が学校行事に協力することにより，児童会活動及び学校行事の充実に資することが考えられる。

また，児童会活動において，各教科，道徳科，外国語活動，総合的な学習の時間などの指導との関連を図ることも大切である。具体的には，各教科等で身に付けた資質・能力などを児童会活動における異年齢集団による自発的，自治的な活動によりよく活用できるようにしたり，児童会活動で身に付けた資質・能力を各教科等の学習に生かしたりすることである。

(3) 家庭や地域の人々との連携，社会教育施設等の活用などを工夫する

児童会活動においては，学校全体の生活を共に楽しく豊かにするための活動を効果的に展開するために，「家庭や地域の人々との連携，社会教育施設等の活用などを工夫する」ことが大切である。

例えば，児童会集会活動の異年齢集団による交流の活動として，近隣の幼稚園や小学校，異校種の学校等との交流を行う等の活動を設定し，協力を得ることが考えられる。また，学校行事に協力する児童会活動として，運動会を行う際に地域の高齢者や障害のある人々を招待する場合，地域の福祉に携わる活動や仕事をしている人々の協力を得ることが考えられる。

家庭や地域の人々との連携や社会教育施設等の活用に当たっては，活動を通して育てたい資質・能力を明確にし，それを共有することが大切である。そのために，関係する人々と，指導目標や指導計画について共有する場を設定するなどの工夫が必要となる。

なお，委員会活動において小動物を継続して飼育する場合は，生命を大切にする教育の視点から，教師のきめ細かで適切な指導とともに，地域の獣医師などとの連携を図るなどの工夫をすることが望ましい。

(4) 学校の実態を踏まえて児童会活動の組織を編成する

　児童の自発的，自治的な活動が効果的に展開されるようにするためには，学校の実態を踏まえて児童会の組織を編成することが必要である。

　児童会の構成，組織は，学校の実情によって異なるものであるが，施設や設備，教師や児童の数など学校の規模を考慮し，児童の希望を十分反映させて，それぞれの学校が創意を生かし独自の組織を編成することになる。

　例えば，代表委員会の活動においては，代表委員の構成や人数などは学校により異なり，各委員会の活動においても種別や数などは各学校で異なる場合が考えられる。したがって，代表委員会の構成及び委員会の種別や数は，児童の希望，学校の実情等を考慮し，それぞれの活動が関連をもって学校生活の充実と向上を図ることができるような配慮の下に決めることが必要である。そして，代表委員会と各委員会，委員会ごとの相互の関連が図られ，異年齢集団による活動の成果が十分に上がるよう組織することが望まれる。

(5) 学校が作成する児童会活動の年間指導計画

ア　全校の教師により指導計画を作成すること

　児童会活動は，全校的な活動で，全教職員の共通理解と協力が基盤になって行われる活動である。そのため，年間指導計画の作成においても全教職員の参加，協力が必要である。年間指導計画を支える諸条件が変わるにつれて，絶えず修正され，現実の事態に即応するように，毎年よりよいものに作り替えていく必要がある。そのため，全教職員が何らかの役割を分担して指導計画を作成することが大切である。

イ　指導計画に示す内容

　学校としての特別活動の全体計画に基づいて，児童会活動の年間指導計画を作成することになるが，児童会活動の年間指導計画に示す内容には，例えば，次のものが考えられる。

- ○　学校における児童会活動の目標
- ○　児童会活動の実態と指導方針
- ○　代表委員会，各委員会の組織と構成
- ○　活動時間の設定
- ○　年間に予想される主な活動

○ 活動に必要な備品，消耗品

○ 活動場所

○ 指導上の留意点

○ 委員会を指導する教師の指導体制

○ 評価の観点や方法

　児童会活動の年間指導計画には，学校としての指導目標が具体的に示されていることが望ましい。児童会活動の目標は各教科や道徳科などの場合と異なり，あくまでも，児童が自主的，実践的に取り組むことを通して達せられるものであることを踏まえ，漠然としたものにならないようにすることが大切である。

(6) 児童会の計画や運営と活動の形態

学習指導要領第6章の第2〔児童会活動〕の3で，次のとおり示している。

> (1) 児童会の計画や運営は，主として高学年の児童が行うこと。その際，学校の全児童が主体的に活動に参加できるものとなるよう配慮すること。

　これは，学校の全児童をもって組織する児童会において，その計画や運営を主として第5学年及び第6学年の児童によって行うことを示したものである。

　児童会は学校の全児童をもって組織するため，学級と異なり，年齢や自発的，自治的な活動の経験の差が大きい。また学級の児童数は概ね一定の幅の中にあるが，学校全体の児童数は，学校の実情により様々であるものの，全ての場面で全児童が一斉に話合い活動を行って合意形成を図ることは現実的ではない。このため，児童会において自発的，自治的な活動を行うためには，様々な活動形態や組織を工夫する必要がある。

　高学年になれば，学校への所属感も高まり，活動の経験も積み重ね，資質・能力が育まれ，全校的な視野に立った活動も可能になってくる。このような児童の発達の段階を捉えて，高学年の児童がよりよい学校生活づくりの計画や運営に参画できるようにすることを通して，リーダーの経験が効果的にできるようにしたり，高学年の自覚や自分への自信を高めることができるようにしたりすることが大切である。

　「主として高学年の児童」と示したのは，児童会の計画や運営を高学年の児童のみに任せるのではなく，活動のねらいや内容などに応じて，中学年の児童も参加できるような配慮をすることも考えられるからである。また，小規模校にあっ

ては，児童の発達の段階などを考慮しながら，中学年の児童が計画や運営に参加することも考えられる。

「学校の全児童が主体的に活動に参加できるものとなるよう配慮すること」と示したのは，活動のねらいや内容に応じて，低学年，中学年の児童も含めた学校の全児童が主体的に活動し，資質・能力を育むことができるように配慮する必要があるからである。また，教師の適切な指導の下に，計画や運営に当たる児童が下学年の思いや願いも理解できるようにするなど，全校児童の意向が反映されるように配慮する必要がある。

例えば，学級代表が参加していない低学年の学級と代表委員会とが連絡を密にして，代表委員会の活動内容が伝わるようにしたり，低学年の児童の意見が児童会活動に反映されるようにしたりすることが大切である。

このように主として高学年が計画や運営に当たりつつ，学校の全児童が児童会活動に主体的に参加できるようにするためには，活動形態や組織を工夫することが必要となる。こうしたことを踏まえた一般的な活動形態は，次の三つに大別することができる。

(ア) 代表委員会活動

代表委員会は，児童会として学校生活の充実と向上を図るために，学校生活に関する諸問題について話し合い，その解決を目指した活動を行う。

これは，主として高学年の代表児童が参加して，学校全体の生活を共に楽しく豊かにするための集団生活や人間関係などの諸問題について話し合い，解決を図るための活動である。そして，各学級での話合いを生かすなど全校児童の意向を反映し，自発的，自治的に行われる活動である。

代表委員会の構成，組織などは学校の実態によって異なるが，主として高学年の学級代表，各委員会の代表，関連する内容等必要に応じてクラブ代表などが参加する。

代表委員会において，話合いの計画や準備等を行い円滑に運営する組織として，児童会計画委員会などを設置し，適宜交代して役割を経験できるよう工夫することが必要である。

代表委員会の活動においては，各学級や委員会などの代表児童が集まって話し合い，合意形成する過程が重要であることは言うまでもない。しかし，この活動において，よりよく資質・能力を育むためには，課題の発見から振り返りまでの一連の活動過程を重視し，さらにそれを繰り返し経験できるように指導計画を作成することが大切である。

代表委員会で話し合う議題は，児童会が主催する比較的規模の大きい集会についての計画や，全校に関わる生活をよりよくするための約束などであ

2
児童会活動

る。予想される議題例として，「１年生を迎える会を開こう」，「雨の日の過ごし方を決めよう」，「なかよし集会を開こう」，「６年生を送る会を開こう」などが考えられる。

　代表委員会の活動過程としては，例えば次のようなものが考えられる。

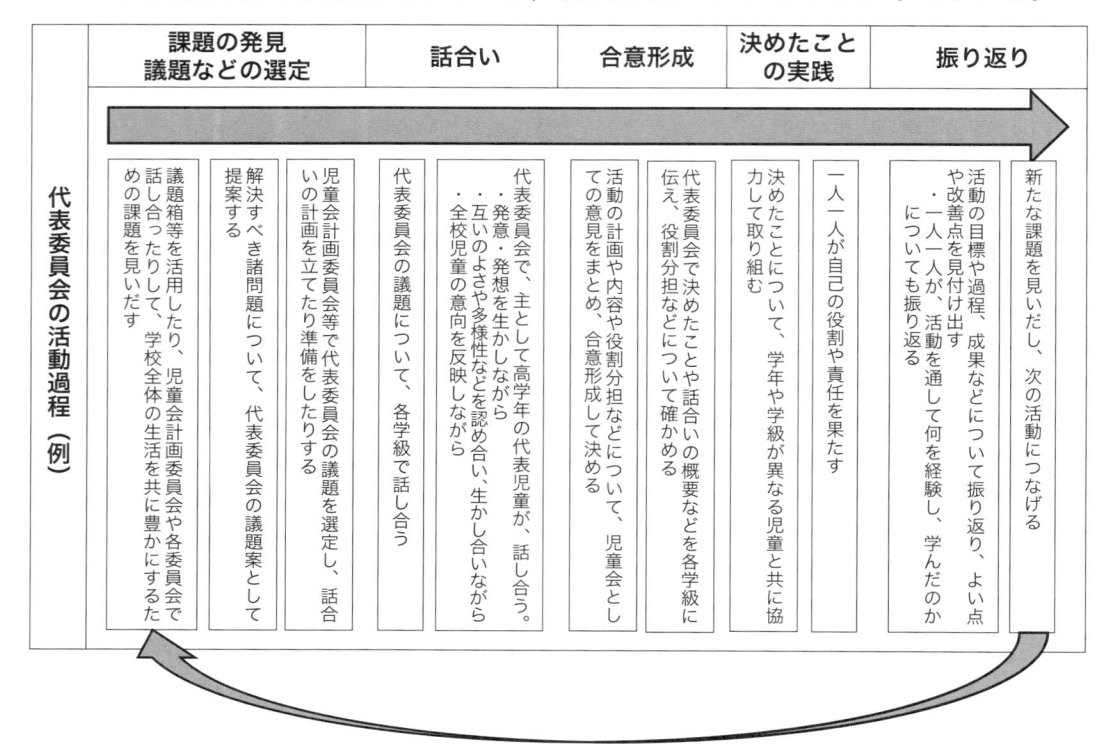

代表委員会の活動過程（例）	課題の発見 議題などの選定			話合い		合意形成		決めたことの実践		振り返り	
	議題箱等を活用したり、児童会計画委員会や各委員会で話し合ったりして、学校全体の生活を共に豊かにするための課題を見いだす	解決すべき諸問題について、代表委員会の議題案として提案する	児童会計画委員会等で代表委員会の議題を選定し、話合いの計画を立てたり準備をしたりする	代表委員会の議題について、各学級で話し合う	代表委員会で、主として高学年の代表児童が、話し合う。・・・発意・発想を生かしながら・・・互いのよさや多様性などを認め合い、生かし合いながら・・・全校児童の意向を反映しながら	活動の計画や内容や役割分担などについて、合意形成して決める	ての意見をまとめ、児童会とし	代表委員会で決めたことや話合いの概要などを各学級に伝え、役割分担などについて確かめる	決めたことについて、学年や学級が異なる児童と共に協力して取り組む	一人一人が自己の役割や責任を果たす	活動の目標や過程、成果などについて振り返り、よい点や改善点を見付け出す・一人一人が、活動を通して何を経験し、学んだのか についても振り返る	新たな課題を見いだし、次の活動につなげる

第3章
各活動・学校行事の目標及び内容

(イ)　委員会活動

　委員会活動は，主として高学年の全児童が，いくつかの委員会に分かれて，学校全体の生活を共に楽しく豊かにするための活動を分担して行うものである。

　これは，学校生活の充実と向上を目指す自発的，自治的な活動である児童会活動の形態の一つであるから，児童の発意・発想を生かし，創意工夫するなど，自主的，実践的に取り組むことができるように指導計画を作成する必要がある。また，一人一人の児童が，自己の責任や役割を果たし，自己有用感や達成感を味わうことができるように指導することも大切である。さらに，各委員会に所属する主として高学年の児童が，活動についての諸問題について話し合って合意形成を図ったり，協働して取り組んだりして，異年齢集団における人間関係をよりよく形成できるようにすることも重要である。

　設置する委員会の種類は，例えば，集会，新聞，放送，図書，環境美化，飼育栽培，健康，福祉ボランティアなどが考えられる。その際，学校全体の教育目標に関連させて委員会を設定することも望ましい。例えば，命を大切にする教育の観点から小動物などの飼育に関すること，環境教育の観点から

環境美化に関すること，健康教育の観点から健康の増進や運動に関することなどである。

　なお，委員会活動の指導に当たっては，代表委員会や児童会集会活動と関連させることが大切である。例えば，各委員会から代表委員会に議題を提案したり，児童会集会活動で委員会からのお知らせをしたりするなどの活動が考えられる。

（ｳ）児童会集会活動

　児童会集会活動は，児童会の主催で行われる集会活動である。

　形態としては，全校の児童で行われるもの，複数学年の児童で行われるもの，同一学年の児童で行われるものなど，多様に考えられる。内容も，活動の計画や内容について話し合ったり活動状況の報告や連絡をしたりするもの，学年や学級が異なる児童と共に楽しく触れ合い，交流を図ることを目指すものなど，様々なものが考えられる。したがって，指導計画の作成に当たっては，それぞれの活動過程で育成を目指す資質・能力などを明確にしておく必要がある。

　なお，これは，児童の自発的，自治的な活動として行われるものであって，学校行事として行われるものとは，計画及び運営において異なるものである。

(7) 児童による活動計画の作成

　児童会活動の計画や運営は，主として高学年による自発的，自治的な活動であることから，児童による活動計画の作成が必要である。したがって，教師があらかじめ作成した基本的な枠組みとしての年間指導計画に基づき，教師の適切な指導助言の下に，児童が具体的な活動計画を立てられるようにする必要がある。

　児童が作成する児童会活動の活動計画には，年間の活動計画と１単位時間の活動計画などがある。児童が作成する児童会活動の年間の活動計画に示す内容には，例えば，次のようなものが考えられる。

○　活動の目標
○　各月などの活動内容
○　役割分担　など

　また，児童が作成する１単位時間の集会活動等の活動計画に示す内容には，例えば，次のようなものが考えられる。

○　活動名
○　実施の日時
○　活動の目標

○　活動内容・プログラム

○　参加するために準備すること

○　役割分担　　など

(8)　委員会への所属

　児童会活動は，学年や学級が異なる児童により構成される集団での活動である。集団の構成員一人一人には，様々な経験の違いが見られる。そこで，一人一人の個性が発揮され，協働による集団活動を展開するためには，児童相互の人間関係を密にして活動できるようにする必要がある。

　したがって，委員会活動においては，児童は，年間通して同一の委員会に所属して活動することが望ましい。しかし，児童によっては，途中で委員会の所属変更を希望する場合も考えられる。これらの児童に対しては，委員会活動の意義を十分理解し，継続して活動するように指導することが望ましいが，事情によっては適当な機会にその変更を認めるような配慮を必要とする場合もある。

(9)　時間の取り方

　児童会活動の授業時数等の取扱いについては，学習指導要領第1章の第2の3の(2)で，「イ　特別活動の授業のうち，児童会活動，クラブ活動及び学校行事については，それらの内容に応じ，年間，学期ごと，月ごとなどに適切な授業時数を充てるものとする。」と示されている。

　年間指導計画の作成に当たっては，児童会活動をいつ行い，どの程度の時間を充てるかという時間設定も大切なことである。その際，各学校においては，児童会活動を通して育成を目指す資質・能力と活動内容を十分考慮し，適切な時間数を確保することが必要となる。

　例えば，代表委員会や各委員会で話合いをする時間を月に1単位時間程度設けることや，児童会主催による規模の大きい集会活動を学期に1，2回程度設けるなどの工夫が考えられる。集会に関する委員会が設けられている場合には，児童の継続的な活動を促進する上からも，特定の曜日の朝など短時間で集会活動を実施できるよう工夫することにも配慮することが望ましい。また，代表委員会と各委員会との関連を図り，活動を活性化するため，両者を同時に並行して実施することは避けるなど，実施の仕方を工夫する必要がある。さらに，代表委員会は，高学年の児童や各学年の教師が参加したり，参観したりしやすい時間に設定して，年間を通して活動ができるよう工夫することが大切である。

学習指導要領第 6 章の第 3 の 2 の (1) で，次のとおり示している。

> (1)　学級活動，児童会活動及びクラブ活動の指導については，指導内容
> の特質に応じて，教師の適切な指導の下に，児童の自発的，自治的な
> 活動が効果的に展開されるようにすること。その際，よりよい生活を
> 築くために自分たちできまりをつくって守る活動などを充実するよう
> 工夫すること。

(1)　児童の自発的，自治的な活動が効果的に展開されるようにする

　児童会活動は，「児童の自発的，自治的な活動が効果的に展開されるようにする」必要がある。具体的には，児童が教師の適切な指導の下に，全校の児童の活動であることを理解しながら学校の諸問題について話し合い，代表委員会や各委員会としての意見をまとめ，合意形成したことについて自己の責任を果たし，協力して実現できるようにする活動の機会をより多く設定することが大切である。また，その活動内容が活発に展開できるように適切に指導する必要がある。その際，学校全体の生活を共に楽しく豊かにするために自分たちできまりをつくって守る活動などを充実することも大切である。

　このことは，将来，多様な他者と協働しながら，地域の課題を自分のこととして捉えて主体的にその解決に関わり，社会に積極的に関わっていくために必要な資質・能力を育成するという主権者教育の視点からも重要である。

　このような異年齢集団による自発的，自治的な活動を活発にするためには，学校の全ての教師によって，児童会活動を推進するための指導体制を確立し，児童会の計画や運営を行う児童に積極的に関わる必要がある。そして，常に児童自身が学校全体の生活を充実・向上させるための課題に気付いたり，これらを自分たちで解決しようとしたりする意欲を高め，協力して諸問題を解決するなど，楽しく豊かな学校生活づくりに進んで参画できるよう組織的な指導に努めることが大切である。

　なお，学校生活の充実と向上を図るための活動を十分に行った上で，学校や地域の実態に応じて，児童の発意・発想を大切にしながら，他校の児童会や中学校の生徒会，他地域や外国の児童の組織など多様な他者との交流を教師の適切な指導の下で行うことなども考えられる。

　児童会活動は全校児童による組織的な集団活動であり，児童一人一人が児童会

の目標についての理解を深め，その目標を達成するために，それぞれの仕事を分担し，協力して解決に当たる活動である。児童が学校内の仕事を分担処理していくに当たっては，児童が様々な活動の内容を自ら選定することになる。そこで，教師は，それが常に児童会活動の目標を達成するのにふさわしい内容となるように指導するとともに，児童の負担過重にならないよう配慮しなければならない。そのために教師は，児童の力で解決できない内容など自発的，自治的な活動として任せることのできない条件を明確にして指導に当たる必要がある。

このような異年齢集団による活動の場や機会をより多く設定し充実させることにより，高学年のリーダーシップを育て，学校としての活力を高め，学校文化の形成等を通して学校の教育目標の実現につなげることが大切である。

また，児童会活動は，適切な指導によって，互いの人格を尊重し合って生きることの大切さを学ぶ場や機会となり，いじめの未然防止等を含めた生徒指導の充実にもつながるものである。

なお，児童会においていじめの未然防止に資する活動に取り組む場合は，いじめ防止対策推進法（平成25年法律第71号）の趣旨を踏まえ，児童が自主的，実践的に取り組むことができるよう支援する。その際，自発的，自治的な活動であるという児童会活動の特質に十分留意する必要がある。例えば，代表委員会や委員会活動において，児童の発意・発想を生かして取組の内容を決めたり，活動の計画などについて考え，話し合い，決めたことに協力して取り組んだりできるようにすることが大切である。

(2) 内容相互の関連を図るように工夫する

児童会活動の活性化や充実には，学級における指導が大きく影響する。このため，学級活動との関連を図って指導する必要がある。学級活動で，児童は生活上の諸問題について積極的に話し合ったり，係活動や当番活動など学級内の仕事の分担処理の活動の経験を積んだり，楽しい集会活動を行ったりする。この過程において，自発的，自治的な活動を助長するための指導を適切に行うことで，児童会活動も活発になり，学校の生活もより楽しいものになる。同時に，児童会活動で経験した多様な活動が学級生活にも生かされ，学級や学校の生活をより一層充実したものにしていくのである。

また，児童会活動の計画や運営に低学年の児童が関わることができるようにするための工夫として，例えば，代表委員会に参加している高学年の児童が，学級代表が参加していない低学年の学級と連絡を密にして，代表委員会の活動内容が伝わるようにしたり，低学年の児童の意見が児童会活動に反映されるようにしたりすることも考えられる。

さらに，学級において，代表委員会等の計画や運営に当たる児童に，発達の段階に即して児童会活動の目標について理解したり，自己の目標をもって委員会活動などに参加したりできるようにするための指導なども，児童会活動の充実のために必要である。なお，代表委員会においては，代表委員会を担当する教師が中心になって指導に当たり，委員会活動においては，各委員会を担当する教師がそれぞれ指導に当たることになる。そこで，代表委員会や各委員会を担当する教師が，活動の中で見られた児童のよさや具体的な活動内容などを学級担任に伝えたり，学級担任がそれを学級経営に生かしたりするなど，相互に連携して指導することが大切である。

　クラブ活動との関連では，必要に応じてクラブの意見を代表委員会に反映させるなど，それぞれの活動がより充実し発展していくように配慮することが望ましい。また，放送や新聞などの委員会の活動によって，代表委員会，各委員会，各クラブの活動状況についての情報が広く児童に伝わるようにすることも大切な配慮である。

　学校行事との関連においても，各行事の趣旨に応じて，児童会が協力することは，双方の活動の充実や発展に寄与するものと考えられる。

第3節　クラブ活動

●1　クラブ活動の目標

学習指導要領第6章の第2〔クラブ活動〕の1「目標」で，次のとおり示されている。

> 異年齢の児童同士で協力し，共通の興味・関心を追求する集団活動の計画を立てて運営することに自主的，実践的に取り組むことを通して，個性の伸長を図りながら，第1の目標に掲げる資質・能力を育成することを目指す。

クラブ活動は，主として第4学年以上の児童で組織される学年や学級が異なる同好の児童の集団によって行われる活動である。

「異年齢の児童同士で協力し」とは，学級や学年の枠を超えて，同好の児童が自治的に組織したクラブにおいて，よりよく交流したり，自己の役割を果たしたりするなどして協働して目標を達成しようとすることを示している。

「共通の興味・関心を追求する集団活動の計画を立てて運営することに自主的，実践的に取り組む」とは，教師が作成した指導計画に基づき，各クラブの児童が自分たちの共通の興味・関心を追求するための内容や方法などについて話し合い，年間や学期，月ごとなどに具体的な活動計画を立てたり，役割を分担しクラブの一員としての役割を果たして協力して実践したり，実践したことを振り返ってクラブの更なる充実を目指したりするなどのクラブの運営に，自主的，実践的に取り組むことを示している。

「個性の伸長を図り」とは，自己の興味・関心について自覚し，そのよさや可能性を将来にわたって追求しようとする態度を助長する指導の重要性を示している。また，互いの興味・関心についてのよさや可能性を理解したり，認め合いながら追求し合ったりするなどの態度を助長する指導も重要である。

第1の目標に掲げる資質・能力を育成するために，クラブ活動においては例えば次のとおり資質・能力を育成することが考えられる。

○　同好の仲間で行う集団活動を通して興味・関心を追求することのよさや意義について理解するとともに，活動に必要なことを理解し活動の仕方を身に付けるようにする。

○　共通の興味・関心を追求する活動を楽しく豊かにするための課題を見いだし，解決するために話し合い，合意形成を図ったり，意思決定したり，人間関係を

よりよく形成したりすることができるようにする。

○　クラブ活動を通して身に付けたことを生かして，協力して目標を達成しよう
　　としたり，現在や将来の生活に自分のよさや可能性を生かそうとしたりする態
　　度を養う。

　クラブ活動において「人間関係をよりよく形成する」とは，学年や学級を超え
た異年齢集団によって行われるクラブ活動の機会や場を多様に設定することによ
り，上級生は下級生に対して思いやりの気持ちをもって接し，下級生は上級生に
あこがれや尊敬の気持ちをもって協力できるようにすることなどである。

　児童の創意工夫によって運営され，興味・関心を追求するクラブ活動は，日常
の生活において余暇を有効に活用しようとする積極的な態度を身に付けることに
も役立つものである。また，同好の友人と共通の興味・関心を追求することか
ら，児童が学校を離れて地域においても，クラブ活動の経験を生かして活動する
など，地域社会の人材や施設，様々な活動との連携を図った地域における活動と
して展開されることも考えられる。興味・関心を追求する活動に取り組むこと
は，自己理解を深めるきっかけとなる。中学校に進学した後に，興味・関心を生
かして，部活動などの課外活動や地域の活動に積極的に参加したり，将来的には
進路選択などにもつながったりするものである。

　クラブ活動の学習過程は，例えば次のように表すことができる。

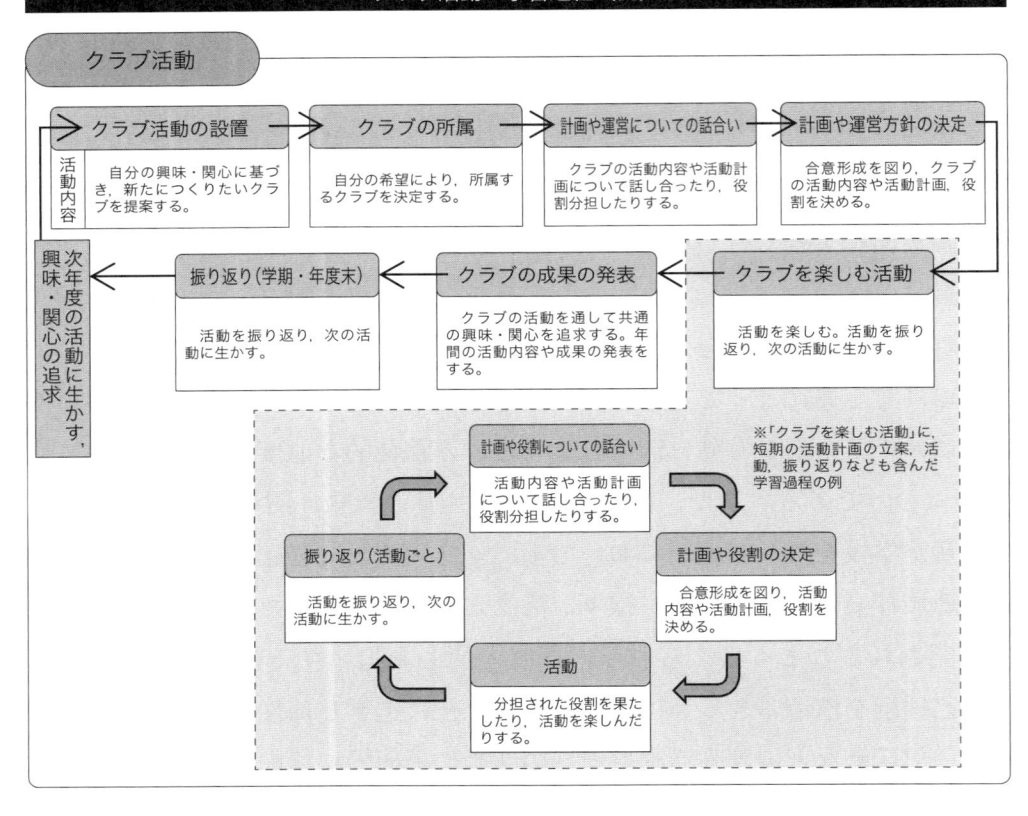

クラブ活動の学習過程は，年間を通した一連の学習過程と，1単位時間の活動の学習過程からなる。年間を通しての学習過程は，クラブ活動の内容の(1)，(2)，(3)に対応している。年度の初めに，「クラブの組織づくりとクラブ活動の計画や運営」について児童がクラブの活動計画や役割分担などを話し合って合意形成し，活動計画に基づいて「クラブを楽しむ活動」を行う。1単位時間の「クラブを楽しむ活動」も児童の自発的，自治的な活動であり，クラブの状況に応じて内容について話し合ったり，役割分担を行ったりする。そうした過程を経て「クラブの成果の発表」を行うとともに，振り返りの活動を行う。このような学習過程を踏まえて，必要な授業時数を確保するとともに，児童の自発的，自治的な活動が展開できるようにすることが必要である。

●2 クラブ活動の内容

学習指導要領第6章の第2〔クラブ活動〕の2「内容」で，次のとおり示している。

1の資質・能力を育成するため，主として第4学年以上の同好の児童をもって組織するクラブにおいて，次の各活動を通して，それぞれの活動の意義及び活動を行う上で必要となることについて理解し，主体的に考えて実践できるよう指導する。

(1)　クラブの組織づくりとクラブ活動の計画や運営
　　児童が活動計画を立て，役割を分担し，協力して運営に当たること。

(2)　クラブを楽しむ活動
　　異なる学年の児童と協力し，創意工夫を生かしながら共通の興味・関心を追求すること。

(3)　クラブの成果の発表
　　活動の成果について，クラブの成員の発意・発想を生かし，協力して全校の児童や地域の人々に発表すること。

(1)　クラブの組織づくりとクラブ活動の計画や運営

　　児童が活動計画を立て，役割を分担し，協力して運営に当たること。

　この内容は，クラブ活動において児童が主体的に組織をつくり，役割を分担し，活動の計画を立てたり，よりよいクラブ活動に向けた課題を見いだし，解決するために話し合い，合意形成を図って実践したりするものである。

　この内容において育成したい資質・能力として，例えば，クラブ活動を充実させるための諸問題に気付き，発意・発想を生かした活動の計画や一人一人のよさを生かし合えるような組織，クラブの一員として自分の果たすべき役割などについて考え，話し合い，決めたことに協力して取り組むことができるようにすることなどが考えられる。

　教師の適切な指導の下，自発的，自治的な活動としてクラブ活動を展開するためには，年間や学期，月ごとなどに児童が活動計画を立て，役割を分担し，協力して運営に当たることができるようにする必要がある。また，所属するクラブの成員が，クラブの目標の実現に向け，異年齢の児童と話し合ってクラブとしての意見をまとめたり，計画を立案してその運営に当たったりすることができるようにすることが大切である。

　その際，クラブをより楽しく豊かなものにするために，前年度同じクラブに所

属していた児童の意見などを参考にしながら，児童の発意・発想を生かして活動が行われるようにする。また，クラブ活動においては，特別活動の各活動・学校行事や各教科等との指導とも関連を図って，全体として児童による自発的，自治的な活動が効果的に展開できるようにすることが大切である。

クラブの組織づくりについては，クラブ活動が異年齢の児童による自発的，自治的な活動を通して，共通の興味・関心を追求する活動であることから，児童の希望を尊重することが大切である。設置するクラブの種類については各学校の実態に応じて年間指導計画において示すものであるが，その設置や所属について，児童の希望ができるだけ生かされるよう配慮することが必要である。

クラブ活動の活動計画については，クラブに所属する児童自らの手によって一層具体的に立てられるものであり，クラブに所属する児童全員の話合いによって活動の内容，役割分担などを決めることになる。

また，クラブ活動は，児童が自分たちの思いや願いを込めて活動計画を立てたり，異年齢の活動グループをつくって，グループごとに輪番で運営したりするなど，自発的，自治的に活動できるようにすることが大切である。さらに，クラブ活動は，教師の意図によるものでなく，児童の話合いによって運営されるものであることから，各クラブに所属する児童は，必要に応じて全員で集まり，時には異年齢の活動グループごとにクラブの計画や運営についての話合いを行うこととなる。話合いによって意見の違いを認め合ったり，集団としての意見をまとめたりして異年齢の児童が協力し合って楽しく活動できるようにすることが望まれる。

(2) クラブを楽しむ活動

> 異なる学年の児童と協力し，創意工夫を生かしながら共通の興味・関心を追求すること。

この内容は，児童が自ら，教師の適切な指導の下に作成した活動計画に基づいて，異なる学年の児童が協力し，創意工夫を生かしながら自発的，自治的に共通の興味・関心を追求することを楽しむ活動である。クラブは，共通の興味・関心をもった児童の集まりであっても，異年齢で構成されることなどから，活動内容に関する習熟には差があったり，興味・関心を追求したい方向性はそれぞれ異なっていたりすることが考えられる。そうした様々な児童が集まる中で，みんなが楽しめる活動とするための課題の解決に，協力して取り組んでいくことが大切である。

この内容において育成したい資質・能力として，例えば，創意工夫を生かした活動の進め方や，クラブの一員として自分の果たすべき役割などについて考え，学級や学年が異なる児童と共に楽しく協力して活動に取り組んだり，よりよい人間関係を形成したりすることができることなどが考えられる。

　クラブ活動の時間の多くが，この「クラブを楽しむ活動」に充てられることになるが，具体的には興味・関心をより深く追求していく喜びや計画したことが実現できた満足感，学級や学年が異なる児童と協力して活動を進めたり，役割や責任を果たしたりすることができた喜びなどを実感できるようにすることが大切である。また，活動を振り返り，より充実したクラブ活動に向けて課題を見いだし，その解決のために話し合い，合意形成を図りながら解決策を決め，具体的な目標をもって取り組むといった一連の活動を見通して指導することが大切である。そして，クラブの活動のみにとどまらず，活動を通して気付いた自他のよさを学校生活の充実・向上と関連させていくことができるよう，指導の幅を大きくもつことが求められる。

　クラブ活動では，全員で活動する場合と複数のグループに分かれて行う場合などが考えられるが，さらに学校や地域の実態によっては，他のクラブや地域の人々などとの交流を図るなどして，一層クラブを楽しむことができるようにすることも考えられる。

(3)　クラブの成果の発表

> 　活動の成果について，クラブの成員の発意・発想を生かし，協力して全校の児童や地域の人々に発表すること。

　この内容は，児童が，共通の興味・関心を追求してきた成果を，クラブの成員の発意・発想による計画に基づき，クラブ発表会などにおいて，協力して全校の児童や地域の人々に発表する活動である。

　この内容において，育成したい資質・能力として，例えば，クラブ発表会などにおける活動の成果や発意・発想を生かした発表の仕方，クラブの一員として自分の果たすべき役割などについて考え，協力して全校の児童や地域の人々に発表することができるようにすることなどが考えられる。

　クラブの成果の発表の機会としては，年間の活動のまとめとして，展示や映像，実演による発表などを行う「クラブ発表会」などが考えられる。その他，運動会や学芸会などの学校行事や児童会が主催する全校集会などの場での発表，校内放送や展示による発表，また，地域の行事に参加しての発表や地域の方を招待

しての発表なども考えられる。学校の実態に応じて，学期ごとなどに様々な機会を生かして発表の場を設定するようにすることは，児童の活動意欲を高める上で望ましいことである。

発表の内容としては，活動内容の紹介や作品についての発表とともに，クラブの一員として役割を果たしたことで得られるやりがいや異なる学年の児童と協力して活動できた喜び，次の活動に向けためあてなども考えられる。

なお，年度末に1年間のまとめとして行うクラブの成果の発表は，次年度にクラブを選択する際のオリエンテーションの機会とすることも考えられる。また，クラブを実際に体験する期間などを設けて，次年度のクラブの選択の際の参考にできるようにすることも考えられる。

●3 クラブ活動の指導計画

各活動・学校行事の年間指導計画の作成については，学習指導要領第6章の第3の1の(2)で，次のとおり示している。

> (2) 各学校においては特別活動の全体計画や各活動及び学校行事の年間指導計画を作成すること。その際，学校の創意工夫を生かし，学級や学校，地域の実態，児童の発達の段階などを考慮するとともに，第2に示す内容相互及び各教科，道徳科，外国語活動，総合的な学習の時間などの指導との関連を図り，児童による自主的，実践的な活動が助長されるようにすること。また，家庭や地域の人々との連携，社会教育施設等の活用などを工夫すること。

クラブ活動については，ここに示したことを踏まえ，特に次のようなことに配慮して年間指導計画を作成する。

(1) 学級や学校，地域の実態や児童の発達の段階などを考慮し，児童による自主的，実践的な活動が助長されるようにする

クラブ活動の指導計画については，児童数や学級数の多少，指導に当たる教師の組織，施設，設備などの学校の実態などを考慮して，設置するクラブの数や人数，活動内容などを定めて指導計画を作成する必要がある。

例えば，児童数の少ない学校においては，第3学年や低学年からクラブ活動に参加できるようにしたり，その人数に見合ったクラブの数を組織したりするなどの工夫をして，指導計画を作成することが考えられる。さらに，地域の実態に即

してクラブを組織することも大切である。例えば，地域の高齢者の組織等との交流を楽しむクラブを設置したり，自然豊かな環境を生かして野外活動を楽しむクラブを設置したりすることが考えられる。

「児童の発達の段階などを考慮する」とは，児童の発達の段階などを考慮して，担当する教師がクラブ活動の参加対象となる第4学年以上の児童の発達的特徴，活動の要求や関心，自発的，自治的な活動の経験などを適切に捉え，それらに応じた指導ができるように計画することが大切である。

ただし，児童の興味・関心などについては，まだ持続性が低かったり，人間関係等に影響されたりすることも多いため，教師の適切な指導の下に自らの興味・関心に基づく活動が積極的に展開されるよう配慮することが必要となる。

また，集団活動における自発的，自治的な活動の能力は，児童の発達の段階の違いだけでなく，個々の経験に左右される面も多い。そこで，学校の実態や学級における活動の経験を十分考慮して計画を作成しなければならない。

「児童による自主的，実践的な活動が助長されるようにする」とは，教師の適切な指導の下に，児童の発意・発想に基づいて，児童がクラブ活動の活動計画を作成し，児童による自主的，実践的な活動が展開できるようにすることである。また，課題の設定や振り返りといった活動の過程を大切にすることである。

クラブ活動は，異年齢集団の児童による自発的，自治的な活動を特質とする教育活動である。したがって，教師が作成する指導計画は，形式的，画一的，固定的なものではなく，児童の活動として取り上げるべき具体的な内容，方法，時間などについて，あらかじめ基本的な枠組みを定めておき，児童の手によって一層具体的な活動計画が立てられるような弾力性，融通性に富むものにすることが大切である。

クラブ活動では，異年齢の児童と協力しながらものごとを深く追求していく楽しさや成功したときの満足感が，より充実した新たな活動への動機付けになる。また，自らの興味・関心を深く追求することによって，児童が自分の個性を発見したり，理解したりすることが期待できる。このような特質を踏まえ，活動の仕方やきまりなどを工夫することにより，経験差や年齢差を補い，異年齢の児童が協力して楽しく活動できるようにすることが大切である。これらのことは，互いの人格を尊重し合って生きることの大切さを学ぶことになり，いじめの未然防止等を含めた生徒指導の充実にもつながるものである。

なお，クラブ活動は教師の適切な指導の下で展開されるものであり，教師不在で活動が行われることがないようにするとともに，準備や後片付けにおいても，事故防止等の指導を徹底するなど安全確保に十分な配慮をすることが必要である。

(2) 内容相互及び各教科, 道徳科, 外国語活動, 総合的な学習の時間などの指導との関連を図る

クラブ活動の指導計画を作成する際は, 同じく自発的, 自治的な活動を特質とする学級活動の「(1) 学級や学校における生活づくりへの参画」や児童会活動の指導との関連を図ることが大切である。具体的には, 学級活動や児童会活動で育んだ資質・能力がクラブ活動に生かされ, クラブ活動で育んだ資質・能力が学級活動や児童会活動で生かされるようにすることが考えられる。

例えば, クラブ活動の「(2) クラブを楽しむ活動」では, 広報委員会がクラブの活動の様子を取材し, まとめ, 新聞として発表するなど児童会活動の指導計画に効果的に取り上げることなども考えられる。また, クラブの意見を必要に応じて代表委員会に反映させるなど, それぞれの活動がより充実し発展していくように配慮することが大切である。

「(3) クラブの成果の発表」では, それぞれの内容の特質や育成する資質・能力を踏まえて学校行事の指導計画に生かすなどの工夫が必要である。具体的には, 運動会においてダンスクラブ等の発表の場を設けることなどが考えられる。

また, クラブ活動においては, 各教科, 道徳科, 外国語活動及び総合的な学習の時間などの指導との関連を図ることも大切である。具体的には, 各教科等で身に付けた資質・能力などを, クラブ活動における, 同好の異年齢集団による共通の興味・関心を追求する活動によりよく活用できるようにしたり, クラブ活動で身に付けた資質・能力を各教科等の学習に生かしたりすることが大切である。

その際, 各教科, 道徳科, 外国語活動, 総合的な学習の時間及び特別活動の学習活動は, それぞれ独自の教育的意義をもちながらも相互に関連し合って, 全体として学校の教育目標の達成を目指すものであることに注意が必要である。クラブ活動の年間指導計画も, 各教科, 道徳科, 外国語活動, 総合的な学習の時間及び特別活動における他の内容などの指導計画と関連させ, 効果を高めるように作成することが大切である。(4) で説明するように, 単に各教科等の延長としての活動や個人的な技能を高めることのみに終始する活動であるならば, クラブ活動の目標に照らして望ましいものとは言えない。

(3) 家庭や地域の人々との連携, 社会教育施設等の活用などを工夫する

クラブ活動において地域と連携・協働するに当たっては, 活動を通して育てたい資質・能力を地域と共有することが大切である。具体的には, クラブ活動を通して地域の行事へ参加したり, 地域の課題解決に向けて取り組んだりするなど活動の幅を広げて展開することによって, 身に付けた資質・能力を生きて働くものとして実感させることなどが考えられる。また, 地域人材を活用したクラブ活動

や地域の方を招いたクラブ発表会等を通して，地域の活性化や学校との信頼関係の構築につなげていくことも大切である。そのためには，クラブ活動を通して育てたい資質・能力について，説明や打合せを通して，地域と共有することが必要である。

　例えば，児童の興味・関心を基本としながら，地域のお囃子や踊りなどの伝統芸能や文化と関連付けて，外部講師や地域の教育力を活用することが考えられる。地域の実態や特性を考慮して計画を作成することも考えられる。また，ゲートボールクラブなどが地域のゲートボール場等に出向いて，地域の高齢者のチームと交流することや，活動を通して学んだことを新聞などにまとめたり，地域へ発信したりすることなども考えられる。地域の施設や自然環境などを活用するため校外へ出て活動を行うクラブについては，児童の安全確保に努めるとともに，育成を目指す資質・能力について外部講師と共通理解できるよう指導計画を作成することが必要である。

(4) クラブの設置

　各学校が設置するクラブの種類については，児童の興味・関心が多様化していることから，多方面にわたることが予想されるが，児童が自発的，自治的に計画，運営できるように考える必要がある。具体的にどのように設置され，個々のクラブの名称や数をどのようにするかなどについては，それぞれの学校の実態に応じて決定されることになる。

　このようなことから，各学校でクラブ活動を設置するに当たっては，次のような点に配慮することが大切である。

ア　児童の興味・関心ができるだけ生かされるようにすること

　　どのようなクラブを設置するかということについては，学校の実態や児童の発達の特性などに応じ，児童の興味・関心を生かす配慮をする必要がある。そのため，クラブ活動に対する正しい認識を育てる指導を充実するとともに，適切な時期を捉えて児童の希望を調査し，計画と指導に反映させることも大切である。

　　また，児童の興味・関心を生かすため，例えば，自分たちで設置したいクラブを考えて紹介する活動などが考えられる。その際は，異なる学年の児童が複数所属していることを前提としたり，活動の場所，安全面などクラブの設置における条件について，学校全体で共通理解を図って行うようにしたりすることが望ましい。

イ　教科的な色彩の濃い活動を行うクラブ活動の組織にならないこと

　　クラブの中には，各教科等の学習内容と関連のある活動が見られるものもあ

る。しかし，単に各教科等の延長としての知識の定着や個人的な技能を高めることのみに終始する活動であるならば，クラブ活動で育成することを目指す資質・能力から考え，望ましいものとは言えない。

　クラブ活動は，児童の興味・関心を追求する活動であるから，それが結果として教科の学習に寄与する場合があるとしても，それはあくまで結果としてであって，直接的な目的とするものではないことに留意する必要がある。

ウ　学校や地域の実態を踏まえること

　クラブ活動を組織するに当たっては，指導する教師の数や学校の施設・設備及びその他の環境などを考慮するとともに，安全面に配慮するなど十分な検討が必要である。また，児童の希望するクラブの設置に努め，必要に応じて，社会教育施設をはじめとして学校外にも活動の場を求めることも考えられる。さらに，指導を充実するため，地域の人々をはじめとする専門的な外部講師の協力を得るなど，積極的に地域の人材との連携を図っていくことも大切である。その際には，育成を目指す資質・能力について外部講師と共通理解を図り，指導に当たるようにすることが大切である。

　クラブ活動の組織づくりに際しては，児童の興味・関心が，それぞれの学校の置かれている地域の特色と関連したものに向けられることがある。この場合，それがクラブ活動のねらう資質・能力を達成するために役立つものであるならば，クラブ活動として組織することも考えられる。児童の希望があれば，例えば，ボランティア活動に関わるクラブとして手話や点字を学ぶクラブや地域の特色を生かした伝統芸能クラブなどを設けることも考えられる。

(5)　学校が作成するクラブ活動の年間指導計画

ア　全校の教職員が関わって指導計画を作成すること

　クラブ活動は，主として第4学年以上の児童による活動であるが，その指導は，全教職員によって行われなければならない。したがって，クラブ活動で育成を目指す資質・能力について全教職員の共通の理解や指導姿勢を基盤として，その指導が行われる必要がある。そのため，指導計画の作成においても，全教職員の協力を得て，毎年よりよい指導計画に作り替えていくことが望まれる。

イ　指導計画に示す内容

　クラブ活動は，学校が作成する年間指導計画に基づきながら，児童が各クラブの年間の活動計画を作成する。

　クラブ活動の年間指導計画に示す内容には，例えば，次のものが考えられる。

○　学校におけるクラブ活動の目標

○　クラブ活動の実態と指導の方針

○　クラブの組織づくりと構成

○　活動時間の設定

○　年間に予想される主な活動

○　活動に必要な備品，消耗品

○　活動場所

○　指導上の留意点

○　クラブを指導する教師の指導体制

○　評価の観点と方法　など

　クラブ活動における指導の目標を明確にし，具体的に指導計画に示されていることが望ましい。ただ，指導の目標といっても，各教科，道徳科及び外国語活動の場合と異なり，あくまでも児童の興味・関心を追求する活動を通して達せられるものであることを忘れてはならない。

　なお，クラブ活動における指導計画は，児童の自発的，自治的な活動を実現する基本的な枠組みであり，実際の活動に先立って，児童と共に，具体的な活動計画を立てる必要がある。今までの学習経験を生かして児童の手によって自発的，自治的に計画が立てられるようになることにより活動が活発になり，適切な活動が展開されることが期待できる。その際，児童が自ら活動に必要な材料や用具などについても考え，計画して実践できるようにすると，一層自主的に創意工夫して活動を展開するようになる。そこで，計画段階から教師の適切な指導助言を欠かすことがないよう配慮する必要がある。

　児童が作成するクラブ活動の年間の活動計画に示す内容には，例えば，次のようなものが考えられる。

○　活動の目標

○　各月などの活動内容

○　準備する物

○　役割分担　など

ウ　実施学年

　クラブ活動は，主として第4学年以上の児童による活動であるが，例えば小規模校においては第3学年以下の学年からの実施も考えられる。

エ　クラブへの所属

　クラブは，学級や学年が異なる児童により組織され，個性の伸長を基盤として社会性の育成を目標とすることから，計画的，継続的に行われることが大切である。したがって，児童は，その学年において同一クラブに所属して活動す

ることを原則とすることが望ましい。

　しかし，児童によっては，当初の興味・関心を持続できず，途中でクラブの所属変更を希望することがある。このような児童については，所属するクラブを継続することによって，興味・関心や活動する意欲が再び高まることもあることに留意した指導を行うとともに，事情によっては，適切な機会にその変更を認めるような配慮も考えられる。また，児童数が少ないことによりクラブの種類を増やすことが難しい学校においては，例えば上半期と下半期で設置するクラブの種類を変えることで，児童の興味・関心に対応できるようにするなど，設置と所属の在り方を工夫することなどが考えられる。

オ　時間の取り方

　クラブ活動の授業時数等の取扱いについては，学習指導要領第1章総則の第2の3の(2)で「イ　特別活動の授業のうち，児童会活動，クラブ活動及び学校行事については，それらの内容に応じ，年間，学期ごと，月ごとなどに適切な授業時数を充てるものとする。」と示している。

　クラブ活動の授業時数については，クラブ活動の特質である「児童の自発的，自治的な活動」を効果的に展開するために，各学校が必要と思われる授業時数を年間，学期ごと，月ごとなどに適切に設定することが大切である。

　ここに示した「適切な授業時数」とは，1時間1時間の活動を楽しむということだけでなく，クラブの成員全員にとって楽しいものとなるよう話し合って実践したり，役割や責任を果たしたり目標をもって参加したりすることができるようにする授業時数である。すなわち，「(1)クラブの組織づくりとクラブ活動の計画や運営」，「(2)クラブを楽しむ活動」，「(3)クラブの成果の発表」の三つの内容を効果的に行うことができる授業時数のことである。各学校においては，このことを踏まえ，クラブ活動を通して児童の資質・能力を育成するために必要な適切な授業時数として時間割表に明確に位置付けて，児童の興味・関心が持続し，見通しをもって継続的に活動できるようにすることが大切である。

●4　クラブ活動の内容の取扱い

　クラブ活動の内容の取扱いについては，学習指導要領第6章の第3の2の(1)で，次のとおり示している。

> (1)　学級活動，児童会活動及びクラブ活動の指導については，指導内容
> 　の特質に応じて，教師の適切な指導の下に，児童の自発的，自治的な

> 活動が効果的に展開されるようにすること。その際，よりよい生活を
> 築くために自分たちできまりをつくって守る活動などを充実するよう
> 工夫すること。

(1) 児童の自発的，自治的な活動が効果的に展開されるようにする

　クラブ活動は，教師の適切な指導の下，共通の興味・関心を追求する自発的，自治的な活動である。

　このような異年齢集団による自発的，自治的な活動を活発にするためには，クラブ活動を推進するための教師の指導体制を確立することが大切である。そして，担当するクラブの児童に積極的に関わり，児童自身がクラブ活動を楽しむために，創意工夫をしたり，協力して役割を分担したりするなど，楽しいクラブづくりに進んで参画できるよう組織的な指導に努める必要がある。

　その際，教師の適切な指導の下に，高学年の児童が下学年の児童の思いや願いを生かして活動することができるよう配慮する必要がある。

　クラブ活動の内容は，常にクラブ活動の目標を達成するのにふさわしいものとなるように指導するとともに，児童の負担過重にならないよう配慮する必要がある。そのために教師は，児童の手で実践できない活動など，児童の自発的，自治的な活動として任せることのできない条件を明確にして指導に当たる必要がある。

(2) 内容相互の関連を図るよう工夫する

　クラブ活動の充実のためには，児童の自発的，自治的な活動の経験が大きく影響する。そのため，特に学級活動との関連を図って指導する必要がある。

　クラブ活動における内容相互の関連を図るよう工夫することとは，共通の特質をもつ学級活動や児童会活動の指導との関連を図って，全体として児童の自発的，自治的な活動が一層効果的に展開できるようにすることである。特に，学級活動においては，児童の発達の段階に即してクラブ活動の目標や内容などについて理解できるようにしたり，目標をもってクラブ活動に参加できるようにしたりするための指導をする必要がある。これらの指導を通して，クラブ活動を効果的に展開することが望ましい。

　また，クラブ活動において各教科等での学びをより実践的に生かしたり，クラブ活動で育まれた自主的，実践的な学びを各教科等で深めたりするなど，効果的に生かせるよう関連を図ることが大切である。

第4節　学校行事

●1　学校行事の目標

　学習指導要領第6章の第2〔学校行事〕の1「目標」で，次のとおり示している。

　全校又は学年の児童で協力し，よりよい学校生活を築くための体験的な活動を通して，集団への所属感や連帯感を深め，公共の精神を養いながら，第1の目標に掲げる資質・能力を育成することを目指す。

　学校行事は，全校又は学年という大きな集団を単位として行われる活動である。「全校又は学年の児童で協力し」とは，学校行事が，学級の集団だけではなく，全校や学年などの大きな集団で，児童が協力して行う活動であることを示している。ここでいう「全校又は学年」とは，例えば異なる複数の学年によるものや，異なる複数の学年を組み合わせた異学年児童による集団で行うものなど，様々な形が含まれる。これらの集団において，学校行事の事前の計画・準備・実践・事後の活動に分担して取り組んだり，活動をよりよくするための意見や考えを出し合って話し合ったり，互いに助け合い，励まし合うなどして課題を解決したりすることを示している。

　「よりよい学校生活を築くための体験的な活動」とは，日常の学校生活に秩序と変化を与え，学校生活をさらに充実，発展させることを目指した，地域や自然との関わりや，多様な文化や人との触れ合いなどの体験的な活動を示している。また，ここでいう体験的な活動とは集団における児童同士の触れ合いを基盤とする直接体験を示す。

　「集団への所属感や連帯感を深め」とは，学校行事において，よりよく交流したり，自己の役割を果たしたりするなどして協働して共通の目標を達成することを通して，全校または学年という大きな集団の一員であることに対する自覚を高め，集団における人と人との触れ合いやつながりを深めていくことを示している。

　「公共の精神を養い」とは，学校行事において，個人の尊厳が重んじられるとともに，他者の尊厳も重んじる態度を養うとともに，他者との関わりによってつくられる社会を尊重し，主体的にその形成に参画する態度を養うことを示している。また，この「公共の精神を養い」は，教育基本法第二条（教育の目標）第三号の「公共の精神に基づき」を受けて，学習指導要領第1章の第1の2の(2)に

おいて「公共の精神を尊び」と表されたことと併せて，学校行事の目標に位置付けられたものである。

第1の目標に掲げる資質・能力を育成するために，学校行事においては，例えば次のとおり資質・能力を育成することが考えられる。

○　全校または学年などの児童で協力して取り組む各学校行事の意義について理解するとともに，各学校行事に必要なことを理解し，それぞれの学校行事のねらいや内容に即した行動の仕方や習慣を身に付けるようにする。

○　学校行事を通して学校生活の充実を図り，人間関係をよりよく形成するための目標を設定したり課題を見いだしたりして，大きな集団による集団活動や体験的な活動に協力して取り組むことができるようにする。

○　学校行事を通して身に付けたことを生かして，集団や社会の形成者としての自覚をもって多様な他者と尊重し合いながら協働し，公共の精神を養い，よりよい生活をつくろうとする態度を養う。

加えて，全校や学年などの大きな集団の中で，児童自身が，学校生活の充実を図り，人間関係をよりよく形成するための目標を設定したり課題を見いだしたりすることができるようにする。また，その課題の解決を目指し，考え，話し合い，全校や学年などの大きな集団による集団活動や体験的な活動に，自主的，実践的に協力して取り組むことができるようにする。さらに，実践したことを振り返って自他のよさに気付き，認め合ったり，新たな課題を見いだしたりするなど，学校生活の更なる向上を目指すことができるようにする。そして，上学年が下学年を思いやったり，下学年が上学年にあこがれや尊敬の気持ちをもったり，学年や学級が異なる児童と協力し合ったりするなどの異年齢集団における人間関係をよりよく形成することができるようにする。

さらには，全校又は学年の児童で協力して行う，よりよい学校生活を築くための体験的な活動を通して身に付けたことを生かして，学校や社会への所属意識をもち，他者と協働してよりよい生活づくりに参画しようとする態度を養う。また，集団の中で共に活動する仲間とのよりよい人間関係を形成しながら，多様な他者と尊重し合おうとする態度を養う。さらに，他者との関わりによってつくられる社会を尊重し，個人の尊厳と共に，他者の尊厳も重んじる態度を養う。

学校行事は，それぞれ異なる意義をもつ行事の総体であるため，育成される資質・能力や，その過程も様々である。学校行事の目標に掲げられている資質・能力は，おおむね，「学校行事の意義の理解」，「計画や目標についての話合い」，「活動目標や活動内容の決定」，「体験的な活動の実践」，「振り返り」といった実践も含めた全体の学習過程の中で育まれると言える。学校行事は，学校が計画し実施するものであるとともに，各種類の学校行事に児童が積極的に参加し協力す

ることによって充実する教育活動である。したがって，学校行事の意義を十分に理解した上で，各学校行事の特質や，児童の実態に応じて，児童の自主的，実践的な活動を助長することが大切である。

学校行事の学習過程は，例えば次のように表すことができる。

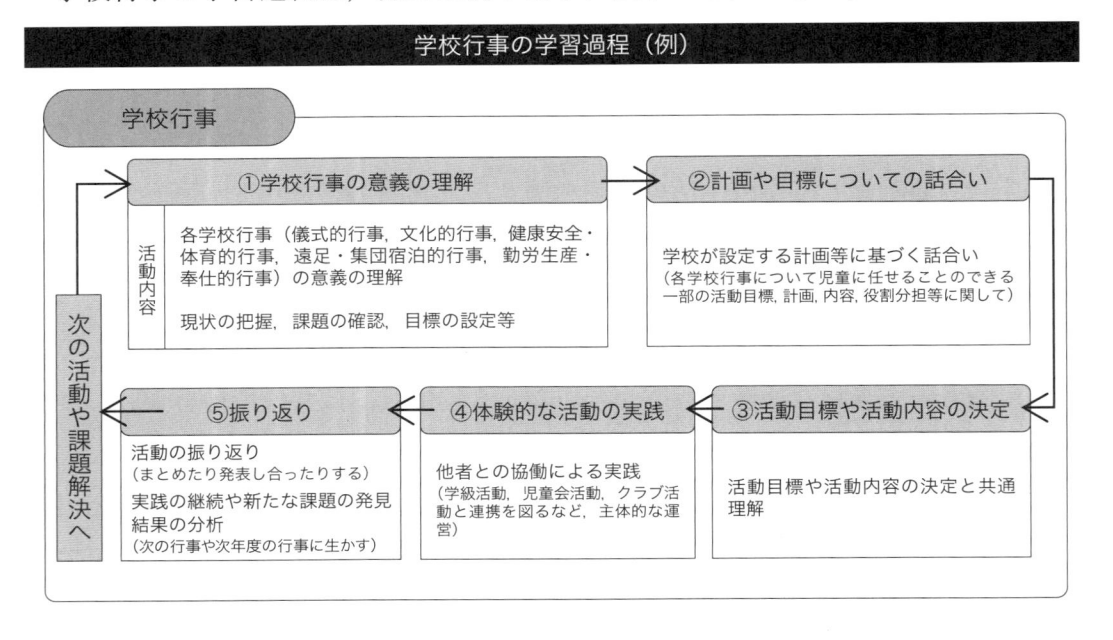

●2 学校行事の内容

学習指導要領第6章の第2〔学校行事〕の2「内容」で，次のとおり示している。

> 1の資質・能力を育成するため，全ての学年において，全校又は学年を単位として，次の各行事において，学校生活に秩序と変化を与え，学校生活の充実と発展に資する体験的な活動を行うことを通して，それぞれの学校行事の意義及び活動を行う上で必要となることについて理解し，主体的に考えて実践できるよう指導する。
>
> (1) 儀式的行事
>
> 　学校生活に有意義な変化や折り目を付け，厳粛で清新な気分を味わい，新しい生活の展開への動機付けとなるようにすること。
>
> (2) 文化的行事
>
> 　平素の学習活動の成果を発表し，自己の向上の意欲を一層高めたり，文化や芸術に親しんだりするようにすること。
>
> (3) 健康安全・体育的行事
>
> 　心身の健全な発達や健康の保持増進，事件や事故，災害等から身を

守る安全な行動や規律ある集団行動の体得，運動に親しむ態度の育
　　成，責任感や連帯感の涵養，体力の向上などに資するようにすること。
　(4)　遠足・集団宿泊的行事
　　　自然の中での集団宿泊活動などの平素と異なる生活環境にあって，
　　見聞を広め，自然や文化などに親しむとともに，よりよい人間関係を
　　築くなどの集団生活の在り方や公衆道徳などについての体験を積むこ
　　とができるようにすること。
　(5)　勤労生産・奉仕的行事
　　　勤労の尊さや生産の喜びを体得するとともに，ボランティア活動な
　　どの社会奉仕の精神を養う体験が得られるようにすること。

　　この「学校生活に秩序と変化を与え」，あるいは「体験的な活動」とは，他の
教育活動では容易に得られない教育的価値を実現する内容としての学校行事の特
質を述べたものである。特に，学校行事における様々な感動体験の場は，児童の
心を育て，自己の生き方についての考えを深め，自己実現を図ろうとする態度を
育む機会になるとともに，学級集団はもとより学年や全校の集団を育成し，より
よい人間関係を形成する上でも効果的な場となる。

　　また，この体験的な活動は，ともすると単調になりがちな学校生活に非日常的
な秩序と変化を与えることから，年間を通して計画的に実施することによって，
児童の学校生活にリズムを与え，節目を付け，より生き生きとした生活を実現す
ることになる。

　　「学校生活の充実と発展に資する」とは，児童が，他者と力を合わせて学校行
事に取り組むことを通して，学校生活に満足感や充実感を味わえるようにするこ
とである。また，そのような児童の積極的な参加によって，結果として学校生活
がより豊かになるなどの充実と発展も期待される。

　　児童にとって魅力があり，楽しく充実した学校生活にするためには，学校行事
の果たす役割が大きい。また，学校行事は，特色ある学校づくりを進め，よりよ
い校風をつくっていく上でも中心的な役割を果たしている。さらには，学校行事
に参加したことや学級又は学校の一員としての役割を果たしたことなどが，自分
への自信を高め，自己実現を図ることにつながったり，学校生活の楽しさや満足
度に大きく貢献したりすることが多い。

　　このようなことを踏まえ，児童一人一人にとって魅力があり，やりがいのある
学校行事を展開するためには，児童が学校生活の充実と発展に資する体験的な活
動に積極的に取り組むことができるようにすることが大切である。ここで示した
「学校生活の充実と発展」は，学校行事だけで達成できるものではない。学校行

事も他の教育活動と相まって小学校教育の目標の達成を目指すものである。したがって，学校行事に他の教育活動における学習や経験などを総合的に取り入れ，その発展を図り，効果的に展開されるようにする必要がある。また，各教科，道徳科，外国語活動，総合的な学習の時間及び学校行事以外の特別活動などの学習を充実したものにすることによって学校行事は成果を上げ，学校教育全体の調和を図り，真に学校生活を豊かな実りあるものにするのである。

これらのことを踏まえ，学習指導要領には，全ての学年で取り組むべき次の五つの種類の内容を示している。

(1) 儀式的行事
① 儀式的行事のねらいと内容

> 学校生活に有意義な変化や折り目を付け，厳粛で清新な気分を味わい，新しい生活の展開への動機付けとなるようにすること。

儀式的行事のねらいは，次のとおり考えられる。

児童の学校生活に一つの転機を与え，児童が相互に祝い合い励まし合って喜びを共にし，決意も新たに新しい生活への希望や意欲をもてるような動機付けを行い，学校，社会，国家などへの所属感を深めるとともに，厳かな機会を通して集団の場における規律，気品のある態度を養う。

儀式的行事においては，例えば次のとおり資質・能力を育成することが考えられる。

○　儀式的行事の意義や，その場にふさわしい参加の仕方について理解し，厳粛な場におけるマナー等の規律，気品のある行動の仕方などを身に付けるようにする。

○　新しい生活への希望や意欲につなげるように考え，集団の場において規則正しく行動することができるようにする。

○　厳粛で清新な気分を味わい，行事を節目として希望や意欲をもってこれからの生活に臨もうとする態度を養う。

儀式的行事は，全校の児童及び教職員が一堂に会して行う教育活動であり，その内容には，入学式，卒業式，始業式，終業式，修了式，開校記念に関する儀式，教職員の着任式・離任式，新入生との対面式，朝会などが考えられる。

② 実施上の留意点
ア　日常の学習成果を生かして，児童が積極的に参加できるようにするとと

もに，地域の実情に応じた十分な教育的な配慮の下に計画する。

イ　儀式的行事の教育効果は，児童の参加意欲とその儀式から受ける感銘の度合いによって大きく左右される。したがって，いたずらに形式に流れたり，厳粛な雰囲気を損なったりすることなく，各行事のねらいを明確にし，絶えず内容に工夫を加えることが望ましい。

ウ　入学式や卒業式など儀式的行事を行う場合には，学級活動などにおける指導との関連を図って，それらの行事の意義が児童に理解できるようにするとともに，その場にふさわしい参加の仕方について必要な知識や技能が身に付くようにする。

エ　入学式や卒業式などにおいては，国旗を掲揚し，国歌を斉唱することが必要である。その取扱いについては，本解説第4章 第3節「入学式や卒業式などにおける国旗及び国歌の取扱い」を参照されたい。

オ　儀式的行事のねらいから考えて，全校児童の参加が望ましいが，施設などの関係でやむなく全員が参加できない場合には，少なくとも複数の学年の児童が参加するように配慮することが望ましい。

(2) 文化的行事
①　文化的行事のねらいと内容

> 平素の学習活動の成果を発表し，自己の向上の意欲を一層高めたり，文化や芸術に親しんだりするようにすること。

文化的行事のねらいは，次のとおり考えられる。

児童が学校生活を楽しく豊かなものにするため，互いに努力を認めながら協力して，美しいもの，よりよいものをつくり出し，互いに発表し合うことにより，自他のよさを見付け合う喜びを感得するとともに，自己の成長を振り返り，自己のよさを伸ばそうとする意欲をもつことができるようにする。また，多様な文化や芸術に親しみ，美しいものや優れたものに触れることによって豊かな情操を育てる。

文化的行事においては，例えば次のとおり資質・能力を育成することが考えられる。

○　文化的行事の意義や日頃の学習成果を発表する方法，鑑賞の仕方について理解し，美しいもの，よいものをつくり出し，互いに発表したり，鑑賞し合ったりする活動に必要な知識や技能を身に付けるようにする。

○　美しいものや優れたもの，地域や我が国の伝統文化等，自他のよさについ

て考え，触れたり，発表し合ったりして，互いのよさを認め合うことができるようにする。

○　多様な文化や芸術に親しむとともに，自他のよさを見付け合い，自己の成長を振り返り，積極的に自己を伸長しようとする態度を養う。

　文化的行事には，児童が各教科等における日頃の学習の成果を総合的に発展させ，発表し合い，互いに鑑賞する行事と，児童の手によらない作品や催し物を鑑賞する行事とがある。前者には，学芸会，学習発表会，展覧会，作品展示会，音楽会，読書感想発表会，クラブ発表会などがあり，後者には，音楽鑑賞会，演劇鑑賞会，美術館見学会，地域の伝統文化等の鑑賞会などが考えられる。

②　実施上の留意点

ア　言語能力の育成の観点から，学芸会などで異年齢の児童が一堂に会して，互いに発表し合う活動を効果的に実施することが望ましい。その際，特定の児童だけが参加，発表するのではなく，何らかの形で全員が参加しているという意識をもつことができるようにする。

イ　児童の発表意欲を尊重し，自主的，実践的な活動を十分に認め，できるだけ主体的に運営できるよう配慮する。そのためには，児童会活動やクラブ活動などの組織を必要に応じて活用し，児童が計画したり運営したりできるようにすることが望ましい。

ウ　練習や準備に過大な時間をとり，児童に過重な負担をかけることのないように，練習，準備の在り方を工夫，改善するとともに，年間指導計画を作成する際にあらかじめ適切な時間を設定しておくようにする。

エ　より質の高い芸術や文化などに触れる機会を設定して，児童の豊かな感性を養うことができるよう配慮する。その際，内容に応じて保護者の参加を得て，親子や地域住民等と共に鑑賞し，感想等を伝え合えるようにするなど運営の工夫も考えられる。また，地域を理解し，郷土への愛着を深める観点から，地域の伝統や文化に触れる機会を積極的に設定するよう配慮する。

(3)　健康安全・体育的行事
①　健康安全・体育的行事のねらいと内容

> 　心身の健全な発達や健康の保持増進，事件や事故，災害等から身を守る安全な行動や規律ある集団行動の体得，運動に親しむ態度の育成，責任感や連帯感の涵養，体力の向上などに資するようにすること。

健康安全・体育的行事のねらいは，次のとおり考えられる。

児童自らが自己の発育や健康状態について関心をもち，心身の健康の保持増進に努めるとともに，身の回りの危険を予測・回避し，安全な生活に対する理解を深める。また，体育的な集団活動を通して，心身ともに健全な生活の実践に必要な習慣や態度を育成する。さらに，児童が運動に親しみ，楽しさを味わえるようにするとともに体力の向上を図る。

健康安全・体育的行事においては，例えば次のとおり資質・能力を育成することが考えられる。

○　心身の健全な発達や健康の保持増進，事件や事故，災害等の非常時から身を守ることなどについてその意義を理解し，必要な行動の仕方などを身に付ける。また，体育的な集団活動の意義を理解し，規律ある集団行動の仕方などを身に付けるようにする。

○　自己の健康や安全についての課題や解決策について考え，他者と協力して，適切に判断し行動することができるようにする。また，運動することのよさについて考え，集団で協力して取り組むことができるようにする。

○　心身の健全な発達や健康の保持増進に努め，安全に関心をもち，積極的に取り組もうとする態度を養う。また，運動に親しみ，体力の向上に積極的に取り組もうとする態度を養う。

健康安全・体育的行事には，健康診断や給食に関する意識を高めるなどの健康に関する行事，避難訓練や交通安全，防犯等の安全に関する行事，運動会や球技大会等の体育的な行事などが考えられる。

②　実施上の留意点

ア　病気の予防など健康に関する行事については，学校や地域の実態に即して実施し，できるだけ集中的，総合的，組織的に行われるよう配慮することが大切である。また，学級活動 (2) における健康に関わる指導や児童会活動，体育科の保健の学習内容などとの関連を図るようにする。

イ　避難訓練など安全や防災に関する行事については，表面的，形式的な指導に終わることなく，具体的な場面を想定するなど適切に行うことが必要である。特に，交通安全指導や防犯指導については，学年当初より日常の安全な登下校ができるよう継続して適切な指導を行うようにする。さらに，遠足・集団宿泊的行事における宿泊施設等からの避難の仕方や地理的条件を考慮した安全の確保などについて適宜指導しておくことも大切である。

地域の環境や地形，自然災害等に応じた避難訓練や地域住民と共同して実施する防災訓練などは，特に重視して行うようにする。

ウ 運動会などについては，実施に至るまでの指導の過程を大切にするとともに，体育科の学習内容と関連を図るなど時間の配当にも留意することが大切である。また，活発な身体活動を伴う行事の実施に当たっては，児童の健康や安全には特に留意し，日常の学校や家庭における健康管理，教師間の協力体制を万全にし，事故防止に努める必要がある。

エ 運動会においては，学校の特色や伝統を生かすことも大切である。ただし，児童以外の参加種目を設ける場合は，運動会の教育的意義を損なわない範囲にとどめるよう配慮する。また，児童会活動やクラブ活動などの組織を生かした運営を考慮し，児童自身のものとして実施することが大切である。その場合，児童に過度の負担を与えたり，過大な責任を負わせたりすることのないように配慮する。

オ 各種の競技会などの実施に当たっては，いたずらに勝負にこだわることなく，また，一部の児童の活動にならないように配慮することが必要である。

(4) 遠足・集団宿泊的行事
① 遠足・集団宿泊的行事のねらいと内容

> 自然の中での集団宿泊活動などの平素と異なる生活環境にあって，見聞を広め，自然や文化などに親しむとともに，よりよい人間関係を築くなどの集団生活の在り方や公衆道徳などについての体験を積むことができるようにすること。

遠足・集団宿泊的行事のねらいは，次のとおり考えられる。

校外の豊かな自然や文化に触れる体験を通して，学校における学習活動を充実発展させる。また，校外における集団活動を通して，教師と児童，児童相互の人間的な触れ合いを深め，楽しい思い出をつくる。さらに，集団生活を通して，基本的な生活習慣や公衆道徳などについての体験を積み，集団生活の在り方について考え，実践し，互いを思いやり，共に協力し合ったりするなどのよりよい人間関係を形成しようとする態度を養う。

遠足・集団宿泊的行事においては，例えば次のとおり資質・能力を育成することが考えられる。

○ 遠足・集団宿泊的行事の意義や校外における集団生活の在り方，公衆道徳などについて理解し，必要な行動の仕方を身に付けるようにする。

○ 平素とは異なる生活環境の中での集団生活の在り方やよりよい人間関係の

形成について考え，自然や文化などに触れる体験において活用したり応用したりすることができるようにする。

○　日常とは異なる環境や集団生活において，自然や文化などに関心をもち，積極的に取り組もうとする態度を養う。

遠足・集団宿泊的行事には，遠足，修学旅行，野外活動，集団宿泊活動などが考えられる。

特に，児童の発達の段階や人間関係の希薄化，自然体験の減少といった児童を取り巻く状況の変化を踏まえると，小学校段階においては，自然の中や農山漁村等における集団宿泊活動を重点的に推進することが望まれる。

②　実施上の留意点

ア　計画の作成に当たっては，児童が自主的，実践的に活動できるような場を十分に考慮し，児童の意見をできるだけ取り入れた活動ができるようにする。

イ　あらかじめ，実地踏査を行い，現地の状況や安全の確認，地理的環境や所要時間などを把握するとともに，それらに基づいて現地施設の従業員や協力者等との事前の打合せを十分に行う。

ウ　実施に当たっては，地域社会の社会教育施設等を積極的に活用するなど工夫し，十分に自然や文化などに触れられるよう配慮する。

エ　学級活動などにおいて，事前に，目的，日程，活動内容などについて指導を十分に行い，児童の参加意欲を高めるとともに，保護者にも必要事項について知らせておく。

オ　必要に応じて，事前に参加する児童の健康診断や健康相談を行い，食物アレルギー等に関する個々の児童の健康状態を把握しておく。

カ　宿泊を伴う行事を実施する場合は，通常の学校生活で行うことのできる教育活動はできるだけ除き，その環境でしか実施できない教育活動を豊富に取り入れるように工夫する。例えば農林水産業に関わる体験活動等その地域の特色や産業等に対する理解を深める活動を取り入れることも望ましい。また，集団宿泊活動については，よりよい人間関係を形成する態度を養うなどの教育的な意義が一層深まるとともに，いじめの未然防止等や不登校児童の積極的態度の醸成や自己肯定感の向上等の高い教育効果が期待される。そこで，学校の実態や児童の発達の段階を考慮しつつ，一定期間（例えば１週間（５日間）程度）にわたって行うことが望まれる。その際，児童相互の関わりを深め，互いのことをより深く理解し，折り合いを付けるなどして人間関係などの諸問題を解決しながら，協調して生活すること

の大切さが実感できるようにする。

キ　学校行事として実施する長期にわたって宿泊を伴う体験的な活動においては，目的地において教科の内容に関わる学習や探究的な活動を効果的に展開することも考えられる。その場合には，教科等や総合的な学習の時間などの学習活動を含む計画を立て，授業時数に含めて扱うなど，柔軟な年間指導計画の作成について工夫するよう配慮するとともに，宿泊施設を活用した野外活動を盛り込むなどの工夫をする。具体的には，外国語を集中的に学習する「イングリッシュキャンプ」，実際に星空や地層等の観察を行う自然教室，農林水産業施設の見学学習などの実施が考えられる。

その際，それぞれの目標が十分に達成できるよう，事前・事後の活動などの綿密な指導計画を作成する必要がある。

ク　事故防止のための万全な配慮をする。特に，安全への配慮から，小学校の段階においては，活動する現地において集合や解散をすることは望ましくないことを十分に考慮すべきである。また，自然災害などの不測の事態に対しても，避難の手順等は事前に確認し，自校との連絡体制を整えるなど適切な対応ができるようにする（なお，計画の実施に関しては，「小学校，中学校，高等学校等の遠足・修学旅行について」（昭和43年10月2日付け，文初中第450号文部省初等中等教育局長通達），「修学旅行における安全確保の徹底について」（昭和63年3月31日付け，文初高第139号文部事務次官通達）などを参照すること。）。

(5) 勤労生産・奉仕的行事
① 勤労生産・奉仕的行事のねらいと内容

> 勤労の尊さや生産の喜びを体得するとともに，ボランティア活動などの社会奉仕の精神を養う体験が得られるようにすること。

勤労生産・奉仕的行事のねらいは，次のとおり考えられる。

学校内外の生活の中で，勤労生産やボランティア精神を養う体験的な活動を経験することによって，勤労の価値や必要性を体得できるようにするとともに，自らを豊かにし，進んで他に奉仕しようとする態度を養う。

勤労生産・奉仕的行事においては，例えば次のとおり資質・能力を育成することが考えられる。

○　勤労や生産の喜び，ボランティア活動などの社会奉仕の精神を養う意義について理解し，活動の仕方について必要な知識や技能を身に付けるようにす

る。

○　自他のよさを生かし，よりよい勤労や生産の在り方，働くことの意義や社会奉仕について考え，実践することができるようにする。

○　学校や地域社会など公共のために役立つことや働くことへの関心をもち，勤労や生産，他者への奉仕に積極的に取り組もうとする態度を養う。

　　勤労生産・奉仕的行事には，飼育栽培活動，校内美化活動，地域社会の清掃活動，公共施設等の清掃活動，福祉施設との交流活動などが考えられる。

②　実施上の留意点

ア　学校や地域社会に奉仕し，公共のために役立つことや働くことの意義を理解するなど，あらかじめ，児童が十分にその行事の教育的意義を理解し，社会参画への意欲を高めて，進んで活動できるように指導する。

イ　飼育や栽培の活動で収穫したものの扱いについては，勤労の成果としての生産の喜び，活動自体への喜びや充実感を味わえるように配慮する。

ウ　ボランティア活動については，自発性・非営利性・公益性の特性に基づき，できる限り児童の発意・発想を生かした貢献活動を行い，児童が主体的に参加するように配慮する。また，活動の成果を児童相互に認め合い，自己有用感が得られるよう事後学習を充実させるものとする。

エ　勤労体験や学校外におけるボランティア活動などの実施に当たっては，児童の発達の段階を考慮して計画し，保護者の参加や地域の関係団体と連携するなど工夫して実施することが望まれる。

　　その際，児童の安全に対する配慮を十分に行うようにする。

オ　一般的に行われている大掃除は，健康安全・体育的行事として取り上げられる場合もあるが，特に勤労面を重視して行う場合は，勤労生産・奉仕的行事として取り上げることも考えられる。

カ　「勤労生産・奉仕的行事」については，総合的な学習の時間で，ボランティア活動や栽培活動を行うことによって代替することが考えられる。その際，「勤労生産・奉仕的行事」が，「勤労の尊さ」と「生産の喜び」の両方を体得する活動であることから，例えば，総合的な学習の時間における学習活動により生産の喜びを体得できない場合には，学校行事において「生産の喜び」を体得する活動を別に行う必要がある。

●3　学校行事の指導計画

　各活動・学校行事の年間指導計画の作成については，学習指導要領第6章の第

3の1の(2)で，次のとおり示している。

> (2) 各学校においては特別活動の全体計画や各活動及び学校行事の年間指導計画を作成すること。その際，学校の創意工夫を生かし，学級や学校，地域の実態，児童の発達の段階などを考慮するとともに，第2に示す内容相互及び各教科，道徳科，外国語活動，総合的な学習の時間などの指導との関連を図り，児童による自主的，実践的な活動が助長されるようにすること。また，家庭や地域の人々との連携，社会教育施設等の活用などを工夫すること。

学校行事の指導計画については，各種類の学校行事の特質を踏まえ，特に次のようなことに配慮して年間指導計画を作成する必要がある。

(1) 学校の創意工夫を生かし，学級や学校，地域の実態，児童の発達の段階などを考慮する

学校行事は，各学校の創意工夫を生かしやすく，特色ある学校づくりを進める上でも有効な教育活動であるので，全校の教職員が共通理解を深め，協力してよりよい計画を生み出すようにする。具体的には，学校の教育目標や指導の重点，地域の特色や学校の伝統などから，行事の重点化を図るなど自校の実態に即した特色ある学校行事の指導計画を作成することである。

例えば，学校の教育目標やその年度の指導の重点が「思いやりのある子供の育成」であれば，その具現化を図るために，各教科や道徳科等における授業の改善や学校生活全体での心の教育の充実とともに，道徳教育の充実を図る観点から勤労生産・奉仕的行事の充実を図ることも考えられる。このことによって，「思いやりのある子供の育成」に向けて児童の平素の生活態度の向上の契機とすることが期待できる。このように，学校行事の年間指導計画作成に当たっては，学校の教育目標の実現を図る教育活動の一つとして十分に検討することが大切である。

「学級や学校，地域の実態などを考慮する」とは，児童数や学級数の多少，指導に当たる教師の人数や組織などの人的条件，講堂，体育館，運動場などの物的条件などに配慮して指導計画を作成することである。

例えば，児童数の多い学校で，儀式的行事などを行う場合，全校児童を体育館に収容するのが困難なことから，やむを得ず参加児童の範囲を限定して2回に分けて実施することが考えられる。また，児童数の少ない学校では，遠足・集団宿泊的行事などにおいて，複数学年や他の学校と合同で行う場合も考えられる。

「児童の発達の段階などを考慮する」とは，具体的には，該当する学年段階の

児童の要求や興味・関心を把握し，集団活動の発達的な特質などを理解して指導計画を作成することなどである。

学校行事は，全学年あるいは複数学年の全児童が同時，同条件，一斉に活動する場合が多い。このような場合，学年の異なる児童が共に活動するため，児童の心身の発達の特性を的確に把握し，画一的にならないようにすることが望まれる。そのためにも，活動のねらいや参加の方法などは，児童の発達の段階に応じて考慮し，ねらいを無理なく達成できるようにすることが大切である。

(2) 児童による自主的，実践的な活動が助長されるようにする

学校行事の指導においても，児童が積極的に活動できるようにするため，事前・事後の指導について十分に留意し，指導の効果を高めるように配慮する。その際，学校行事の種類によって，児童の意見や希望も指導計画に反映させるとともに，児童の自主的な活動も可能な限り行えるよう配慮し，児童が楽しく参加できるようにする。

具体的には，発達の段階や学校行事の内容によっても異なるが，できるだけ児童が活動意欲をもつことができるように，特に，児童会活動との関連を密にして，学校行事の一部を児童が分担し，自主的，実践的にその運営に参画できるようにすることが望ましい。しかし，例えば，児童の創造性や自主性などを考慮するあまりに，学校行事と児童会集会活動とを混同しないように十分配慮する必要がある。

また，学級活動「(1) 学級や学校における生活づくりへの参画」の「ウ　学校における多様な集団の生活の向上」において，例えば運動会や学芸会などの内容の一部について，学級として取り組むことを話し合い，児童の創意工夫を生かすということも考えられる。その場合，行事に向けた単なる準備や片付けなどの時間にならないように十分留意する必要がある。

(3) 内容相互及び各教科，道徳科，外国語活動，総合的な学習の時間などの指導との関連を図る

学校行事においては，第2に示す内容相互及び各教科，道徳科，外国語活動，総合的な学習の時間などの指導との関連を図ることが大切である。具体的には，特別活動の他の内容や各教科等で身に付けた資質・能力などを，学校行事においてよりよく活用できるようにすることである。また，学校行事で身に付けた資質・能力を各教科等の学習に生かすことである。

特に学校行事は，平素の教育活動の総合的な発展の場であるため，日常の教育活動の成果が生かされるようにすることが大切である。したがって，学校行事の

年間指導計画も，特別活動における学級活動や児童会活動及びクラブ活動，各教科，道徳科，外国語活動及び総合的な学習の時間などの年間指導計画と関連し合うように作成することが大切である。このような配慮によって，全体としての調和のとれた教育活動が展開されることになる。

例えば，運動会や学芸会のテーマを道徳科の内容の「B　主として人との関わりに関すること」の感謝と関連付けて掲げて開催し，家族や地域の方々に対する感謝の気持ちを伝える工夫を取り入れた表現運動等を披露したり，感謝を題材とする劇や歌等を発表したりすることなどが考えられる。

(4)　家庭や地域の人々との連携，社会教育施設等の活用などを工夫する

学校行事において，体験的な活動を効果的に展開するために，家庭や地域の協力を得たり，社会教育施設を活用したりするなどの工夫をすることが大切である。

例えば，学校が地域社会と協力して教育効果を上げるために，学校の教育について積極的に地域の人々に対して学校行事を公開し，理解してもらう必要がある。そのため，文化的行事や健康安全・体育的行事などを実施する際に，地域社会の人々が参観しやすいように，期日などを考慮して計画することも必要である。地域の伝統文化に触れる活動や地域の行事と学校行事との関連を図って実施するなどの工夫も考えられる。

また，勤労生産・奉仕的行事などを実施する際には，保護者や地域の関係団体の協力を得るなど地域の人々との連携を図ったり，家庭への積極的な参加を呼びかけたりしながら，児童の体験的な活動を豊かなものとするように計画することも望ましい。

さらに，学校行事の計画に当たっては，学校の所在する地域の特性を十分に考慮することが大切である。市街地で生活する児童の多い学校，地域の社会教育施設に近接した学校，自然に恵まれた地域の学校，国際理解教育をはじめとする多様な文化との交流が盛んな地域の学校など，学校の所在するそれぞれの地域の特性を考慮し，内容を工夫する必要がある。

(5)　その他の配慮事項
①　全教職員が関わって作成する

学校行事の実施に当たっては，学校の全教職員が各学校行事の目標や指導の重点などを共通理解し一体となって指導することになる。そこで，全教職員が関わって年間を見通した適切な年間指導計画を作成し，全教職員の協力的な指導体制を確立して，組織的に指導に当たる必要がある。

② 指導計画に示す内容

学校行事は，全校又は学年の全児童が集団として活動するため，年間指導計画は，特に慎重な検討を経て立案する必要がある。学校行事の年間指導計画には，次のような内容を示すことが考えられる。

○　各行事のねらいと育成を目指す資質・能力
○　五つの種類ごとの各行事を実施する時期と内容及び授業時数
○　学級活動や児童会活動，クラブ活動，各教科等との関連
○　評価の観点　など

なお，各学校行事の指導計画については，その詳細をそれぞれ立案し，全教職員の共通理解の下で実施されるようにする必要がある。

③ 年間指導計画の見直し

学校行事を実施するに当たっては，毎年検討を加え，改善を図るようにし，特に教育的価値に富む学校行事については，より積極的に取り上げていくようにすることが望ましい。学校行事は，その学校の伝統を築く基になる教育活動であるので，急に大きく変更することは難しいものもある。しかし，惰性的に実施される学校行事や，児童の実態から遊離し形式的なものとなって教育効果を十分に発揮していない行事なども少なからず見られる。したがって，各学校では，各行事のねらいや育成を目指す資質・能力の明確化，時数等の見直しなどを行い，より充実した学校行事となるようにする必要がある。

年間指導計画は，児童の実態や学校の事情などの諸条件が変化するにつれて，絶えず修正され，現実の事態に即応するように見直し，改められなくてはならないものである。特に学校行事の年間指導計画は，各行事が教育的価値を十分に発揮し，教育効果を高めることができるように，弾力性，融通性に富むものであることが望ましい。

なお，学校行事の中には，地域社会との密接な関連を考えて実施するものもあり，地域社会との連携を密にして，児童の体験的な活動の充実を図っていくことが望まれる。その際，学校全体の教育計画の観点から，その教育的価値を検討し，年間指導計画作成の段階において，学校が主体的に判断して，教育活動全体の調和と統一が失われることのないようにすることが大切である。

④ 時間の取り方

学校行事の授業時数等の取扱いについては，学習指導要領第1章の第2の3の(2)のイに，「イ　特別活動の授業のうち，児童会活動，クラブ活動及び学校行事については，それらの内容に応じ，年間，学期ごと，月ごとなどに適切な

授業時数を充てるものとする。」と示している。

　学校行事の授業時数については，各学校が教育的な見地から適切に定めることになる。これは，学校行事の特質からみて，各行事に充てる年間の授業時数を一律に示すことは困難であり，各学校や地域社会の実態に即して重点化され，各行事間の関連や統合を図って精選された適切な年間指導計画を作成して実施することが望ましいと考えられるからである。

　そこで，各学校においては，種類ごとに必要と考える行事を計画し，その実施に要する時数を配当することになる。しかし，学校行事に充て得る年間の授業時数にも限りがあることから，小学校における教育課程全体を見通して，適切な授業時数の配当計画を立てることが重要である。

　実際に学校行事に充て得る年間の授業時数は，まず年間の総授業時数を調べ，その予定授業時数と，各教科，道徳科，外国語活動，総合的な学習の時間及び特別活動における他の内容に充てる授業時数を考慮して決めることになる。各学校においては，これまでの学校行事の実施の経過を詳細に検討し，夏休み等の長期休業期間の活用なども併せて検討した上で，無理のない実施可能な授業時数の予定を立てることが必要である。

　なお，学校教育法施行規則第61条第1項ただし書きによって，公立学校の休業日である国民の祝日，日曜日及び休業日となる土曜日などにも授業を行うことができるようになっており，必要に応じて日曜日などに学校行事を実施することも可能である。

●4　学校行事の内容の取扱い

(1) 学校行事の内容の取扱いに関する留意事項

　学習指導要領第6章の第2〔学校行事〕の3「内容の取扱い」の(1)で，次のとおり示している。

> (1) 児童や学校，地域の実態に応じて，2に示す行事の種類ごとに，行事及びその内容を重点化するとともに，各行事の趣旨を生かした上で，行事間の関連や統合を図るなど精選して実施すること。また，実施に当たっては，自然体験や社会体験などの体験活動を充実するとともに，体験活動を通して気付いたことなどを振り返り，まとめたり，発表し合ったりするなどの事後の活動を充実すること。

ア　行事の種類ごとに，行事及びその内容を重点化するとともに，行事間の関連

や統合を図る

　各学校においては，学校行事の目標を達成するにふさわしい個々の行事を種類ごとに精選したり，それぞれの学校行事の教育的価値を検討し，各種類に教育上必要とされるものに精選したりすることが大切である。また，より充実した学校行事にするため行事間の関連や統合を図るなど学校の創意工夫を生かして実施する必要がある。

　その際，学校行事には，各種類に多様な内容が含まれていることから，学校の方針や学年の発達の段階に即して取り上げる内容を絞るなど重点化することが大切になる。

　例えば，文化的行事の例として，学芸会，学習発表会，展覧会・作品展示会，音楽会，読書感想発表会，クラブ発表会，音楽鑑賞会，演劇鑑賞会，地域の伝統文化等の鑑賞会，美術館見学会等の鑑賞会などが示されているが，その全てを行うことは適切ではない。そこで，児童が各教科等における日頃の学習の成果を総合的に発展させ，発表し合い，互いに鑑賞し合う行事として学芸会を実施し，児童の手によらない作品や催し物を鑑賞する行事として地域の伝統文化等の鑑賞会を実施するなど，重点化することである。

　学校行事における「行事間の関連を図る」とは，別々の学校行事を同じ時期に実施するなど指導の関連を図り，より効果的，効率的に学校行事の目標を追求しようとすることである。例えば，儀式的行事として行う教職員の離任式において，文化的行事として行った学習発表会の成果を生かして，児童の発表を披露するなどの関連である。

　学校行事における「行事間の統合」とは，別々の学校行事を一つの学校行事に組み合わせて実施するなど，学校行事に充てる授業時数を精選し，より効果的，効率的に目標を達成しようとすることである。

　例えば，遠足・集団宿泊的行事において長期の集団宿泊活動を行う場合，登山などを実施した際に勤労生産・奉仕的行事として清掃活動を行うなど，遠足・集団宿泊的行事と勤労生産・奉仕的行事を統合して実施することが考えられる。

　なお，勤労生産・奉仕的行事については，「勤労の尊さや生産の喜びを体得するとともに，ボランティア活動などの社会奉仕の精神を養う体験が得られるようにすること」と示されていることから，勤労の尊さを体得する内容だけでなく，生産の喜びを体得する学校行事を別に実施する必要があることに留意する。その際，その場限りの体験的な活動で終わらせることなく，事前にそのねらいや意義を児童が十分に理解できるようにし，活動についてあらかじめ調べたり，準備したりすることができるようにする。

イ　体験活動を通して気付いたことなどを振り返り，まとめたり，発表し合った

りするなどの事後の活動を充実する

学校行事においては，特に言語力の育成や体験したことからより多くのことを体得させる観点から，「体験活動を通して気付いたことなどを振り返り，まとめたり，発表し合ったりするなどの活動を充実する」ことが求められる。その際，その場限りの体験活動で終わらせることなく，事前にそのねらいや意義を児童に十分に理解させ，活動についてあらかじめ調べたり，準備したりすることができるようにするとともに，活動の節目や事後に，話す，聞く，読む，書くなどの活動を効果的に取り入れることが求められる。例えば，集団宿泊活動の実施に伴って，感想文集にまとめたり，お世話になった方々に手紙を書いたり，発表会をしたり，他の学年の児童，保護者や地域の住民に対する報告会を開催したりすることが考えられる。また，体験活動を通して自分自身について考えたことを，学級活動「(3) 一人一人のキャリア形成と自己実現」において，児童が活動を記録し蓄積する，いわゆるポートフォリオ的な教材等を活用した学習と関連付けることも考えられる。

(2) 異年齢集団による交流や幼児，高齢者，障害のある人々などとの触れ合いを充実する

学習指導要領第6章の第3の2の(4)で，次のとおり示している。

> (4) 異年齢集団による交流を重視するとともに，幼児，高齢者，障害のある人々などとの交流や対話，障害のある幼児児童生徒との交流及び共同学習の機会を通して，協働することや，他者の役に立ったり社会に貢献したりすることの喜びを得られる活動を充実すること。

学校行事においては，「異年齢集団による交流」を充実することが求められる。具体的には，複数の学年が一緒に参加する学校行事をより多く計画し，異年齢の児童をはじめとする多様な人々と積極的に人間関係を築く態度の形成を図ろうとすることである。例えば，運動会や遠足，学芸会，大掃除などの行事を異年齢で実施することであり，様々な学校行事における工夫が考えられる。

また，学校行事においては，幼児，高齢者，障害のある人々などとの触れ合いを充実することも求められる。具体的には，地域の幼児や高齢者，学校内外の障害のある児童や人々などと触れ合う活動をより多く計画し，多様な人々との人間関係を築く態度の形成を図ろうとすることである。例えば，学校行事として幼稚園，認定こども園，保育所等，介護施設，特別支援学校などと交流を図ったり，集団宿泊活動などにおいて，異年齢の児童や異なる学校に在籍する児童が共に生

活したりすることができるようにするなどの工夫である。

(3) その他の留意事項

①　小学校6年間や各学年の1年間を見通した計画を立てることとし，特定の時期に行事が集中することがないように配慮する。また，活動の内容については，多過ぎたり，高度なものを求め過ぎたりして，児童の負担が過重にならないように，児童の発達の段階や行事の内容などについては十分留意する。

②　学校行事は，平素の学習活動の成果を総合的に発展させる実践の場であるので，計画の作成や実施に当たっては，それらとの関連を十分に考慮する必要がある。なお，総合的な活動であるだけに，ねらいが不明確になりやすいため，個々の学校行事のねらいを明確に設定して実施することが必要である。

　　その際，児童一人一人が行事のねらいを明確につかみ，積極的に活動できるようにするため，事前・事後の指導についても十分に留意する。例えば，実施後の児童の感想や作文を発表したり，校内に掲示したりするなど，児童が互いの振り返りの様子を伝え合える環境や保護者や地域に対して発信する機会を整える等，指導の効果を高めるように配慮する。

③　学校行事には，全校又は学年という大きな集団が一つのまとまりとして組織的に行動するところに教育的価値があり，その計画や指導に当たっては，例えば運動会における入場行進や開閉会式での整列，演技・競技の入場や退場，遠足や集団宿泊時の集合・整列の際など，体育科における集団行動の指導との関連を十分に図る必要がある。

④　いずれの種類の学校行事においても，児童の健康と安全を図ることについて十分配慮し，事故防止のために万全の計画を立て，不測の事態に対しても適切に対応し，関係諸機関との連絡体制を整えるなど必要な処置がとれるようにする。

⑤　幼児，高齢者，障害のある人々などと触れ合う学校行事を行う場合は，地域の関係施設を活用したり，地域の関係諸団体との連携を図ったりして効果的に体験できるようにする。なお，その場合には，十分に事前の打合せを行い，交流先に学校としての活動の意義やねらい等を明確に伝え，共通理解を徹底するなど，教育的な効果が十分上がるように配慮する。

⑥　学校行事の評価の観点や方法などについて，計画の段階から見通しを立てておくとともに，実施後の児童の振り返りの様子，保護者や地域住民からの感想や要望等及び教職員の評価内容を反映させて，学校行事の改善につながるようにする。

第1節　指導計画の作成に当たっての配慮事項

● 1　特別活動における主体的・対話的で深い学び

学習指導要領第6章の第3の1の(1)で，次のとおり示している。

> (1) 特別活動の各活動及び学校行事を見通して，その中で育む資質・能力の育成に向けて，児童の主体的・対話的で深い学びの実現を図るようにすること。その際，よりよい人間関係の形成，よりよい集団生活の構築や社会への参画及び自己実現に資するよう，児童が集団や社会の形成者としての見方・考え方を働かせ，様々な集団活動に自主的，実践的に取り組む中で，互いのよさや個性，多様な考えを認め合い，等しく合意形成に関わり役割を担うようにすることを重視すること。

　この事項は，特別活動の指導計画の作成に当たり，児童の主体的・対話的で深い学びの実現を目指した授業改善を進めることとし，特別活動の特質に応じて，効果的な学習が展開できるように配慮すべき内容を示したものである。

　特別活動の指導に当たっては，(1)「知識及び技能」が習得されること，(2)「思考力，判断力，表現力等」を育成すること，(3)「学びに向かう力，人間性等」を涵養することが偏りなく実現されるよう，内容や時間のまとまりを見通しながら，児童の「主体的・対話的で深い学び」の実現に向けた授業改善を行うことが重要である。

　児童に特別活動の指導を通して「知識及び技能」の習得や「思考力，判断力，表現力等」の育成を目指す授業改善を行うことは，これまでも多くの実践が重ねられてきている。そのような着実に取り組まれてきた実践を否定し，全く異なる指導方法を導入しなければならないと捉えるのではなく，児童や学校の実態，指導の内容に応じ，「主体的な学び」，「対話的な学び」，「深い学び」の視点から授業改善を図ることが重要である。

　「主体的・対話的で深い学び」は，必ずしも1単位時間の授業の中で全てが実現されるものではない。単元など内容や時間のまとまりの中で，例えば，主体的に学習に取り組めるよう学習の見通しを立てたり学習したことを振り返ったりして自身の学びや変容を自覚できる場面をどこに設定するか，対話によって自分の

考えなどを広げたり深めたりする場面をどこに設定するか，学びの深まりをつくりだすために，児童が考える場面と教師が教える場面をどのように組み立てるか，といった視点で授業改善を進めることが求められる。また，児童や学校の実態に応じ，多様な学習活動を組み合わせて授業を組み立てていくことが重要であり，単元のまとまりを見通した学習を行うに当たり基礎となる知識及び技能の習得に課題が見られる場合には，それを身に付けるために，児童の主体性を引き出すなどの工夫を重ね，確実な習得を図ることが必要である。

主体的・対話的で深い学びの実現を目指して授業改善を進めるに当たり，特に「深い学び」の視点に関して，各教科等の学びの深まりの鍵となるのが「見方・考え方」である。各教科等の特質に応じた物事を捉える視点や考え方である「見方・考え方」を，習得・活用・探究という学びの過程の中で働かせることを通して，より質の高い深い学びにつなげることが重要である。

以上が全教科等共通の考え方になるが，特別活動における「主体的・対話的で深い学び」については，第2章の第1節の3で基本的な考え方を説明したとおりである。本項では，特別活動の特質に応じた「主体的・対話的で深い学び」を実現するために，特に留意すべきことを示している。

「特別活動の各活動及び学校行事を見通して」とは，各活動・学校行事の全体を通して「主体的・対話的で深い学び」の実現を図るということである。他の教科等のように「単元」や時間のまとまりがなく，また，各活動・学校行事が順番に行われるのではなく同時並行的に行われるものであるということを踏まえ，学級活動，児童会活動，クラブ活動及び学校行事のそれぞれの年間指導計画の作成に当たり，各活動・学校行事を通して，「主体的・対話的で深い学び」が実現するように組み立てるということである。

「よりよい人間関係の形成，よりよい集団生活の形成や社会への参画及び自己実現に資するよう」とは，第2章でも説明した，特別活動で重視する三つの視点である。三つの視点は育成を目指す資質・能力に関わるものであると同時に，それらを育成する学習過程においても重要な意味をもつものである。特別活動の「主体的・対話的で深い学び」を実現しようとすることは，この三つの視点を重視するということを意味する。

「様々な集団活動に自主的，実践的に取り組む」ためには，各活動・学校行事の特質や内容を踏まえつつ，活動の内容や活動形態を児童が選択・決定する余地を大事にすることや，活動に必要な資料や情報等を自分たちで集め，活動の結果についても自分たちで振り返り評価するなど，主体的な活動を可能にすることが大切である。

「互いのよさや個性，多様な考えを認め合い，等しく合意形成に関わり役割を

担うようにする」とは，例えば，課題を解決するために話し合い，合意形成を図る場合には，友達との考え方の違いを認め，友達の考えの意味を考え，それぞれの考えをつなぎながら，新たなものを全員で生み出していくような話合いができるようにすることである。何人かの活発な児童の発言によって決まったり，同調圧力となったりしないように，学級全員で合意形成に関わるようにすることが大切である。また，合意形成を図るだけでなく，学級全員で役割を担うことで，決めたことの実践が学級全員のものになるようにする。役割を担うことで様々なことを学ぶと同時に，自己有用感が育まれる。特に小学校の段階では，一部の児童だけでなく，すべての児童が役割を果たすことを経験し学ぶことができるように，活動の内容や方法を工夫することが重要である。

このような「互いのよさや個性，多様な考え方を認め合い，等しく合意形成に関わり役割を担う」特別活動の経験が，卒業後，一人一人の存在が尊重される集団づくりや，ひいては平和で民主的な国家，社会を形成する人間を育成することになる。

●2　特別活動の全体計画と各活動・学校行事の年間指導計画の作成

学習指導要領第6章の第3の1の(2)で，次のように示している。

> (2)　各学校においては特別活動の全体計画や各活動及び学校行事の年間指導計画を作成すること。その際，学校の創意工夫を生かし，学級や学校，地域の実態，児童の発達の段階などを考慮するとともに，第2に示す内容相互及び各教科，道徳科，外国語活動，総合的な学習の時間などの指導との関連を図り，児童による自主的，実践的な活動が助長されるようにすること。また，家庭や地域の人々との連携，社会教育施設等の活用などを工夫すること。

特別活動の目標は，特別活動の各活動・学校行事の実践的な活動を通して達成されるものであり，その指導計画は，学校の教育目標を達成する上でも重要な役割を果たしている。したがって，調和のとれた特別活動の全体計画と各活動・学校行事の年間指導計画を全教職員の協力の下で作成することが必要である。

ここで示した「特別活動の全体計画」とは，特別活動の目標を調和的かつ効果的に達成するために各学校が作成する，特別活動の全体の指導計画のことである。このような特別活動の全体計画を作成する際には，教諭や養護教諭，栄養教諭，学校栄養職員，司書教諭，学校図書館司書などの全教職員が連携して指導に

当たるため，全教職員の共通理解と協力体制が確立されるようにしなければならない。例えば，各学校における特別活動の役割などを明確にして，重点目標や各活動・学校行事の内容を設定することが大切である。また，特別活動に充てる授業時数や目標，設置する委員会やクラブの組織や実施する学校行事等を明らかにしておくことが大切である。

特別活動の全体計画に示す内容には，例えば，次のようなものが考えられる。
- ○　学校教育目標
- ○　特別活動の重点目標
- ○　各教科，道徳科（道徳科の内容項目や道徳科の重点），外国語活動及び総合的な学習の時間などとの関連（教育課程外の活動等との関連を含む）
- ○　学級活動，児童会活動，クラブ活動，学校行事の目標と指導の方針
- ○　特別活動に充てる授業時数等
- ○　特別活動を推進する校内組織
- ○　評価　など

この特別活動の全体計画に基づいて，学校や学年又は学級ごとなどに，指導目標，指導内容，指導の順序，指導方法，使用教材，指導の時間配当，評価などを示したより具体的な指導計画が，「各活動・学校行事の年間指導計画」である。各活動・学校行事ごとの指導計画の作成については，第3章において説明した通りである。

以下は，全体計画の作成及び各活動・学校行事の年間指導計画の作成に当たって，共通して留意すべき点を説明する。

(1) 学校の創意工夫を生かす

特別活動については，教科のように具体的な内容までは示されていないなどの弾力性を積極的に生かし，各学校において特色ある指導計画を作成することが求められる。そのためには，まず，地域や学校，児童の実態等を踏まえ，学校としての基本的な指導構想を明確にし，それに即した創意ある計画を立てることが重要である。

各学校における創意工夫は，地域の特色，学校や児童の実態，そしてこれまでの実施の経験や反省などを生かして発揮されていくものであり，指導計画の作成に当たって学校としての校内体制を確立していくとともに，学校の創意や工夫を生かした教育活動を行うために必要な時間が確保できるよう，全教職員が協力していくことが大切である。

学校や地域の特色を生かした各活動・学校行事の実施のために，各活動や行事のつながりを常に意識し，組織的に年間を通した「編成」，「実施」，「評価」，「改

善」に取り組むことが重要である。

　特別活動そのものを「編成」,「実施」,「評価」,「改善」するとは，例えば，以下のようなものがある。

　　○　校長のリーダーシップの下，組織的に教育計画の一環としての特別活動全体計画及び各活動・学校行事の年間指導計画を作成する。（編成）

　　○　年間指導計画に従い，各活動及び学校行事を実施する。（実施）

　　○　学期や年度を単位として，各活動・学校行事の評価を実施する。その際，例えば「学校が示した目標の有効性」「各活動と学校行事それぞれの実施状況」「児童の変容」「集団の変容」「目標の達成・評価」等について，その成果と課題を明らかにする。（評価）

　　○　次年度の教育計画には，教育計画編成の視点及び改善の方向を明確にし，前段階（評価）の結果を十分に考慮し，改善を図る。（改善）

　特別活動の特質を踏まえ，児童や教職員にとどまらず，保護者や地域住民の声を生かした「実施」,「評価」を推進することが望まれる。

(2) 学級や学校の実態や児童の発達の段階などを考慮すること

　特別活動では学級や学校の実態を考慮する必要がある。特に，学級活動については，当該学級の実態を考慮し，児童会活動やクラブ活動，学校行事については，特定の学級や学年だけでなく，学校全体の実態を考慮する必要がある。

　また，「児童の発達の段階を考慮する」とは，人間としてそれぞれの時期に達成しておくべき「発達課題」,「学校生活における集団活動の発達的な特質」,「発達の段階に即した指導のめやす」などの一般的な考え方や実際の学級の児童や集団の状況などを考慮して指導計画を作成するということである。

　一方で，特に自発的，自治的な活動については，年齢による成熟だけでなく，児童がこれまでどのような集団による実践的な活動をどれだけ経験してきているのか，学級や学校の諸問題を自分たちで解決するために合意形成を図ったり，意思決定したりする力がどの程度育ってきているのかということによる差も大きい。画一的に，何年生であればこうしなければならないと固定的に考えるのではなく，児童の実態を把握し，それを特別活動の全体計画や各活動・学校行事の年間指導計画に反映させることが大切である。

(3) 各教科，道徳科，外国語活動及び総合的な学習の時間などの指導との関連を図る

　第2章でも説明したように，特別活動の指導に当たっては，各教科，道徳科，外国語活動及び総合的な学習の時間などの指導との関連を図る必要がある。具体

的には，各教科等で育成された資質・能力が特別活動で十分に活用できるようにするとともに，特別活動で培われた資質・能力が各教科等の学習に生かされるように関連を図ることになる。

また，学習指導要領第1章の第3の1の(5)で「各教科等の特質に応じた体験活動を重視し，家庭や地域社会と連携しつつ体系的・継続的に実施できるよう工夫すること。」と示されたように，特別活動の体験活動と各教科，道徳科，外国語活動及び総合的な学習の時間の学習活動との関わりがある場合には，相互に関連させて展開するよう配慮することが大切である。体験的な活動は全教育活動で配慮することが必要であるが，特に，特別活動，生活科及び総合的な学習の時間の学習活動のいずれにおいても自然体験や社会体験を充実させる必要がある。また，道徳教育との関わりにおいて，自己の生き方についての考えを深めることが求められている。このことからも，各学校が学校や地域の実態を生かして両者の関連に十分配慮する必要がある。そのことによって，それぞれのねらいが一層生かされ，特色ある教育活動づくりが推進されることにもなる。

これらのことを踏まえ，各学校が教育目標の具現化に向けて，特別活動と各教科，道徳科，外国語活動，総合的な学習の時間，生徒指導などとの関連を図った全体計画を作成するためには，学校の実態を十分に考慮して特別活動として何を重視すべきかなど重点目標を定め，それぞれの役割を明確にしておく必要がある。

(4) 児童による自主的，実践的な活動が助長されるようにする

特別活動の目標に明示されているように，特別活動で育成を目指す資質・能力の全ては，児童自らが考え，高めていくような自主的，実践的な活動を通して育成されるものである。第3章において説明したように，各活動・学校行事の内容の特質に即して児童の自主的，実践的な活動が助長されるようにする必要がある。

特別活動は，児童の自主的，実践的な活動を通して，資質・能力を育て伸ばしていくこととしているが，一朝一夕に成果を上げられるものではない。また，学校の一部の教師の努力だけで育つものでもない。このことから，学校の全教職員が，指導計画について共通理解を図るとともに，例えば，どのように児童の活動意欲を刺激し高めることができるか，児童が積極的に問題を発見し活動するために配慮すべき事項は何かなどについて，学校として明らかにし，学校全体で組織的に指導に当たることが大切である。

なお，児童の自主的，実践的な活動を展開するに当たっては，児童の少々の失敗に直ちに干渉したり，援助したりするのではなく，温かく見守り，期待し，

個々の児童の状況に即して適切に指導するなどして，自分たちで考え，自分たちで判断し，自分たちで生活上の諸問題などを解決することができるようにする必要がある。特に，「なすことによって学ぶ」という方法原理を十分に生かして，失敗してもまた挑戦する，失敗の経験を生かす，経験から学んだことをさらに発展させるなど，様々な集団活動を積み重ねる中で育てられるようにすることが大切なことである。

(5) 家庭や地域の人々との連携，社会教育施設等の活用などを工夫する

特別活動については，「家庭や地域の人々との連携，社会教育施設等の活用などを工夫する」ことも大切である。そのため，児童の手によって，よりよい学級や学校における生活づくりに参画する態度を育てる特別活動において，家庭や地域など実生活や実社会との関連を一層深め，よりやりがいのある活動にするために工夫をすることが大切である。特に基本的な生活習慣や健康・安全に関することは，家庭や地域において実践するなど，それが実生活に生きてこそ意味がある。

特別活動は，各種の活動の機会を捉えて，多様な人々へと交流を広げるようにするとともに，誰とでも温かい人間的な触れ合いができるようにすることなどに配慮して指導計画を作成することが大切である。その際，特別活動の指導計画の作成に当たっては，カリキュラム・マネジメントの視点から，地域や学校の実態に即し，学校の特色を生かして創意工夫を十分発揮して計画することが必要になる。例えば，コミュニティ・スクール，地域学校協働活動の枠組みを積極的に活用することも望まれる。

さらに，体験を通して学ぶことを重視する特別活動の特質に鑑み，社会教育施設の活用については，青少年教育施設，公民館や公共図書館，資料館や博物館，美術館，科学館，劇場・音楽堂など地域の実態に応じて積極的に活用していくことが求められる。その際，各施設の活用により，どのような体験を通して資質・能力を育てようとするのか，ねらいを施設側と十分に共有しておくことが重要である。

(6) 特別活動の授業時数

特別活動に充てる授業時数については，学校教育法施行規則別表第1に，第1学年が34時間，第2学年から第6学年は35時間と示されている。その備考には，「特別活動の授業時数は，小学校学習指導要領で定める学級活動（学校給食に係るものを除く。）に充てるものとする。」と示されている。また，第1章の第2の3の(2)において，「ア　各教科等の授業は，年間35週（第1学年については34週）以上にわたって行うよう計画し，週当たりの授業時数が児童の負担過重にな

らないようにするものとする。ただし，各教科等や学習活動の特質に応じ効果的な場合には，夏季，冬季，学年末等の休業日の期間に授業日を設定する場合を含め，これらの授業を特定の期間に行うことができる。」，「イ　特別活動の授業のうち，児童会活動，クラブ活動及び学校行事については，それらの内容に応じ，年間，学期ごと，月ごとなどに適切な授業時数を充てるものとする。」と示している。

　また，各学校においては，これらの規定に基づいて，学校や児童などの実態を考慮し，学級活動以外の特別活動の授業時数を配当することになる。実際には，年間の授業に充て得る総授業時数から各教科等別に示された時数を除いた中から配当することとなる。具体的には，本解説第3章において〔児童会活動〕，〔クラブ活動〕，〔学校行事〕について示していることを踏まえ，それぞれの目標やねらいが十分に達成できるようによく検討した上で年間，学期ごと，月ごとなどに適切な授業時数を充てるなどして，全体計画を作成することとする。

　なお，学習指導要領解説総則編においても説明している通り，道徳科及び特別活動（学級活動）については，毎日10分間程度の短い時間を活用して行うことは，通常考えられない。

●3　学級経営の充実と生徒指導との関連

　学習指導要領第6章の第3の1の(3)で，次のように示している。

> (3)　学級活動における児童の自発的，自治的な活動を中心として，各活動と学校行事を相互に関連付けながら，個々の児童についての理解を深め，教師と児童，児童相互の信頼関係を育み，学級経営の充実を図ること。その際，特に，いじめの未然防止等を含めた生徒指導との関連を図るようにすること。

(1)　学級経営と学級活動における児童の自発的，自治的な活動

　学級経営とは，一般的に，その担任教師が学校の教育目標や学級の実態を踏まえて作成した学級経営の目標・方針に即して，必要な諸条件の整備を行い運営・展開されるものと考えられる。

　学級経営の充実については，第1章の第4の1の(1)で「学習や生活の基盤として，教師と児童との信頼関係及び児童相互のよりよい人間関係を育てるため，日頃から学級経営の充実を図ること。」と示されている。

学級には多様な児童が在籍していることを前提に，学級での児童との人間的な触れ合い，きめ細かい観察や面接，保護者との対話も含め，一人一人の児童を客観的かつ総合的に理解していくことが大切である。あわせて，他の教職員との情報交換や連携を深め，児童に関する幅広い情報の収集と多面的な理解に努めることが児童理解，教師と児童との信頼関係の構築につながる。

　児童相互の信頼関係の構築に当たっては，教師と児童との信頼関係による安心感ある居場所づくりはもちろんのこと，児童の自発的，自治的な活動を基盤として，互いのよさを見付け，違いを尊重し合い，仲よくしたり，信頼し合ったりする関係を築かなければならない。こうした関係の構築は一朝一夕でできるものではなく，年間を通して，様々な活動や学校行事に集団として取り組むことを通じて，育まれていくものである。なかでも，学級における生活そのものを扱う学級活動との関連付けを図ることは重要である。

　学級活動における自発的，自治的な活動は，よりよい学級や学校の生活を築くための問題を発見したり，集団としての意見をまとめたりするなどの話合い活動や，話合いで決まったことを友達と協力して実践したりする活動である。集団としての意見をまとめたりするなどの話合い活動は，学級活動や児童会活動，クラブ活動において中心となる活動である。これらの活動を通して，学級や学校の生活をよりよいものへとする態度や人間関係を形成する能力が身に付くのである。

　このような視点から，「学級活動における児童の自発的，自治的な活動」を中心として，「各活動や学校行事を相互に関連付けながら」学級経営の充実が求められるのである。

　学級経営の充実に当たっては，学級生活の充実と向上に向けて，児童に学級生活に関わる諸問題の中から課題を見いだすことや，自主的に解決することについて適切な動機を与えることが必要である。また，他者と協力して活動することの楽しさや成就感を体得できるようにするような場や機会を充実する必要がある。

　また，様々な集団活動や体験活動において，よりよい人間関係の形成に関わる目標を設定し，その目標の達成を目指す活動を繰り返すことによって，生活の充実や向上，人間関係について考えることも学級経営には重要である。特に学級の目標について共通理解を図り，学級生活の充実と向上のために，友達と協力して活動に取り組むこと，一人一人が個人目標を設定し，達成しようとすることを大切にできるように指導を重ねること，自らの目標に向かって一生懸命に行うこと，目標に向かってよりよく変わろうとすることなどが，目標の達成に向かう上で大切である。この意識をもてるように指導することで，個々の児童が互いのよさや可能性を発揮し，よりよく成長できるような集団活動が展開されるのである。

　生徒指導とは，一人一人の児童の人格を尊重し，個性の伸長を図りながら，社会的資質や行動力を高めることを目指して行われる教育活動である。第1章の第4の1の(2)では，「児童が，自己の存在感を実感しながら，よりよい人間関係を形成し，有意義で充実した学校生活を送る中で，現在及び将来における自己実現を図っていくことができるよう，児童理解を深め，学習指導と関連付けながら，生徒指導の充実を図ること。」と示されている。

　互いの人格を尊重し，個性の伸長とともに，社会的資質や行動力を高める上では，先述したように，自発的，自治的な活動を中心とした学級活動の充実が重要である。このことは，いじめの未然防止等にもつながるものと考えられる。また，我が国のいじめの背景には，学級内の人間関係に起因する問題が多く指摘されていることから，学級経営と生徒指導の関連を図った学級活動の充実が，いじめの未然防止の観点からも一層重要になる。

　特別活動の指導は，主に集団場面において児童の集団活動の指導を通して行われることから，生徒指導も集団場面における指導が基本となる。そして，特別活動の指導も生徒指導も，自らの課題を見いだし，改善しようとするなどの自己指導能力の育成，究極的には児童一人一人の望ましい人格形成を図ることをねらいとしているものである。そのため，学級活動等で学んだ内容を，児童一人一人が身に付けるためには，集団場面に続いてあるいは並行しての個別場面における指導が必要である。これが後述する，ガイダンスとカウンセリングの関係である。

●4　幼児期の教育との接続及び関連

　学習指導要領第6章の第3の1の(4)で，次のように示している。

> (4)　低学年においては，第1章総則の第2の4の(1)を踏まえ，他教科等との関連を積極的に図り，指導の効果を高めるようにするとともに，幼稚園教育要領等に示す幼児期の終わりまでに育ってほしい姿との関連を考慮すること。特に，小学校入学当初においては，生活科を中心とした関連的な指導や，弾力的な時間割の設定を行うなどの工夫をすること。

(1)　「幼児期の終わりまでに育ってほしい姿」との関連

　この事項は，低学年の児童の学習上の特性や傾向を考慮し，他教科等との関連

を積極的に図るようにすること及び幼児期の教育との関連を図ることについて示した上で，特に小学校入学当初における教育課程編成上の工夫について示したものである。

第1章の第2の4の(1)においては，学校段階等間の接続における幼児期の教育と小学校教育の接続について次のように示している。

「幼児期の終わりまでに育ってほしい姿を踏まえた指導を工夫することにより，幼稚園教育要領等に基づく幼児期の教育を通して育まれた資質・能力を踏まえて教育活動を実施し，児童が主体的に自己を発揮しながら学びに向かうことが可能となるようにすること。

また，低学年における教育全体において，例えば生活科において育成する自立し生活を豊かにしていくための資質・能力が，他教科等の学習においても生かされるようにするなど，教科等間の関連を積極的に図り，幼児期の教育及び中学年以降の教育との円滑な接続が図られるよう工夫すること。特に，小学校入学当初においては，幼児期において自発的な活動としての遊びを通して育まれてきたことが，各教科等における学習に円滑に接続されるよう，生活科を中心に，合科的・関連的な指導や弾力的な時間割の設定など，指導の工夫や指導計画の作成を行うこと。」

幼児期は自発的な活動としての遊びを通して，周りの人や物，自然などの環境に体ごと関わり全身で感じるなど，活動と場，体験と感情が密接に結び付いている。低学年の児童は同じような発達の特性をもっており，具体的な体験を通して感じたことや考えたことなどを，常に自分なりに組み換えながら学んでいる。こうした特性を生かし，他教科等における学習により育まれた資質・能力を生かすことで，より効果的に資質・能力を育むことにつながるとともに，各教科等の特質に応じた学習に円滑に適応していくことができるようになることから，教科等間の関連を図った指導の工夫を行うことが重要である。特に小学校入学当初においては，生活科を中心に関連的な指導を行ったり，児童の生活の流れを大切にして弾力的に時間割を工夫した指導を行ったりして，幼児期の終わりまでに育った姿が発揮できるような教育課程編成上の工夫（スタートカリキュラム）が重要である。

幼稚園等においては幼稚園教育要領等に示す「幼児期の終わりまでに育ってほしい姿」を考慮した指導が行われている。例えば，特別活動と関連の深い「幼児期の終わりまでに育ってほしい姿」には，身近な環境に主体的に関わり様々な活動を楽しむ中で，しなければならないことを自覚し，自分の力で行うために考えたり，工夫したりしながら，諦めずにやり遂げることで達成感を味わい，自信をもって行動するようになる「自立心」，友達と関わる中で，互いの思いや考えな

どを共有し，共通の目的の実現に向けて，考えたり，工夫したり，協力したりし，充実感をもってやり遂げるようになる「協同性」，友達と様々な体験を重ねる中で，してよいことや悪いことが分かり，自分の行動を振り返ったり，友達の気持ちに共感したりし，相手の立場に立って行動するようになる。また，きまりを守る必要性が分かり，自分の気持ちを調整し，友達と折り合いを付けながら，きまりをつくったり，守ったりするようになる「道徳性・規範意識の芽生え」，家族を大切にしようとする気持ちをもつとともに，地域の身近な人と触れ合う中で，人との様々な関わり方に気付き，相手の気持ちを考えて関わり，自分が役に立つ喜びを感じ，地域に親しみをもつようになるなどの「社会生活との関わり」などがある。

幼児期の教育において，「自立心」や「協同性」，「道徳性・規範意識の芽生え」，「社会生活との関わり」などの「幼児期の終わりまでに育ってほしい姿」が育まれてきていることを十分に理解した上で，入学してきた児童への関わり方を考えていく必要がある。特に，これまで同年齢の幼児と協力して活動したり，年下の幼児の面倒を見てきたりした経験があることなども考慮しながら，学級生活を向上させる係や当番の活動などにも積極的に取り組ませることも肝要である。

一方で，遊びを通して総合的に学ぶ幼児期の教育と，教科等ごとに学習する小学校の教育は異なる特質をもっており，小学校に入学したばかりの児童にとっては，幼稚園等で発揮できていた姿を小学校の学習においてすぐに発揮できるとは限らない。このため，主体的に自己を発揮しながら，より自覚的な学びに向かうことが可能となるようスタートカリキュラムの工夫や，特別活動において新しい学校生活への適応に資する活動を工夫することが必要となる。

(2) 小学校入学当初における，生活科を中心とした関連的な指導や，弾力的な時間割の設定

幼児期の教育においては，遊びや生活の中で，資質・能力を育んでおり，小学校教育においては，教科等の特質に応じた「見方・考え方」を働かせた学習を通して資質・能力を育むとともに，教科横断的にそれらを総合・統合していく意図的・系統的な学びを行っていく。

この両者を円滑に接続するためには，生活科を中心としたスタートカリキュラムの中で，幼児期の学びと育ちの特性を踏まえながら，小学校教育へ円滑につないでいくことが重要である。こうしたことを踏まえ，特別活動においては，育成を目指す資質・能力を明らかにした上で，例えばその中で，関連的な指導を行ったり，児童の生活の流れを大切にした指導を行ったりして，「幼児期の終わりまでに育ってほしい姿」を生かした教育課程の編成，実施上の工夫を行うことが考

えられる。

　また，学校教育法施行規則別表第1には，第1学年の特別活動の授業時数は34時間と規定されているが，このことは，入学間もない児童に対して，学校での生活や学習にうまく適応するように，丁寧な指導を行う時間を確保するための措置である。各学校では，学級活動(2)における自己指導能力を育成するための意思決定する指導法などを生かして，効果的に指導を行うようにすることが求められる。

●5　障害のある児童など学習活動の困難さに応じた指導内容や指導方法の工夫

　学習指導要領第6章の第3の1の(5)で，次のように示している。

> 　(5)　障害のある児童などについては，学習活動を行う場合に生じる困難さに応じた指導内容や指導方法の工夫を計画的，組織的に行うこと。

　障害者の権利に関する条約に掲げられたインクルーシブ教育システムの構築を目指し，児童の自立と社会参加を一層推進していくためには，通常の学級，通級による指導，特別支援学級，特別支援学校において，児童の十分な学びを確保し，一人一人の児童の障害の状態や発達の段階に応じた指導や支援を一層充実させていく必要がある。

　通常の学級においても，発達障害を含む障害のある児童が在籍している可能性があることを前提に，全ての教科等において，一人一人の教育的ニーズに応じたきめ細かな指導や支援ができるよう，障害種別の指導の工夫のみならず，各教科等の学びの過程において考えられる困難さに対する指導の工夫の意図，手立てを明確にすることが重要である。

　これを踏まえ，今回の改訂では，障害のある児童などの指導に当たっては，個々の児童によって，見えにくさ，聞こえにくさ，道具の操作の困難や移動上の制約，健康面や安全面での制約，発音のしにくさ，心理的な不安定，人間関係形成の困難さ，読み書きや計算等の困難さ，注意の集中を持続することが苦手なことなどを，学習活動を行う場合に生じる困難さが異なることに留意し，個々の児童の困難さに応じた指導内容や指導方法を工夫することを，各教科等において示している。

　その際，特別活動の目標や内容の趣旨，学習活動のねらいを踏まえ，学習内容の変更や学習活動の代替を安易に行うことがないよう留意するとともに，児童の学習面や心理面での負担にも配慮することが必要である。

具体的には，特別活動における配慮として，次のようなものが考えられる。

○ 相手の気持ちを察したり理解したりすることが苦手な児童には，他者の心情等を理解しやすいように，役割を交代して相手の気持ちを考えたり，相手の意図を理解しやすい場面に置き換えたりすることや，イラスト等を活用して視覚的に表したりする指導を取り入れるなどの配慮をする。

○ 話を最後まで聞いて答えることが苦手な場合には，発言するタイミングが理解できるように，事前に発言や質問する際のタイミングなどについて具体的に伝えるなど，コミュニケーションの図り方についての指導をする。

○ 学校行事における避難訓練等の参加に対し，強い不安を抱いたり戸惑ったりする場合には，見通しがもてるよう，各活動・学校行事のねらいや活動の内容，役割（得意なこと）の分担などについて，視覚化したり，理解しやすい方法を用いたりして事前指導を行うとともに，周囲の児童に協力を依頼しておく。

なお，学校においては，こうした点を踏まえ，個別の指導計画を作成し，必要な配慮を記載し，他教科等の担任と共有したり，翌年度の担任等に引き継いだりすることが必要である。

さらに，これらの配慮に加え，周囲の児童が，配慮を要する児童の障害や苦手なものについて理解して接したり，同じ学級の一員としての意識を高めて関わったりすることができるように，学級におけるよりよい人間関係を形成するなど，特別活動の実践を生かして学級経営の充実を図ることが大切である。

●6 道徳科などとの関連

学習指導要領第 6 章の第 3 の 1 の (6) で，次のように示している。

> (6) 第 1 章総則の第 1 の 2 の (2) に示す道徳教育の目標に基づき，道徳科などとの関連を考慮しながら，第 3 章特別の教科道徳の第 2 に示す内容について，特別活動の特質に応じて適切な指導をすること。

道徳科などとの関連については，本解説第 2 章の第 2 節の 4 の (2) に示したように，特別活動における道徳性の育成を目指して，道徳教育の内容との関連を考慮しながら指導計画を作成することが大切である。特に，特別活動の「様々な集団活動に自主的，実践的に取り組み，互いのよさや可能性を発揮しながら集団や自己の生活上の課題を解決する」という特質を生かし，道徳的実践の指導の充実を図ることが必要である。

各活動・学校行事の指導計画の作成に当たっては，それぞれの活動の準備から振り返りまでの全ての過程で，児童が主体的に行動し，よりよい人間関係を形成できる活動等を振り返り，自己の生き方を考える場面を意図的に準備することが大切である。また，児童が主体的な判断の下に集団生活における課題の解決や社会への参画ができるように配慮することが必要である。さらに活動を通して，自己の生き方を考え，自己の実現を図るために必要な指導・援助の在り方を具体的に指導計画で明らかにすることが大切である。

● 1　児童の自発的，自治的な活動の効果的な展開

学習指導要領第6章の第3の2の(1)で，次のように示している。

> (1)　学級活動，児童会活動及びクラブ活動の指導については，指導内容の特質に応じて，教師の適切な指導の下に，児童の自発的，自治的な活動が効果的に展開されるようにすること。その際，よりよい生活を築くために自分たちできまりをつくって守る活動などを充実するよう工夫すること。

(1)　指導内容の特質に応じた児童の自発的，自治的な活動の展開

　ここで示している「指導内容の特質に応じて」とは，教師の適切な指導の下に行われる児童の自発的，自治的な活動を特質とする内容と，教師の指導を中心とした児童の自主的，実践的な活動を特質とする内容を区別して指導することを示したものである。

　特別活動の目標に明示されているように，「自主的，実践的な活動」を行うことは，特別活動のすべての内容に共通している。その上で，「自発的，自治的な活動」は，「自主的，実践的」であることに加えて，目的をもって編制された集団において，児童が自ら課題等を見いだし，その解決方法などについての合意形成を図り，協力して目標を達成していくものである。児童の自発的，自治的な活動を特質としている内容は，学級活動「(1)学級や学校における生活づくりへの参画」，児童会活動，クラブ活動である。

　これに対して，学級活動「(2)日常の生活や学習への適応と自己の成長及び健康安全」と学級活動「(3)一人一人のキャリア形成と自己実現」及び学校行事は，教師の指導を中心とした児童の自主的，実践的活動を特質とする内容である。これらの活動や学校行事は，年間指導計画に沿ってねらいや具体的な活動が設定される。学級や学校として実践することを，児童が提案し，合意形成を図ることによって決める「自発的，自治的な活動」と異なる学習過程となる。この場合においても，第3の1の(2)に示したように，児童の自主的，実践的な活動の助長には特に留意しなければならない。

　自発的，自治的な活動は，特別活動固有の特質である。なかでも学級活動「(1)学級や学校における生活づくりへの参画」は，特別活動における自発的，自治的

な活動の基本となるものである。特に,「学級や学校における生活をよりよくするための課題を見いだし,解決するために話し合い,合意形成を図り,実践すること。」の指導が充実するように努める必要がある。学級においてこうした活動を低学年から積み重ねていくことが,児童会活動やクラブ活動における自発的,自治的な活動を効果的に展開する上で基盤となる。

なお,児童の自発的,自治的な活動に関して指導するに当たっては,「教師の適切な指導の下に」であることを正しく理解し,放任に陥ったり,一方的な指導になったりすることがないように配慮する必要がある。この指導については,例えば,自分の所属する学級やクラブ,委員会などの活動において,各自が集団の一員としての役割を担い,その責任を果たせるようにする。また,よりよい学級や学校の生活をつくるために,諸問題を見いだし,話合いを通して解決できるように指導することが大切である。

(2) 自分たちできまりをつくって守る活動を充実する

児童がつくるきまりや約束は,よりよい学級や学校生活づくりを目指してつくられるものであり,児童の自発的,自治的な活動の範囲内の児童に任すことができるきまりや約束である。

具体的には,学級のボールを仲よく使うためのきまりや図書コーナーを利用するための約束,休み時間に低学年も楽しく遊べるようなきまり,教師が定めた範囲内で児童がつくるきまりなど,学級や学校の生活を楽しく豊かに過ごすためのきまりや約束などである。これらのきまりは,児童の話合いによってつくられるが,教師は,特定の児童が非難されたり,一部の児童に有利なきまりが決定されたりすることがないようにするとともに,集団における自由な意見交換が助長されるよう指導しなければならない。

自分たちでつくったきまりを守る活動に取り組ませる場合は,きまりを守ることの大切さや,様々な理由できまりを守れない状況が生まれる場合もあること,それを温かく認めることも時には必要であることにも気付くことができるようにしていくことが大切である。

また,友達ともっと関わることができるようにするためのルールの工夫や,運動が苦手な人も楽しく取り組めるためのルールの工夫などについて話し合って実践することも,きまりをつくって守る活動であると考えられる。このような活動を大切にすることは,規範意識を確立したり,民主主義における法やきまりの意義を理解したりすることにつながるとともに主権者として積極的に社会参画する力の育成にもつながる。

●2 指導内容の重点化と内容間の関連や統合

学習指導要領第6章の第3の2の(2)で，次のように示している。

> (2) 児童及び学校の実態並びに第1章総則の第6の2に示す道徳教育の重点などを踏まえ，各学年において取り上げる指導内容の重点化を図るとともに，必要に応じて，内容間の関連や統合を図ったり，他の内容を加えたりすることができること。

(1) 道徳教育の重点などを踏まえた指導内容の重点化

各学校では，児童や学校，地域の実態を考慮して学校の道徳教育の重点目標を設定し，全教育活動を通して具現化するために，特別活動においては指導内容を重点化することが必要である。道徳教育と特別活動との関係については，第2章で説明したとおりである。

学習指導要領第1章の第6の2には，各学年を通して重視すべきこととして「自立心や自律性，生命を尊重する心や他者を思いやる心を育てることに留意すること。」を示した上で，〔第1学年及び第2学年〕，〔第3学年及び第4学年〕，〔第5学年及び第6学年〕に分けて，各学年段階において道徳教育に関して重点を置くべき内容を示している。

学級活動については，本解説第3章で説明したように，学習指導要領第6章の第2〔学級活動〕の3の(1)において，学級活動の学年段階の配慮事項に関して，〔第1学年及び第2学年〕，〔第3学年及び第4学年〕，〔第5学年及び第6学年〕に分けて示している。ここで示された配慮事項は，学習指導要領第1章の第6の2に示す道徳教育の重点に対応するものとなっている。学級活動の各学年段階の配慮事項は，学級活動の内容に即して設定しているものであるが，児童会活動，クラブ活動，学校行事においても，それぞれの活動・行事の特質や内容に応じた配慮がなされることが期待される。

	学級活動の各学年段階の配慮事項	道徳教育における各学年段階の重点
第1学年及び第2学年	話合いの進め方に沿って，自分の意見を発表したり，他者の意見をよく聞いたりして，合意形成して実践することのよさを理解すること。基本的な生活習慣や，約束やきまりを守ることの大切さを理解して行動し，生活をよくするための目標を決めて実行すること。	挨拶などの基本的な生活習慣を身に付けること，善悪を判断し，してはならないことをしないこと，社会生活上のきまりを守ること。 （各学年共通） 自立心や自律性，生命を尊重する心や他者を思いやる心を育てることに留意すること。
第3学年及び第4学年	理由を明確にして考えを伝えたり，自分と異なる意見も受け入れたりしながら，集団としての目標や活動内容について合意形成を図り，実践すること。自分のよさや役割を自覚し，よく考えて行動するなど節度ある生活を送ること。	善悪を判断し，正しいと判断したことを行うこと，身近な人々と協力し助け合うこと，集団や社会のきまりを守ること。 （各学年共通） 自立心や自律性，生命を尊重する心や他者を思いやる心を育てることに留意すること。
第5学年及び第6学年	相手の思いを受け止めて聞いたり，相手の立場や考え方を理解したりして，多様な意見のよさを積極的に生かして合意形成を図り，実践すること。高い目標をもって粘り強く努力し，自他のよさを伸ばし合うようにすること。	相手の考え方や立場を理解して支え合うこと，法やきまりの意義を理解して進んで守ること，集団生活の充実に努めること，伝統と文化を尊重し，それらを育んできた我が国と郷土を愛するとともに，他国を尊重すること。 （各学年共通） 自立心や自律性，生命を尊重する心や他者を思いやる心を育てることに留意すること。

(2) 内容間の関連や統合を図ったり，他の内容を加えたりする

　特別活動の内容相互の関連については，第2章で説明したとおりである。

　学級活動，児童会活動及びクラブ活動は，児童による自発的，自治的な活動を効果的に展開する実践活動である。したがって，これらの活動における一貫した指導によって身に付けた態度が相互に生かされ，学級や学校の生活づくりに参画する態度や自治的能力がより一層身に付くことになる。

　特別活動における四つの内容は，それぞれが固有の意義をもち，集団の単位，活動の形態や方法，時間の設定などにおいて異なる面が多い。しかし，これらは，最終的に特別活動の目標を目指して行われ，相互に関連し合っていることを理解し，児童の資質・能力を育成する活動を効果的に展開できるようにすることが大切である。

　四つの内容相互の密接な関連を全教職員が理解し，6年間を見通した学校としての特別活動の全体計画と各活動・学校行事の年間指導計画を作成し，児童の自主的，実践的な活動を効果的に指導することによって，特別活動の全体が充実

し，特別活動の目標を達成していくことができるのである。

●3 ガイダンスとカウンセリングの趣旨を踏まえた指導を図る

学習指導要領第6章の第3の2の(3)で，次のように示している。

> (3) 学校生活への適応や人間関係の形成などについては，主に集団の場面で必要な指導や援助を行うガイダンスと，個々の児童の多様な実態を踏まえ，一人一人が抱える課題に個別に対応した指導を行うカウンセリング（教育相談を含む。）の双方の趣旨を踏まえて指導を行うこと。特に入学当初や各学年のはじめにおいては，個々の児童が学校生活に適応するとともに，希望や目標をもって生活できるよう工夫すること。あわせて，児童の家庭との連絡を密にすること。

ガイダンスとカウンセリングを通して，児童の発達を支援するには，次の事項に留意することが必要である。

ガイダンスとカウンセリングの充実は，学習指導要領第1章総則の第4の1の(1)で，「主に集団の場面で必要な指導や援助を行うガイダンスと，個々の児童の多様な実態を踏まえ，一人一人が抱える課題に個別に対応した指導を行うカウンセリングの双方により，児童の発達を支援すること。」と示している。ガイダンスとカウンセリングは，児童一人一人の学校生活への適応や人間関係の形成などを実現するために行われる教育活動である。単にガイダンスやカウンセリングに多くの時間を費やせばよいというものではなく，児童の行動や意識の変容を促し，一人一人の発達を促す働きかけとしての両輪として捉えることが大切である。

ア　ガイダンス

ガイダンスは，児童のよりよい生活づくりや集団の形成に関わる，主に集団の場面で行われる案内や説明であり，ガイダンスの機能とは，そのような案内や説明等を基に，児童一人一人の可能性を最大限に発揮できるような働きかけ，すなわち，ガイダンスの目的を達成するための指導・援助を意味するものである。

具体的には，児童の学級・学校生活への適応やよりよい人間関係の形成などに関して，教師が児童や学級の実態に応じて，計画的，組織的に行う情報提供や案内，説明及びそれらに基づいて行われる学習や活動などを通して，課題等の解決・解消を図ることができるようになることである。したがって，ガイダ

ンスの機能を充実するための工夫とは，日々の指導について，ねらいをもち，その実現のための指導・援助をより適時，適切な場や機会を設け，よりよい内容・方法で実施するよう改善を図ることであり，また，そのための指導計画を立て，教師の共通理解と協力により，その効果を高めるようにするということである。

イ　カウンセリング

　学校におけるカウンセリングは，児童一人一人の生活や人間関係などに関する悩みや迷いなどを受け止め，自己の可能性や適性についての自覚を深めさせたり，適切な情報を提供したりしながら，児童が自らの意志と責任で選択，決定することができるようにするための助言等を，個別に行う教育活動である。児童一人一人の発達を支援するためには，個別の指導を適切に行うことが大切であり，児童に関する幅広い情報の収集と多面的な理解，教師と児童の信頼関係の構築に極めて有効である。

　特別活動におけるカウンセリングとは専門家に委ねることや面接や面談のことではなく，教師が日頃行う意識的な対話や言葉掛けのことである。

ウ　ガイダンスとカウンセリングの関係

　児童の発達を支えるためには，児童の発達の特性や教育活動の特性を踏まえて，あらかじめ適切な時期・場面において，主に集団の場面で，必要とされる同質的な指導・援助を，全員に行うガイダンスと，個々の児童が抱える課題に対して，その課題を受け止めながら，主に個別指導により，個々の児童の必要度に応じて行うカウンセリングを，それぞれ充実させていくという視点が必要である。

　ガイダンスとカウンセリングは，課題解決のための指導・援助の両輪である。教師には，特別活動のいずれの内容においても双方の趣旨を踏まえて指導を行うことが求められる。関わり方の違いはあっても，いずれも児童の発達の支援のためのものであるから，双方の趣旨を踏まえて，相互に関連して計画的に行うことに意義があると言える。

● 4　異年齢集団や幼児，高齢者，障害のある人々や幼児児童生徒との交流等を通して，協働することや社会に貢献することの喜びを得る活動の重視

学習指導要領第6章の第3の2の(4)で，次のように示している。

> (4)　異年齢集団による交流を重視するとともに，幼児，高齢者，障害のある人々などとの交流や対話，障害のある幼児児童生徒との交流及び

> 共同学習の機会を通して，協働することや，他者の役に立ったり社会
> に貢献したりすることの喜びを得られる活動を充実すること。

(1) 異年齢集団による交流の重視

　特別活動における異年齢集団による交流は，各活動・学校行事において大変重要である。具体的には，児童会活動の児童会集会活動や，クラブ活動，学校行事などの場面で異学年の児童が協力して活動する。特別活動として実施する以外にも，学校の実情に応じて，「縦割り活動」などと称して，学年の異なる児童でグループを編成して，遊びや掃除，給食，登下校などの異年齢集団活動に取り組むことも考えられる。

　異年齢集団が交流することによって，上学年の児童はリーダーとしての意識や下学年への思いやりの気持ちが高まり，リーダーシップを発揮することができたり，自己有用感をもつことができたりするようになる。そして下学年の児童は上学年を補佐したり，憧れの気持ちをもったりすることにより，成長や学習への意識が高まることにつながる。そのためにも，各活動・学校行事の特質や内容に応じて，上学年の児童が主体的に下学年の児童をリードする活動ができるような内容や時間確保の工夫が必要である。

(2) 幼児，高齢者，障害のある人々などとの交流や対話，障害のある幼児児童生徒との交流及び共同学習の機会を通して，協働することや，他者の役に立ったり，社会に貢献したりすることの喜びを得られる活動の充実

　交流及び共同学習については，学習指導要領第1章総則の第5の2で「学校がその目的を達成するため，学校や地域の実態等に応じ，教育活動の実施に必要な人的又は物的な体制を家庭や地域の人々の協力を得ながら整えるなど，家庭や地域社会との連携及び協働を深めること。また，高齢者や異年齢の子供など，地域における世代を越えた交流の機会を設けること。」，「他の小学校や，幼稚園，認定こども園，保育所，中学校，高等学校，特別支援学校などとの間の連携や交流を図るとともに，障害のある幼児児童生徒との交流及び共同学習の機会を設け，共に尊重し合いながら協働して生活していく態度を育むようにすること。」と示されている。

　交流や共同学習は，学校教育全体で行うものであるが，特別活動については，その目標を実現する上で，多様な人々との交流や対話などは大変重要な意義をもつ。交流の内容としては，例えば，近隣の幼稚園，認定こども園，保育所などの幼児や，老人介護施設の高齢者や障害者福祉施設の人々を学校行事の運動会に招

待したり，一緒に競技して交流したりすることが考えられる。また，児童会活動の委員会活動で訪問したり，クラブ活動の成果を発表したりすることもできる。さらに，近隣の特別支援学校の在籍児童生徒と，集会活動の計画を一緒に話し合ったり，実践したりするなどの共同学習を行うことができる。

　児童は，このような交流や共同学習を通して，多様な人々の存在に気付いたり，共に力を合わせて生活したりすることの大切さを学ぶことができる。

　また，幼児や高齢者，障害のある人々や障害のある幼児児童生徒と協働して交流したり，学習したりすることによって，児童一人一人が多様性を尊重しながら力を合わせて生活する態度を身に付けることができる。幼児や高齢者，障害のある人々との交流場面では，児童が交流する人々のニーズに応じて手伝ったり世話をしたりする活動を通して，他者の役に立つことや社会に貢献することを実感できるようにすることが大切である。そのためにも，各活動・学校行事において，児童が活動を振り返り，自分や友達のがんばったことなどを認め合ったり，教師が一人一人の成長を称賛したりすることが大切である。

　特別活動のいずれの活動も，互いに協力し合い，認め合う中で，自分が他者の役に立つことができる存在であることを実感するとともに，自信をもつ機会となっている。教師は各活動・学校行事の特質を生かし，一人一人の児童が自己有用感や自己肯定感を体得できるように指導を工夫するとともに，自分のよさや可能性を発揮してよりよい生活や人間関係を築こうとする自主的，実践的な活動を設定することが大切である。

　このことについて学習指導要領第6章の第3の3では，次のように示している。

> 3　入学式や卒業式などにおいては，その意義を踏まえ，国旗を掲揚するとともに，国歌を斉唱するよう指導するものとする。

　国際化の進展に伴い，日本人としての自覚を養い，国を愛する心を育てるとともに，児童が将来，国際社会において尊敬され，信頼される日本人として成長していくためには，国旗及び国歌に対して一層正しい認識をもたせ，それらを尊重する態度を育てることは重要なことである。

　学校において行われる行事には，様々なものがあるが，この中で，入学式や卒業式は，学校生活に有意義な変化や折り目を付け，厳粛かつ清新な雰囲気の中で，新しい生活の展開への動機付けを行い，学校，社会，国家など集団への所属感を深める上でよい機会となるものである。このような意義を踏まえ，入学式や卒業式においては，「国旗を掲揚するとともに，国歌を斉唱するよう指導するものとする」こととしている。

　入学式や卒業式のほかに，全校の児童及び教職員が一堂に会して行う行事としては，始業式，終業式，運動会，開校記念日に関する儀式などがあるが，これらの行事のねらいや実施方法は学校により様々である。したがって，どのような行事に国旗の掲揚，国歌の斉唱指導を行うかについては，各学校がその実施する行事の意義を踏まえて判断するのが適当である。

　国旗及び国歌の指導については，社会科において，「我が国の国旗と国歌の意義を理解し，これを尊重する態度を養うとともに，諸外国の国旗と国歌も同様に尊重する態度を養うよう配慮すること。」等としているとともに，音楽科において，「国歌「君が代」は，いずれの学年においても歌えるよう指導すること。」としている。

　入学式や卒業式などにおける国旗及び国歌の指導に当たっては，このような社会科や音楽科における指導などとの関連を図り，国旗及び国歌に対する正しい認識をもたせ，それらを尊重する態度を育てることが大切である。

特別活動の内容は多様であり，このため指導に当たる教師については，対象になる児童の集団の種類や規模に応じて，適正な役割の分担が必要である。したがって，特別活動の各内容の特質に応じて，教師間の望ましい指導の組織と役割の分担を明確にし，指導計画の作成・実施の過程を重視して，協力体制の確立を図っていくことが必要である。

(1) 学級活動の場合

学級活動については，日常の学級の児童の実態を十分に把握し，それに即した指導が行われなければ十分な成果は期待できない。このために，指導に当たっては，学級の児童を最もよく理解できる立場にある学級担任が適しており，学級経営の充実を図る観点から，適切な学級活動を実施することが重要である。同時に，活動する内容によっては，学級担任や学年の教師集団に加えて他の教師等の特性や専門性を生かした方が効果的である場合も少なくない。例えば，健康・安全や食の問題，学校図書館等を取り上げる場合は，内容に応じて，養護教諭，栄養教諭，学校栄養職員，司書教諭，学校図書館司書などが，学級担任とともに指導に当たることにより一層の効果を上げることもできる。

学級活動をはじめ，特別活動の教育的な成果のいかんは，指導に当たる教師の姿勢に影響されるところが極めて大きい。そこで，以下，特別活動の充実のため，指導に当たる教師が留意すべき諸点を挙げてみることにする。

- ア　教師と児童及び児童相互の人間的な触れ合いを基盤とする指導であること
- イ　生活や児童の問題を児童と共に考え，共に歩もうとする教師の態度が大切であること
- ウ　児童に接する際には，常に温かな態度を保持し，公平かつ受容的で，児童に信頼される教師であること
- エ　教師の教育的な識見と適正な判断力を生かすとともに，問題によっては毅然とした態度で指導に当たる必要があること
- オ　児童の自発的，自治的な活動を助長し，常に児童自身による創意工夫を引き出すように指導すること
- カ　集団内の人間関係を的確に把握するとともに，人間尊重の精神に基づいて児童がよりよい人間関係を築くように指導に努めること

(2) 学級活動以外の場合

学級活動以外には，児童会活動，クラブ活動及び学校行事があり，いずれも学

級や学年の所属を離れた集団による活動となることが多い。これらの中には，固定した集団もあれば，臨時に編成する集団もあり，担当の教師が広い範囲にまたがる場合が多い。一般的に学級担任が各教科等の指導を担当する小学校においては，児童にとって，各活動・学校行事を通して，普段直接的に関わりが少ない他学級，他学年の教師と関わることができる機会でもある。

このように，教師が集団で指導に当たる場合には，教師間の連携・協力が特に大切であり，全教職員の共通理解に基づいて，次のような配慮の下に指導することが重要である。

ア　学級活動，児童会活動，クラブ活動，学校行事は，それぞれ固有の目標や意義をもつものであるが，相互に関連を図ることにより充実しながら，特別活動の全体の目標を実現するものであるから，全教職員で特別活動の全体計画について共通理解をもつこと。

イ　児童会活動の場合，全校の児童の組織としての活動であるから，児童会活動の全体の指導に当たる教師，各種の委員会の指導を担当する教師などを適切に定め，教師間の連携を緊密にし，協力しながら適切な指導を行うこと。

ウ　クラブ活動の場合，主として第4学年以上の児童の組織としての活動であるが，各クラブの指導を担当する教師などを適切に定め，教師間の連携を緊密にし，協力しながら適切な指導を行うこと。

エ　学校行事の場合，指導の対象となる児童の集団が大きいほか，特別活動の他の内容や各教科等の学習と関連する場合が多く，また，家庭や地域社会と連携して実施する場合もあるので，それぞれの学校行事の計画や指導の在り方を十分に検討するとともに，全教職員の役割分担を明確にし，学校の指導体制の確立の下に協力して指導に当たるようにすること。

第5節　特別活動における評価

　評価については，第1章の第3の2の(1)で「児童のよい点や進歩の状況など を積極的に評価し，学習したことの意義や価値を実感できるようにすること。 また，各教科等の目標の実現に向けた学習状況を把握する観点から，単元や題材 など内容や時間のまとまりを見通しながら評価の場面や方法を工夫して，学習過 程や成果を評価し，指導の改善や学習意欲の向上を図り，資質・能力の育成に生 かすようにすること。」と示している。

　特別活動の評価において，最も大切なことは，児童一人一人のよさや可能性を 積極的に認めるようにするとともに，自ら学び自ら考える力や，自らを律しつつ 他人とともに協調できる豊かな人間性や社会性など生きる力を育成するという視 点から評価を進めていくということである。そのためには，児童が自己の活動を 振り返り，新たな目標や課題をもてるような評価を進めるため，活動の結果だけ でなく活動の過程における児童の努力や意欲などを積極的に認めたり，児童のよ さを多面的・総合的に評価したりすることが大切である。その際，集団活動や自 らの実践のよさを知り，自信を深め，課題を見いだし，それらを自らの実践の向 上に生かすなど，児童の活動意欲を喚起する評価にするよう，児童自身の自己評 価や集団の成員相互による評価などの学習活動について，一層工夫することが求 められる。なお，児童の自己評価や相互評価は学習活動であり，それをそのまま 学習評価とすることが適切ではないが，学習評価の参考資料として適切に活用す ることにより，児童の学習意欲の向上につなげることができる。自己評価の活動 としては，第6章の第2［学級活動］の3の(2)において，学級活動(3)につい て，「学校，家庭及び地域における学習や生活の見通しを立て，学んだことを振 り返りながら，新たな学習や生活への意欲につなげたり，将来の生き方を考えた りする活動を行うこと。その際，児童が活動を記録し蓄積する教材等を活用する こと。」とされたことを活用することが考えられる。

　また，評価については，指導の改善に生かすという視点を重視することが重要 である。評価を通して教師が指導の過程や方法について反省し，より効果的な指 導が行えるような工夫や改善を図っていくことが大切である。

　さらに，特別活動の評価に当たっては，各活動・学校行事について具体的な評 価の観点を設定し，評価の場や時期，方法を明らかにする必要がある。その際， 特に活動過程についての評価を大切にするとともに，児童会活動やクラブ活動， 学校行事における児童の姿を学級担任以外の教師とも共通理解を図って適切に評 価できるようにすることが大切である。

付録

学校教育法施行規則（抄）

昭和二十二年五月二十三日文部省令第十一号
一部改正：平成二十九年三月三十一日文部科学省令第二十号
平成三十年八月二十七日文部科学省令第二十七号

第四章　小学校

第二節　教育課程

第五十条　小学校の教育課程は，国語，社会，算数，理科，生活，音楽，図画工作，家庭，体育及び外国語の各教科（以下この節において「各教科」という。），特別の教科である道徳，外国語活動，総合的な学習の時間並びに特別活動によつて編成するものとする。

2　私立の小学校の教育課程を編成する場合は，前項の規定にかかわらず，宗教を加えることができる。この場合においては，宗教をもつて前項の特別の教科である道徳に代えることができる。

第五十一条　小学校（第五十二条の二第二項に規定する中学校連携型小学校及び第七十九条の九第二項に規定する中学校併設型小学校を除く。）の各学年における各教科，特別の教科である道徳，外国語活動，総合的な学習の時間及び特別活動のそれぞれの授業時数並びに各学年におけるこれらの総授業時数は，別表第一に定める授業時数を標準とする。

第五十二条　小学校の教育課程については，この節に定めるもののほか，教育課程の基準として文部科学大臣が別に公示する小学校学習指導要領によるものとする。

第五十三条　小学校においては，必要がある場合には，一部の各教科について，これらを合わせて授業を行うことができる。

第五十四条　児童が心身の状況によつて履修することが困難な各教科は，その児童の心身の状況に適合するように課さなければならない。

第五十五条　小学校の教育課程に関し，その改善に資する研究を行うため特に必要があり，かつ，児童の教育上適切な配慮がなされていると文部科学大臣が認める場合においては，文部科学大臣が別に定めるところにより，第五十条第一項，第五十一条（中学校連携型小学校にあつては第五十二条の三，第七十九条の九第二項に規定する中学校併設型小学校にあつては第七十九条の十二において準用する第七十九条の五第一項）又は第五十二条の規定によらないことができる。

第五十五条の二　文部科学大臣が，小学校において，当該小学校又は当該小学校が設置されている地域の実態に照らし，より効果的な教育を実施するため，当該小学校又は当該地域の特色を生かした特別の教育課程を編成して教育を実施する必要があり，かつ，当該特別の教育課程について，教育基本法（平成十八年法律第百二十号）及び学校教育法第三十条第一項の規定等に照らして適切であり，児童の教育上適切な配慮がなされているものとして文部科学大臣が定める基準を満たしていると認める場合においては，文部科学大臣が別に定めるところにより，第五十条第一項，第五十一条（中学校連携型小学

付録 1

164

校にあつては第五十二条の三，第七十九条の九第二項に規定する中学校併設型小学校に
あつては第七十九条の十二において準用する第七十九条の五第一項）又は第五十二条の
規定の全部又は一部によらないことができる。

第五十六条　小学校において，学校生活への適応が困難であるため相当の期間小学校を欠
席し引き続き欠席すると認められる児童を対象として，その実態に配慮した特別の教育
課程を編成して教育を実施する必要があると文部科学大臣が認める場合においては，文
部科学大臣が別に定めるところにより，第五十条第一項，第五十一条（中学校連携型小
学校にあつては第五十二条の三，第七十九条の九第二項に規定する中学校併設型小学校
にあつては第七十九条の十二において準用する第七十九条の五第一項）又は第五十二条
の規定によらないことができる。

第五十六条の二　小学校において，日本語に通じない児童のうち，当該児童の日本語を理
解し，使用する能力に応じた特別の指導を行う必要があるものを教育する場合には，文
部科学大臣が別に定めるところにより，第五十条第一項，第五十一条（中学校連携型小
学校にあつては第五十二条の三，第七十九条の九第二項に規定する中学校併設型小学校
にあつては第七十九条の十二において準用する第七十九条の五第一項）及び第五十二条
の規定にかかわらず，特別の教育課程によることができる。

第五十六条の三　前条の規定により特別の教育課程による場合においては，校長は，児童
が設置者の定めるところにより他の小学校，義務教育学校の前期課程又は特別支援学校
の小学部において受けた授業を，当該児童の在学する小学校において受けた当該特別の
教育課程に係る授業とみなすことができる。

第五十六条の四　小学校において，学齢を経過した者のうち，その者の年齢，経験又は勤
労の状況その他の実情に応じた特別の指導を行う必要があるものを夜間その他特別の時
間において教育する場合には，文部科学大臣が別に定めるところにより，第五十条第一
項，第五十一条（中学校連携型小学校にあつては第五十二条の三，第七十九条の九第二
項に規定する中学校併設型小学校にあつては第七十九条の十二において準用する第
七十九条の五第一項）及び第五十二条の規定にかかわらず，特別の教育課程によること
ができる。

第三節　学年及び授業日

第六十一条　公立小学校における休業日は，次のとおりとする。ただし，第三号に掲げる
日を除き，当該学校を設置する地方公共団体の教育委員会（公立大学法人の設置する小
学校にあつては，当該公立大学法人の理事長。第三号において同じ。）が必要と認める
場合は，この限りでない。
　一　国民の祝日に関する法律（昭和二十三年法律第百七十八号）に規定する日
　二　日曜日及び土曜日
　三　学校教育法施行令第二十九条第一項の規定により教育委員会が定める日
第六十二条　私立小学校における学期及び休業日は，当該学校の学則で定める。

第八章　特別支援教育

第百三十四条の二　校長は，特別支援学校に在学する児童等について個別の教育支援計画（学校と医療，保健，福祉，労働等に関する業務を行う関係機関及び民間団体（次項において「関係機関等」という。）との連携の下に行う当該児童等に対する長期的な支援に関する計画をいう。）を作成しなければならない。

2　校長は，前項の規定により個別の教育支援計画を作成するに当たつては，当該児童等又はその保護者の意向を踏まえつつ，あらかじめ，関係機関等と当該児童等の支援に関する必要な情報の共有を図らなければならない。

第百三十八条　小学校，中学校若しくは義務教育学校又は中等教育学校の前期課程における特別支援学級に係る教育課程については，特に必要がある場合は，第五十条第一項（第七十九条の六第一項において準用する場合を含む。），第五十一条，第五十二条（第七十九条の六第一項において準用する場合を含む。），第五十二条の三，第七十二条（第七十九条の六第二項及び第百八条第一項において準用する場合を含む。），第七十三条，第七十四条（第七十九条の六第二項及び第百八条第一項において準用する場合を含む。），第七十四条の三，第七十六条，第七十九条の五（第七十九条の十二において準用する場合を含む。）及び第百七条（第百十七条において準用する場合を含む。）の規定にかかわらず，特別の教育課程によることができる。

第百三十九条の二　第百三十四条の二の規定は，小学校，中学校若しくは義務教育学校又は中等教育学校の前期課程における特別支援学級の児童又は生徒について準用する。

第百四十条　小学校，中学校，義務教育学校，高等学校又は中等教育学校において，次の各号のいずれかに該当する児童又は生徒（特別支援学級の児童及び生徒を除く。）のうち当該障害に応じた特別の指導を行う必要があるものを教育する場合には，文部科学大臣が別に定めるところにより，第五十条第一項（第七十九条の六第一項において準用する場合を含む。），第五十一条，第五十二条（第七十九条の六第一項において準用する場合を含む。），第五十二条の三，第七十二条（第七十九条の六第二項及び第百八条第一項において準用する場合を含む。），第七十三条，第七十四条（第七十九条の六第二項及び第百八条第一項において準用する場合を含む。），第七十四条の三，第七十六条，第七十九条の五（第七十九条の十二において準用する場合を含む。），第八十三条及び第八十四条（第百八条第二項において準用する場合を含む。）並びに第百七条（第百十七条において準用する場合を含む。）の規定にかかわらず，特別の教育課程によることができる。

　一　言語障害者

　二　自閉症者

　三　情緒障害者

　四　弱視者

　五　難聴者

六　学習障害者

七　注意欠陥多動性障害者

八　その他障害のある者で，この条の規定により特別の教育課程による教育を行うことが適当なもの

第百四十一条　前条の規定により特別の教育課程による場合においては，校長は，児童又は生徒が，当該小学校，中学校，義務教育学校，高等学校又は中等教育学校の設置者の定めるところにより他の小学校，中学校，義務教育学校，高等学校，中等教育学校又は特別支援学校の小学部，中学部若しくは高等部において受けた授業を，当該小学校，中学校，義務教育学校，高等学校又は中等教育学校において受けた当該特別の教育課程に係る授業とみなすことができる。

第百四十一条の二　第百三十四条の二の規定は，第百四十条の規定により特別の指導が行われている児童又は生徒について準用する。

附　則（平成二十九年三月三十一日文部科学省令第二十号）

この省令は，平成三十二年四月一日から施行する。

別表第一（第五十一条関係）

区　　　分		第1学年	第2学年	第3学年	第4学年	第5学年	第6学年
各教科の授業時数	国　　語	306	315	245	245	175	175
	社　　会			70	90	100	105
	算　　数	136	175	175	175	175	175
	理　　科			90	105	105	105
	生　　活	102	105				
	音　　楽	68	70	60	60	50	50
	図画工作	68	70	60	60	50	50
	家　　庭					60	55
	体　　育	102	105	105	105	90	90
	外　国　語					70	70
特別の教科である道徳の授業時数		34	35	35	35	35	35
外国語活動の授業時数				35	35		
総合的な学習の時間の授業時数				70	70	70	70
特別活動の授業時数		34	35	35	35	35	35
総授業時数		850	910	980	1015	1015	1015

備考

一　この表の授業時数の一単位時間は，四十五分とする。

二　特別活動の授業時数は，小学校学習指導要領で定める学級活動（学校給食に係るものを除く。）に充てるものとする。

三　第五十条第二項の場合において，特別の教科である道徳のほかに宗教を加えるときは，宗教の授業時数をもつてこの表の特別の教科である道徳の授業時数の一部に代えることができる。（別表第二及び別表第四の場合においても同様とする。）

付録1

小学校学習指導要領 第1章 総則

● 第1 小学校教育の基本と教育課程の役割

1 各学校においては，教育基本法及び学校教育法その他の法令並びにこの章以下に示すところに従い，児童の人間として調和のとれた育成を目指し，児童の心身の発達の段階や特性及び学校や地域の実態を十分考慮して，適切な教育課程を編成するものとし，これらに掲げる目標を達成するよう教育を行うものとする。

2 学校の教育活動を進めるに当たっては，各学校において，第3の1に示す主体的・対話的で深い学びの実現に向けた授業改善を通して，創意工夫を生かした特色ある教育活動を展開する中で，次の(1)から(3)までに掲げる事項の実現を図り，児童に生きる力を育むことを目指すものとする。

(1) 基礎的・基本的な知識及び技能を確実に習得させ，これらを活用して課題を解決するために必要な思考力，判断力，表現力等を育むとともに，主体的に学習に取り組む態度を養い，個性を生かし多様な人々との協働を促す教育の充実に努めること。その際，児童の発達の段階を考慮して，児童の言語活動など，学習の基盤をつくる活動を充実するとともに，家庭との連携を図りながら，児童の学習習慣が確立するよう配慮すること。

(2) 道徳教育や体験活動，多様な表現や鑑賞の活動等を通して，豊かな心や創造性の涵養を目指した教育の充実に努めること。

学校における道徳教育は，特別の教科である道徳（以下「道徳科」という。）を要として学校の教育活動全体を通じて行うものであり，道徳科はもとより，各教科，外国語活動，総合的な学習の時間及び特別活動のそれぞれの特質に応じて，児童の発達の段階を考慮して，適切な指導を行うこと。

道徳教育は，教育基本法及び学校教育法に定められた教育の根本精神に基づき，自己の生き方を考え，主体的な判断の下に行動し，自立した人間として他者と共によりよく生きるための基盤となる道徳性を養うことを目標とすること。

道徳教育を進めるに当たっては，人間尊重の精神と生命に対する畏敬の念を家庭，学校，その他社会における具体的な生活の中に生かし，豊かな心をもち，伝統と文化を尊重し，それらを育んできた我が国と郷土を愛し，個性豊かな文化の創造を図るとともに，平和で民主的な国家及び社会の形成者として，公共の精神を尊び，社会及び国家の発展に努め，他国を尊重し，国際社会の平和と発展や環境の保全に貢献し未来を拓く主体性のある日本人の育成に資することとなるよう特に留意すること。

(3) 学校における体育・健康に関する指導を，児童の発達の段階を考慮して，学校の教育活動全体を通じて適切に行うことにより，健康で安全な生活と豊かなスポーツライフの実現を目指した教育の充実に努めること。特に，学校における食育の推進並びに体力の向上に関する指導，安全に関する指導及び心身の健康の保持増進に関する指導については，体育科，家庭科及び特別活動の時間はもとより，各教科，道徳科，外国語活動及び総合的な学習の時間などにおいてもそれぞれの特質に応じて適切に行うよう努めること。また，それらの指導を通して，家庭や地域社会との連携を図りながら，日常生活において適切な体育・健康に関する活動の実践を促し，生涯を通じて健康・安全で活力ある生活を送るための基礎が培われるよう配慮すること。

3 2の(1)から(3)までに掲げる事項の実現を図り，豊かな創造性を備え持続可能な社会の創り手となることが期待される児童に，生きる力を育むことを目指すに当たっては，学校教育全体並びに各教科，道徳科，外国語活動，総合的な学習の時間及び特別活動（以下「各教科等」とい

う。ただし，第2の3の(2)のア及びウにおいて，特別活動については学級活動（学校給食に係るものを除く。）に限る。）の指導を通してどのような資質・能力の育成を目指すのかを明確にしながら，教育活動の充実を図るものとする。その際，児童の発達の段階や特性等を踏まえつつ，次に掲げることが偏りなく実現できるようにするものとする。

(1) 知識及び技能が習得されるようにすること。

(2) 思考力，判断力，表現力等を育成すること。

(3) 学びに向かう力，人間性等を涵養すること。

4 各学校においては，児童や学校，地域の実態を適切に把握し，教育の目的や目標の実現に必要な教育の内容等を教科等横断的な視点で組み立てていくこと，教育課程の実施状況を評価してその改善を図っていくこと，教育課程の実施に必要な人的又は物的な体制を確保するとともにその改善を図っていくことなどを通して，教育課程に基づき組織的かつ計画的に各学校の教育活動の質の向上を図っていくこと（以下「カリキュラム・マネジメント」という。）に努めるものとする。

● 第2　教育課程の編成

1　各学校の教育目標と教育課程の編成

　　教育課程の編成に当たっては，学校教育全体や各教科等における指導を通して育成を目指す資質・能力を踏まえつつ，各学校の教育目標を明確にするとともに，教育課程の編成についての基本的な方針が家庭や地域とも共有されるよう努めるものとする。その際，第5章総合的な学習の時間の第2の1に基づき定められる目標との関連を図るものとする。

2　教科等横断的な視点に立った資質・能力の育成

(1) 各学校においては，児童の発達の段階を考慮し，言語能力，情報活用能力（情報モラルを含む。），問題発見・解決能力等の学習の基盤となる資質・能力を育成していくことができるよう，各教科等の特質を生かし，教科等横断的な視点から教育課程の編成を図るものとする。

(2) 各学校においては，児童や学校，地域の実態及び児童の発達の段階を考慮し，豊かな人生の実現や災害等を乗り越えて次代の社会を形成することに向けた現代的な諸課題に対応して求められる資質・能力を，教科等横断的な視点で育成していくことができるよう，各学校の特色を生かした教育課程の編成を図るものとする。

3　教育課程の編成における共通的事項

(1) 内容等の取扱い

　ア　第2章以下に示す各教科，道徳科，外国語活動及び特別活動の内容に関する事項は，特に示す場合を除き，いずれの学校においても取り扱わなければならない。

　イ　学校において特に必要がある場合には，第2章以下に示していない内容を加えて指導することができる。また，第2章以下に示す内容の取扱いのうち内容の範囲や程度等を示す事項は，全ての児童に対して指導するものとする内容の範囲や程度等を示したものであり，学校において特に必要がある場合には，この事項にかかわらず加えて指導することができる。ただし，これらの場合には，第2章以下に示す各教科，道徳科，外国語活動及び特別活動の目標や内容の趣旨を逸脱したり，児童の負担過重となったりすることのないようにしなければならない。

　ウ　第2章以下に示す各教科，道徳科，外国語活動及び特別活動の内容に掲げる事項の順序は，特に示す場合を除き，指導の順序を示すものではないので，学校においては，その取扱いについて適切な工夫を加えるものとする。

　エ　学年の内容を2学年まとめて示した教科及び外国語活動の内容は，2学年間かけて指導す

る事項を示したものである。各学校においては，これらの事項を児童や学校，地域の実態に応じ，2学年間を見通して計画的に指導することとし，特に示す場合を除き，いずれかの学年に分けて，又はいずれの学年においても指導するものとする。

オ　学校において2以上の学年の児童で編制する学級について特に必要がある場合には，各教科及び道徳科の目標の達成に支障のない範囲内で，各教科及び道徳科の目標及び内容について学年別の順序によらないことができる。

カ　道徳科を要として学校の教育活動全体を通じて行う道徳教育の内容は，第3章特別の教科道徳の第2に示す内容とし，その実施に当たっては，第6に示す道徳教育に関する配慮事項を踏まえるものとする。

(2)　授業時数等の取扱い

ア　各教科等の授業は，年間35週（第1学年については34週）以上にわたって行うよう計画し，週当たりの授業時数が児童の負担過重にならないようにするものとする。ただし，各教科等や学習活動の特質に応じ効果的な場合には，夏季，冬季，学年末等の休業日の期間に授業日を設定する場合を含め，これらの授業を特定の期間に行うことができる。

イ　特別活動の授業のうち，児童会活動，クラブ活動及び学校行事については，それらの内容に応じ，年間，学期ごと，月ごとなどに適切な授業時数を充てるものとする。

ウ　各学校の時間割については，次の事項を踏まえ適切に編成するものとする。

(ア)　各教科等のそれぞれの授業の1単位時間は，各学校において，各教科等の年間授業時数を確保しつつ，児童の発達の段階及び各教科等や学習活動の特質を考慮して適切に定めること。

(イ)　各教科等の特質に応じ，10分から15分程度の短い時間を活用して特定の教科等の指導を行う場合において，教師が，単元や題材など内容や時間のまとまりを見通した中で，その指導内容の決定や指導の成果の把握と活用等を責任をもって行う体制が整備されているときは，その時間を当該教科等の年間授業時数に含めることができること。

(ウ)　給食，休憩などの時間については，各学校において工夫を加え，適切に定めること。

(エ)　各学校において，児童や学校，地域の実態，各教科等や学習活動の特質等に応じて，創意工夫を生かした時間割を弾力的に編成できること。

エ　総合的な学習の時間における学習活動により，特別活動の学校行事に掲げる各行事の実施と同様の成果が期待できる場合においては，総合的な学習の時間における学習活動をもって相当する特別活動の学校行事に掲げる各行事の実施に替えることができる。

(3)　指導計画の作成等に当たっての配慮事項

各学校においては，次の事項に配慮しながら，学校の創意工夫を生かし，全体として，調和のとれた具体的な指導計画を作成するものとする。

ア　各教科等の指導内容については，(1)のアを踏まえつつ，単元や題材など内容や時間のまとまりを見通しながら，そのまとめ方や重点の置き方に適切な工夫を加え，第3の1に示す主体的・対話的で深い学びの実現に向けた授業改善を通して資質・能力を育む効果的な指導ができるようにすること。

イ　各教科等及び各学年相互間の関連を図り，系統的，発展的な指導ができるようにすること。

ウ　学年の内容を2学年まとめて示した教科及び外国語活動については，当該学年間を見通して，児童や学校，地域の実態に応じ，児童の発達の段階を考慮しつつ，効果的，段階的に指導するようにすること。

エ　児童の実態等を考慮し，指導の効果を高めるため，児童の発達の段階や指導内容の関連性等を踏まえつつ，合科的・関連的な指導を進めること。

4 学校段階等間の接続

教育課程の編成に当たっては，次の事項に配慮しながら，学校段階等間の接続を図るものとする。

(1) 幼児期の終わりまでに育ってほしい姿を踏まえた指導を工夫することにより，幼稚園教育要領等に基づく幼児期の教育を通して育まれた資質・能力を踏まえて教育活動を実施し，児童が主体的に自己を発揮しながら学びに向かうことが可能となるようにすること。

また，低学年における教育全体において，例えば生活科において育成する自立し生活を豊かにしていくための資質・能力が，他教科等の学習においても生かされるようにするなど，教科等間の関連を積極的に図り，幼児期の教育及び中学年以降の教育との円滑な接続が図られるよう工夫すること。特に，小学校入学当初においては，幼児期において自発的な活動としての遊びを通して育まれてきたことが，各教科等における学習に円滑に接続されるよう，生活科を中心に，合科的・関連的な指導や弾力的な時間割の設定など，指導の工夫や指導計画の作成を行うこと。

(2) 中学校学習指導要領及び高等学校学習指導要領を踏まえ，中学校教育及びその後の教育との円滑な接続が図られるよう工夫すること。特に，義務教育学校，中学校連携型小学校及び中学校併設型小学校においては，義務教育9年間を見通した計画的かつ継続的な教育課程を編成すること。

● 第3 教育課程の実施と学習評価

1 主体的・対話的で深い学びの実現に向けた授業改善

各教科等の指導に当たっては，次の事項に配慮するものとする。

(1) 第1の3の(1)から(3)までに示すことが偏りなく実現されるよう，単元や題材など内容や時間のまとまりを見通しながら，児童の主体的・対話的で深い学びの実現に向けた授業改善を行うこと。

特に，各教科等において身に付けた知識及び技能を活用したり，思考力，判断力，表現力等や学びに向かう力，人間性等を発揮させたりして，学習の対象となる物事を捉え思考することにより，各教科等の特質に応じた物事を捉える視点や考え方（以下「見方・考え方」という。）が鍛えられていくことに留意し，児童が各教科等の特質に応じた見方・考え方を働かせながら，知識を相互に関連付けてより深く理解したり，情報を精査して考えを形成したり，問題を見いだして解決策を考えたり，思いや考えを基に創造したりすることに向かう過程を重視した学習の充実を図ること。

(2) 第2の2の(1)に示す言語能力の育成を図るため，各学校において必要な言語環境を整えるとともに，国語科を要としつつ各教科等の特質に応じて，児童の言語活動を充実すること。あわせて，(7)に示すとおり読書活動を充実すること。

(3) 第2の2の(1)に示す情報活用能力の育成を図るため，各学校において，コンピュータや情報通信ネットワークなどの情報手段を活用するために必要な環境を整え，これらを適切に活用した学習活動の充実を図ること。また，各種の統計資料や新聞，視聴覚教材や教育機器などの教材・教具の適切な活用を図ること。

あわせて，各教科等の特質に応じて，次の学習活動を計画的に実施すること。

ア 児童がコンピュータで文字を入力するなどの学習の基盤として必要となる情報手段の基本的な操作を習得するための学習活動

イ 児童がプログラミングを体験しながら，コンピュータに意図した処理を行わせるために必

要な論理的思考力を身に付けるための学習活動

(4) 児童が学習の見通しを立てたり学習したことを振り返ったりする活動を，計画的に取り入れるように工夫すること。

(5) 児童が生命の有限性や自然の大切さ，主体的に挑戦してみることや多様な他者と協働することの重要性などを実感しながら理解することができるよう，各教科等の特質に応じた体験活動を重視し，家庭や地域社会と連携しつつ体系的・継続的に実施できるよう工夫すること。

(6) 児童が自ら学習課題や学習活動を選択する機会を設けるなど，児童の興味・関心を生かした自主的，自発的な学習が促されるよう工夫すること。

(7) 学校図書館を計画的に利用しその機能の活用を図り，児童の主体的・対話的で深い学びの実現に向けた授業改善に生かすとともに，児童の自主的，自発的な学習活動や読書活動を充実すること。また，地域の図書館や博物館，美術館，劇場，音楽堂等の施設の活用を積極的に図り，資料を活用した情報の収集や鑑賞等の学習活動を充実すること。

2 学習評価の充実

学習評価の実施に当たっては，次の事項に配慮するものとする。

(1) 児童のよい点や進歩の状況などを積極的に評価し，学習したことの意義や価値を実感できるようにすること。また，各教科等の目標の実現に向けた学習状況を把握する観点から，単元や題材など内容や時間のまとまりを見通しながら評価の場面や方法を工夫して，学習の過程や成果を評価し，指導の改善や学習意欲の向上を図り，資質・能力の育成に生かすようにすること。

(2) 創意工夫の中で学習評価の妥当性や信頼性が高められるよう，組織的かつ計画的な取組を推進するとともに，学年や学校段階を越えて児童の学習の成果が円滑に接続されるように工夫すること。

● 第4　児童の発達の支援

1 児童の発達を支える指導の充実

教育課程の編成及び実施に当たっては，次の事項に配慮するものとする。

(1) 学習や生活の基盤として，教師と児童との信頼関係及び児童相互のよりよい人間関係を育てるため，日頃から学級経営の充実を図ること。また，主に集団の場面で必要な指導や援助を行うガイダンスと，個々の児童の多様な実態を踏まえ，一人一人が抱える課題に個別に対応した指導を行うカウンセリングの双方により，児童の発達を支援すること。

あわせて，小学校の低学年，中学年，高学年の学年の時期の特長を生かした指導の工夫を行うこと。

(2) 児童が，自己の存在感を実感しながら，よりよい人間関係を形成し，有意義で充実した学校生活を送る中で，現在及び将来における自己実現を図っていくことができるよう，児童理解を深め，学習指導と関連付けながら，生徒指導の充実を図ること。

(3) 児童が，学ぶことと自己の将来とのつながりを見通しながら，社会的・職業的自立に向けて必要な基盤となる資質・能力を身に付けていくことができるよう，特別活動を要としつつ各教科等の特質に応じて，キャリア教育の充実を図ること。

(4) 児童が，基礎的・基本的な知識及び技能の習得も含め，学習内容を確実に身に付けることができるよう，児童や学校の実態に応じ，個別学習やグループ別学習，繰り返し学習，学習内容の習熟の程度に応じた学習，児童の興味・関心等に応じた課題学習，補充的な学習や発展的な学習などの学習活動を取り入れることや，教師間の協力による指導体制を確保することなど，指導方法や指導体制の工夫改善により，個に応じた指導の充実を図ること。その際，第3の1

の (3) に示す情報手段や教材・教具の活用を図ること。
2　特別な配慮を必要とする児童への指導
　(1)　障害のある児童などへの指導
　　　ア　障害のある児童などについては，特別支援学校等の助言又は援助を活用しつつ，個々の児童の障害の状態等に応じた指導内容や指導方法の工夫を組織的かつ計画的に行うものとする。
　　　イ　特別支援学級において実施する特別の教育課程については，次のとおり編成するものとする。
　　　　　(ｱ)　障害による学習上又は生活上の困難を克服し自立を図るため，特別支援学校小学部・中学部学習指導要領第 7 章に示す自立活動を取り入れること。
　　　　　(ｲ)　児童の障害の程度や学級の実態等を考慮の上，各教科の目標や内容を下学年の教科の目標や内容に替えたり，各教科を，知的障害者である児童に対する教育を行う特別支援学校の各教科に替えたりするなどして，実態に応じた教育課程を編成すること。
　　　ウ　障害のある児童に対して，通級による指導を行い，特別の教育課程を編成する場合には，特別支援学校小学部・中学部学習指導要領第 7 章に示す自立活動の内容を参考とし，具体的な目標や内容を定め，指導を行うものとする。その際，効果的な指導が行われるよう，各教科等と通級による指導との関連を図るなど，教師間の連携に努めるものとする。
　　　エ　障害のある児童などについては，家庭，地域及び医療や福祉，保健，労働等の業務を行う関係機関との連携を図り，長期的な視点で児童への教育的支援を行うために，個別の教育支援計画を作成し活用することに努めるとともに，各教科等の指導に当たって，個々の児童の実態を的確に把握し，個別の指導計画を作成し活用することに努めるものとする。特に，特別支援学級に在籍する児童や通級による指導を受ける児童については，個々の児童の実態を的確に把握し，個別の教育支援計画や個別の指導計画を作成し，効果的に活用するものとする。
　(2)　海外から帰国した児童などの学校生活への適応や，日本語の習得に困難のある児童に対する日本語指導
　　　ア　海外から帰国した児童などについては，学校生活への適応を図るとともに，外国における生活経験を生かすなどの適切な指導を行うものとする。
　　　イ　日本語の習得に困難のある児童については，個々の児童の実態に応じた指導内容や指導方法の工夫を組織的かつ計画的に行うものとする。特に，通級による日本語指導については，教師間の連携に努め，指導についての計画を個別に作成することなどにより，効果的な指導に努めるものとする。
　(3)　不登校児童への配慮
　　　ア　不登校児童については，保護者や関係機関と連携を図り，心理や福祉の専門家の助言又は援助を得ながら，社会的自立を目指す観点から，個々の児童の実態に応じた情報の提供その他の必要な支援を行うものとする。
　　　イ　相当の期間小学校を欠席し引き続き欠席すると認められる児童を対象として，文部科学大臣が認める特別の教育課程を編成する場合には，児童の実態に配慮した教育課程を編成するとともに，個別学習やグループ別学習など指導方法や指導体制の工夫改善に努めるものとする。

付録 2

第5　学校運営上の留意事項

1　教育課程の改善と学校評価等
   ア　各学校においては，校長の方針の下に，校務分掌に基づき教職員が適切に役割を分担しつつ，相互に連携しながら，各学校の特色を生かしたカリキュラム・マネジメントを行うよう努めるものとする。また，各学校が行う学校評価については，教育課程の編成，実施，改善が教育活動や学校運営の中核となることを踏まえ，カリキュラム・マネジメントと関連付けながら実施するよう留意するものとする。
   イ　教育課程の編成及び実施に当たっては，学校保健計画，学校安全計画，食に関する指導の全体計画，いじめの防止等のための対策に関する基本的な方針など，各分野における学校の全体計画等と関連付けながら，効果的な指導が行われるように留意するものとする。
2　家庭や地域社会との連携及び協働と学校間の連携
教育課程の編成及び実施に当たっては，次の事項に配慮するものとする。
   ア　学校がその目的を達成するため，学校や地域の実態等に応じ，教育活動の実施に必要な人的又は物的な体制を家庭や地域の人々の協力を得ながら整えるなど，家庭や地域社会との連携及び協働を深めること。また，高齢者や異年齢の子供など，地域における世代を越えた交流の機会を設けること。
   イ　他の小学校や，幼稚園，認定こども園，保育所，中学校，高等学校，特別支援学校などとの間の連携や交流を図るとともに，障害のある幼児児童生徒との交流及び共同学習の機会を設け，共に尊重し合いながら協働して生活していく態度を育むようにすること。

第6　道徳教育に関する配慮事項

道徳教育を進めるに当たっては，道徳教育の特質を踏まえ，前項までに示す事項に加え，次の事項に配慮するものとする。

1　各学校においては，第1の2の(2)に示す道徳教育の目標を踏まえ，道徳教育の全体計画を作成し，校長の方針の下に，道徳教育の推進を主に担当する教師（以下「道徳教育推進教師」という。）を中心に，全教師が協力して道徳教育を展開すること。なお，道徳教育の全体計画の作成に当たっては，児童や学校，地域の実態を考慮して，学校の道徳教育の重点目標を設定するとともに，道徳科の指導方針，第3章特別の教科道徳の第2に示す内容との関連を踏まえた各教科，外国語活動，総合的な学習の時間及び特別活動における指導の内容及び時期並びに家庭や地域社会との連携の方法を示すこと。
2　各学校においては，児童の発達の段階や特性等を踏まえ，指導内容の重点化を図ること。その際，各学年を通じて，自立心や自律性，生命を尊重する心や他者を思いやる心を育てることに留意すること。また，各学年段階においては，次の事項に留意すること。
  (1)　第1学年及び第2学年においては，挨拶などの基本的な生活習慣を身に付けること，善悪を判断し，してはならないことをしないこと，社会生活上のきまりを守ること。
  (2)　第3学年及び第4学年においては，善悪を判断し，正しいと判断したことを行うこと，身近な人々と協力し助け合うこと，集団や社会のきまりを守ること。
  (3)　第5学年及び第6学年においては，相手の考え方や立場を理解して支え合うこと，法やきまりの意義を理解して進んで守ること，集団生活の充実に努めること，伝統と文化を尊重し，それらを育んできた我が国と郷土を愛するとともに，他国を尊重すること。
3　学校や学級内の人間関係や環境を整えるとともに，集団宿泊活動やボランティア活動，自然体

験活動，地域の行事への参加などの豊かな体験を充実すること。また，道徳教育の指導内容が，児童の日常生活に生かされるようにすること。その際，いじめの防止や安全の確保等にも資することとなるよう留意すること。

4 学校の道徳教育の全体計画や道徳教育に関する諸活動などの情報を積極的に公表したり，道徳教育の充実のために家庭や地域の人々の積極的な参加や協力を得たりするなど，家庭や地域社会との共通理解を深め，相互の連携を図ること。

付録 2

小学校学習指導要領　第6章　特別活動

● 第1　目　標

　集団や社会の形成者としての見方・考え方を働かせ，様々な集団活動に自主的，実践的に取り組み，互いのよさや可能性を発揮しながら集団や自己の生活上の課題を解決することを通して，次のとおり資質・能力を育成することを目指す。

(1)　多様な他者と協働する様々な集団活動の意義や活動を行う上で必要となることについて理解し，行動の仕方を身に付けるようにする。

(2)　集団や自己の生活，人間関係の課題を見いだし，解決するために話し合い，合意形成を図ったり，意思決定したりすることができるようにする。

(3)　自主的，実践的な集団活動を通して身に付けたことを生かして，集団や社会における生活及び人間関係をよりよく形成するとともに，自己の生き方についての考えを深め，自己実現を図ろうとする態度を養う。

● 第2　各活動・学校行事の目標及び内容

〔学級活動〕

1　目　標

　学級や学校での生活をよりよくするための課題を見いだし，解決するために話し合い，合意形成し，役割を分担して協力して実践したり，学級での話合いを生かして自己の課題の解決及び将来の生き方を描くために意思決定して実践したりすることに，自主的，実践的に取り組むことを通して，第1の目標に掲げる資質・能力を育成することを目指す。

2　内　容

　1の資質・能力を育成するため，全ての学年において，次の各活動を通して，それぞれの活動の意義及び活動を行う上で必要となることについて理解し，主体的に考えて実践できるよう指導する。

(1)　学級や学校における生活づくりへの参画

　　ア　学級や学校における生活上の諸問題の解決

　　　学級や学校における生活をよりよくするための課題を見いだし，解決するために話し合い，合意形成を図り，実践すること。

　　イ　学級内の組織づくりや役割の自覚

　　　学級生活の充実や向上のため，児童が主体的に組織をつくり，役割を自覚しながら仕事を分担して，協力し合い実践すること。

　　ウ　学校における多様な集団の生活の向上

　　　児童会など学級の枠を超えた多様な集団における活動や学校行事を通して学校生活の向上を図るため，学級としての提案や取組を話し合って決めること。

(2)　日常の生活や学習への適応と自己の成長及び健康安全

　　ア　基本的な生活習慣の形成

　　　身の回りの整理や挨拶などの基本的な生活習慣を身に付け，節度ある生活にすること。

　　イ　よりよい人間関係の形成

　　　学級や学校の生活において互いのよさを見付け，違いを尊重し合い，仲よくしたり信頼し合ったりして生活すること。

ウ　心身ともに健康で安全な生活態度の形成

　　現在及び生涯にわたって心身の健康を保持増進することや，事件や事故，災害等から身を守り安全に行動すること。

　エ　食育の観点を踏まえた学校給食と望ましい食習慣の形成

　　給食の時間を中心としながら，健康によい食事のとり方など，望ましい食習慣の形成を図るとともに，食事を通して人間関係をよりよくすること。

(3)　一人一人のキャリア形成と自己実現

　ア　現在や将来に希望や目標をもって生きる意欲や態度の形成

　　学級や学校での生活づくりに主体的に関わり，自己を生かそうとするとともに，希望や目標をもち，その実現に向けて日常の生活をよりよくしようとすること。

　イ　社会参画意識の醸成や働くことの意義の理解

　　清掃などの当番活動や係活動等の自己の役割を自覚して協働することの意義を理解し，社会の一員として役割を果たすために必要となることについて主体的に考えて行動すること。

　ウ　主体的な学習態度の形成と学校図書館等の活用

　　学ぶことの意義や現在及び将来の学習と自己実現とのつながりを考えたり，自主的に学習する場としての学校図書館等を活用したりしながら，学習の見通しを立て，振り返ること。

3　内容の取扱い

(1)　指導に当たっては，各学年段階で特に次の事項に配慮すること。

〔第1学年及び第2学年〕

　　話合いの進め方に沿って，自分の意見を発表したり，他者の意見をよく聞いたりして，合意形成して実践することのよさを理解すること。基本的な生活習慣や，約束やきまりを守ることの大切さを理解して行動し，生活をよくするための目標を決めて実行すること。

〔第3学年及び第4学年〕

　　理由を明確にして考えを伝えたり，自分と異なる意見も受け入れたりしながら，集団としての目標や活動内容について合意形成を図り，実践すること。自分のよさや役割を自覚し，よく考えて行動するなど節度ある生活を送ること。

〔第5学年及び第6学年〕

　　相手の思いを受け止めて聞いたり，相手の立場や考え方を理解したりして，多様な意見のよさを積極的に生かして合意形成を図り，実践すること。高い目標をもって粘り強く努力し，自他のよさを伸ばし合うようにすること。

(2)　2の(3)の指導に当たっては，学校，家庭及び地域における学習や生活の見通しを立て，学んだことを振り返りながら，新たな学習や生活への意欲につなげたり，将来の生き方を考えたりする活動を行うこと。その際，児童が活動を記録し蓄積する教材等を活用すること。

〔児童会活動〕

1　目　標

　　異年齢の児童同士で協力し，学校生活の充実と向上を図るための諸問題の解決に向けて，計画を立て役割を分担し，協力して運営することに自主的，実践的に取り組むことを通して，第1の目標に掲げる資質・能力を育成することを目指す。

2　内　容

　　1の資質・能力を育成するため，学校の全児童をもって組織する児童会において，次の各活動を通して，それぞれの活動の意義及び活動を行う上で必要となることについて理解し，主体的に考えて実践できるよう指導する。

(1)　児童会の組織づくりと児童会活動の計画や運営

付録3

児童が主体的に組織をつくり，役割を分担し，計画を立て，学校生活の課題を見いだし解決するために話し合い，合意形成を図り実践すること。
(2)　異年齢集団による交流
　　児童会が計画や運営を行う集会等の活動において，学年や学級が異なる児童と共に楽しく触れ合い，交流を図ること。
(3)　学校行事への協力
　　学校行事の特質に応じて，児童会の組織を活用して，計画の一部を担当したり，運営に協力したりすること。
3　内容の取扱い
(1)　児童会の計画や運営は，主として高学年の児童が行うこと。その際，学校の全児童が主体的に活動に参加できるものとなるよう配慮すること。
〔クラブ活動〕
1　目　標
　　異年齢の児童同士で協力し，共通の興味・関心を追求する集団活動の計画を立てて運営することに自主的，実践的に取り組むことを通して，個性の伸長を図りながら，第1の目標に掲げる資質・能力を育成することを目指す。
2　内　容
　　1の資質・能力を育成するため，主として第4学年以上の同好の児童をもって組織するクラブにおいて，次の各活動を通して，それぞれの活動の意義及び活動を行う上で必要となることについて理解し，主体的に考えて実践できるよう指導する。
(1)　クラブの組織づくりとクラブ活動の計画や運営
　　児童が活動計画を立て，役割を分担し，協力して運営に当たること。
(2)　クラブを楽しむ活動
　　異なる学年の児童と協力し，創意工夫を生かしながら共通の興味・関心を追求すること。
(3)　クラブの成果の発表
　　活動の成果について，クラブの成員の発意・発想を生かし，協力して全校の児童や地域の人々に発表すること。
〔学校行事〕
1　目　標
　　全校又は学年の児童で協力し，よりよい学校生活を築くための体験的な活動を通して，集団への所属感や連帯感を深め，公共の精神を養いながら，第1の目標に掲げる資質・能力を育成することを目指す。
2　内　容
　　1の資質・能力を育成するため，全ての学年において，全校又は学年を単位として，次の各行事において，学校生活に秩序と変化を与え，学校生活の充実と発展に資する体験的な活動を行うことを通して，それぞれの学校行事の意義及び活動を行う上で必要となることについて理解し，主体的に考えて実践できるよう指導する。
(1)　儀式的行事
　　学校生活に有意義な変化や折り目を付け，厳粛で清新な気分を味わい，新しい生活の展開への動機付けとなるようにすること。
(2)　文化的行事
　　平素の学習活動の成果を発表し，自己の向上の意欲を一層高めたり，文化や芸術に親しんだりするようにすること。

(3) 健康安全・体育的行事

心身の健全な発達や健康の保持増進，事件や事故，災害等から身を守る安全な行動や規律ある集団行動の体得，運動に親しむ態度の育成，責任感や連帯感の涵養，体力の向上などに資するようにすること。

(4) 遠足・集団宿泊的行事

自然の中での集団宿泊活動などの平素と異なる生活環境にあって，見聞を広め，自然や文化などに親しむとともに，よりよい人間関係を築くなどの集団生活の在り方や公衆道徳などについての体験を積むことができるようにすること。

(5) 勤労生産・奉仕的行事

勤労の尊さや生産の喜びを体得するとともに，ボランティア活動などの社会奉仕の精神を養う体験が得られるようにすること。

3 内容の取扱い

(1) 児童や学校，地域の実態に応じて，2に示す行事の種類ごとに，行事及びその内容を重点化するとともに，各行事の趣旨を生かした上で，行事間の関連や統合を図るなど精選して実施すること。また，実施に当たっては，自然体験や社会体験などの体験活動を充実するとともに，体験活動を通して気付いたことなどを振り返り，まとめたり，発表し合ったりするなどの事後の活動を充実すること。

● 第3 指導計画の作成と内容の取扱い

1 指導計画の作成に当たっては，次の事項に配慮するものとする。

(1) 特別活動の各活動及び学校行事を見通して，その中で育む資質・能力の育成に向けて，児童の主体的・対話的で深い学びの実現を図るようにすること。その際，よりよい人間関係の形成，よりよい集団生活の構築や社会への参画及び自己実現に資するよう，児童が集団や社会の形成者としての見方・考え方を働かせ，様々な集団活動に自主的，実践的に取り組む中で，互いのよさや個性，多様な考えを認め合い，等しく合意形成に関わり役割を担うようにすることを重視すること。

(2) 各学校においては特別活動の全体計画や各活動及び学校行事の年間指導計画を作成すること。その際，学校の創意工夫を生かし，学級や学校，地域の実態，児童の発達の段階などを考慮するとともに，第2に示す内容相互及び各教科，道徳科，外国語活動，総合的な学習の時間などの指導との関連を図り，児童による自主的，実践的な活動が助長されるようにすること。また，家庭や地域の人々との連携，社会教育施設等の活用などを工夫すること。

(3) 学級活動における児童の自発的，自治的な活動を中心として，各活動と学校行事を相互に関連付けながら，個々の児童についての理解を深め，教師と児童，児童相互の信頼関係を育み，学級経営の充実を図ること。その際，特に，いじめの未然防止等を含めた生徒指導との関連を図るようにすること。

(4) 低学年においては，第1章総則の第2の4の(1)を踏まえ，他教科等との関連を積極的に図り，指導の効果を高めるようにするとともに，幼稚園教育要領等に示す幼児期の終わりまでに育ってほしい姿との関連を考慮すること。特に，小学校入学当初においては，生活科を中心とした関連的な指導や，弾力的な時間割の設定を行うなどの工夫をすること。

(5) 障害のある児童などについては，学習活動を行う場合に生じる困難さに応じた指導内容や指導方法の工夫を計画的，組織的に行うこと。

(6) 第1章総則の第1の2の(2)に示す道徳教育の目標に基づき，道徳科などとの関連を考慮し

ながら，第3章特別の教科道徳の第2に示す内容について，特別活動の特質に応じて適切な指導をすること。

2 第2の内容の取扱いについては，次の事項に配慮するものとする。

(1) 学級活動，児童会活動及びクラブ活動の指導については，指導内容の特質に応じて，教師の適切な指導の下に，児童の自発的，自治的な活動が効果的に展開されるようにすること。その際，よりよい生活を築くために自分たちできまりをつくって守る活動などを充実するよう工夫すること。

(2) 児童及び学校の実態並びに第1章総則の第6の2に示す道徳教育の重点などを踏まえ，各学年において取り上げる指導内容の重点化を図るとともに，必要に応じて，内容間の関連や統合を図ったり，他の内容を加えたりすることができること。

(3) 学校生活への適応や人間関係の形成などについては，主に集団の場面で必要な指導や援助を行うガイダンスと，個々の児童の多様な実態を踏まえ，一人一人が抱える課題に個別に対応した指導を行うカウンセリング（教育相談を含む。）の双方の趣旨を踏まえて指導を行うこと。特に入学当初や各学年のはじめにおいては，個々の児童が学校生活に適応するとともに，希望や目標をもって生活できるよう工夫すること。あわせて，児童の家庭との連絡を密にすること。

(4) 異年齢集団による交流を重視するとともに，幼児，高齢者，障害のある人々などとの交流や対話，障害のある幼児児童生徒との交流及び共同学習の機会を通して，協働することや，他者の役に立ったり社会に貢献したりすることの喜びを得られる活動を充実すること。

3 入学式や卒業式などにおいては，その意義を踏まえ，国旗を掲揚するとともに，国歌を斉唱するよう指導するものとする。

付録3

中学校学習指導要領　第5章　特別活動

● 第1　目　標

　集団や社会の形成者としての見方・考え方を働かせ，様々な集団活動に自主的，実践的に取り組み，互いのよさや可能性を発揮しながら集団や自己の生活上の課題を解決することを通して，次のとおり資質・能力を育成することを目指す。

(1)　多様な他者と協働する様々な集団活動の意義や活動を行う上で必要となることについて理解し，行動の仕方を身に付けるようにする。

(2)　集団や自己の生活，人間関係の課題を見いだし，解決するために話し合い，合意形成を図ったり，意思決定したりすることができるようにする。

(3)　自主的，実践的な集団活動を通して身に付けたことを生かして，集団や社会における生活及び人間関係をよりよく形成するとともに，人間としての生き方についての考えを深め，自己実現を図ろうとする態度を養う。

● 第2　各活動・学校行事の目標及び内容

〔学級活動〕

1　目　標

　学級や学校での生活をよりよくするための課題を見いだし，解決するために話し合い，合意形成し，役割を分担して協力して実践したり，学級での話合いを生かして自己の課題の解決及び将来の生き方を描くために意思決定して実践したりすることに，自主的，実践的に取り組むことを通して，第1の目標に掲げる資質・能力を育成することを目指す。

2　内　容

　1の資質・能力を育成するため，全ての学年において，次の各活動を通して，それぞれの活動の意義及び活動を行う上で必要となることについて理解し，主体的に考えて実践できるよう指導する。

(1)　学級や学校における生活づくりへの参画

　ア　学級や学校における生活上の諸問題の解決

　　学級や学校における生活をよりよくするための課題を見いだし，解決するために話し合い，合意形成を図り，実践すること。

　イ　学級内の組織づくりや役割の自覚

　　学級生活の充実や向上のため，生徒が主体的に組織をつくり，役割を自覚しながら仕事を分担して，協力し合い実践すること。

　ウ　学校における多様な集団の生活の向上

　　生徒会など学級の枠を超えた多様な集団における活動や学校行事を通して学校生活の向上を図るため，学級としての提案や取組を話し合って決めること。

(2)　日常の生活や学習への適応と自己の成長及び健康安全

　ア　自他の個性の理解と尊重，よりよい人間関係の形成

　　自他の個性を理解して尊重し，互いのよさや可能性を発揮しながらよりよい集団生活をつくること。

　イ　男女相互の理解と協力

　　男女相互について理解するとともに，共に協力し尊重し合い，充実した生活づくりに参画

すること。
　　ウ　思春期の不安や悩みの解決，性的な発達への対応
　　　心や体に関する正しい理解を基に，適切な行動をとり，悩みや不安に向き合い乗り越えようとすること。
　　エ　心身ともに健康で安全な生活態度や習慣の形成
　　　節度ある生活を送るなど現在及び生涯にわたって心身の健康を保持増進することや，事件や事故，災害等から身を守り安全に行動すること。
　　オ　食育の観点を踏まえた学校給食と望ましい食習慣の形成
　　　給食の時間を中心としながら，成長や健康管理を意識するなど，望ましい食習慣の形成を図るとともに，食事を通して人間関係をよりよくすること。
　(3)　一人一人のキャリア形成と自己実現
　　ア　社会生活，職業生活との接続を踏まえた主体的な学習態度の形成と学校図書館等の活用
　　　現在及び将来の学習と自己実現とのつながりを考えたり，自主的に学習する場としての学校図書館等を活用したりしながら，学ぶことと働くことの意義を意識して学習の見通しを立て，振り返ること。
　　イ　社会参画意識の醸成や勤労観・職業観の形成
　　　社会の一員としての自覚や責任をもち，社会生活を営む上で必要なマナーやルール，働くことや社会に貢献することについて考えて行動すること。
　　ウ　主体的な進路の選択と将来設計
　　　目標をもって，生き方や進路に関する適切な情報を収集・整理し，自己の個性や興味・関心と照らして考えること。
　3　内容の取扱い
　(1)　2の(1)の指導に当たっては，集団としての意見をまとめる話合い活動など小学校からの積み重ねや経験を生かし，それらを発展させることができるよう工夫すること。
　(2)　2の(3)の指導に当たっては，学校，家庭及び地域における学習や生活の見通しを立て，学んだことを振り返りながら，新たな学習や生活への意欲につなげたり，将来の生き方を考えたりする活動を行うこと。その際，生徒が活動を記録し蓄積する教材等を活用すること。
　〔生徒会活動〕
1　目　標
　異年齢の生徒同士で協力し，学校生活の充実と向上を図るための諸問題の解決に向けて，計画を立て役割を分担し，協力して運営することに自主的，実践的に取り組むことを通して，第1の目標に掲げる資質・能力を育成することを目指す。
2　内　容
　1の資質・能力を育成するため，学校の全生徒をもって組織する生徒会において，次の各活動を通して，それぞれの活動の意義及び活動を行う上で必要となることについて理解し，主体的に考えて実践できるよう指導する。
　(1)　生徒会の組織づくりと生徒会活動の計画や運営
　　生徒が主体的に組織をつくり，役割を分担し，計画を立て，学校生活の課題を見いだし解決するために話し合い，合意形成を図り実践すること。
　(2)　学校行事への協力
　　学校行事の特質に応じて，生徒会の組織を活用して，計画の一部を担当したり，運営に主体的に協力したりすること。
　(3)　ボランティア活動などの社会参画

地域や社会の課題を見いだし，具体的な対策を考え，実践し，地域や社会に参画できるようにすること。

〔学校行事〕

1　目　標

全校又は学年の生徒で協力し，よりよい学校生活を築くための体験的な活動を通して，集団への所属感や連帯感を深め，公共の精神を養いながら，第1の目標に掲げる資質・能力を育成することを目指す。

2　内　容

1の資質・能力を育成するため，全ての学年において，全校又は学年を単位として，次の各行事において，学校生活に秩序と変化を与え，学校生活の充実と発展に資する体験的な活動を行うことを通して，それぞれの学校行事の意義及び活動を行う上で必要となることについて理解し，主体的に考えて実践できるよう指導する。

(1)　儀式的行事

学校生活に有意義な変化や折り目を付け，厳粛で清新な気分を味わい，新しい生活の展開への動機付けとなるようにすること。

(2)　文化的行事

平素の学習活動の成果を発表し，自己の向上の意欲を一層高めたり，文化や芸術に親しんだりするようにすること。

(3)　健康安全・体育的行事

心身の健全な発達や健康の保持増進，事件や事故，災害等から身を守る安全な行動や規律ある集団行動の体得，運動に親しむ態度の育成，責任感や連帯感のかん涵養，体力の向上などに資するようにすること。

(4)　旅行・集団宿泊的行事

平素と異なる生活環境にあって，見聞を広め，自然や文化などに親しむとともに，よりよい人間関係を築くなどの集団生活の在り方や公衆道徳などについての体験を積むことができるようにすること。

(5)　勤労生産・奉仕的行事

勤労の尊さや生産の喜びを体得し，職場体験活動などの勤労観・職業観に関わる啓発的な体験が得られるようにするとともに，共に助け合って生きることの喜びを体得し，ボランティア活動などの社会奉仕の精神を養う体験が得られるようにすること。

3　内容の取扱い

(1)　生徒や学校，地域の実態に応じて，2に示す行事の種類ごとに，行事及びその内容を重点化するとともに，各行事の趣旨を生かした上で，行事間の関連や統合を図るなど精選して実施すること。また，実施に当たっては，自然体験や社会体験などの体験活動を充実するとともに，体験活動を通して気付いたことなどを振り返り，まとめたり，発表し合ったりするなどの事後の活動を充実すること。

●第3　指導計画の作成と内容の取扱い

1　指導計画の作成に当たっては，次の事項に配慮するものとする。

(1)　特別活動の各活動及び学校行事を見通して，その中で育む資質・能力の育成に向けて，生徒の主体的・対話的で深い学びの実現を図るようにすること。その際，よりよい人間関係の形成，よりよい集団生活の構築や社会への参画及び自己実現に資するよう，生徒が集団や社会の

形成者としての見方・考え方を働かせ，様々な集団活動に自主的，実践的に取り組む中で，互いのよさや個性，多様な考えを認め合い，等しく合意形成に関わり役割を担うようにすることを重視すること。

(2) 各学校においては特別活動の全体計画や各活動及び学校行事の年間指導計画を作成すること。その際，学校の創意工夫を生かし，学級や学校，地域の実態，生徒の発達の段階などを考慮するとともに，第2に示す内容相互及び各教科，道徳科，総合的な学習の時間などの指導との関連を図り，生徒による自主的，実践的な活動が助長されるようにすること。また，家庭や地域の人々との連携，社会教育施設等の活用などを工夫すること。

(3) 学級活動における生徒の自発的，自治的な活動を中心として，各活動と学校行事を相互に関連付けながら，個々の生徒についての理解を深め，教師と生徒，生徒相互の信頼関係を育み，学級経営の充実を図ること。その際，特に，いじめの未然防止等を含めた生徒指導との関連を図るようにすること。

(4) 障害のある生徒などについては，学習活動を行う場合に生じる困難さに応じた指導内容や指導方法の工夫を計画的，組織的に行うこと。

(5) 第1章総則の第1の2の(2)に示す道徳教育の目標に基づき，道徳科などとの関連を考慮しながら，第3章特別の教科道徳の第2に示す内容について，特別活動の特質に応じて適切な指導をすること。

2 第2の内容の取扱いについては，次の事項に配慮するものとする。

(1) 学級活動及び生徒会活動の指導については，指導内容の特質に応じて，教師の適切な指導の下に，生徒の自発的，自治的な活動が効果的に展開されるようにすること。その際，よりよい生活を築くために自分たちできまりをつくって守る活動などを充実するよう工夫すること。

(2) 生徒及び学校の実態並びに第1章総則の第6の2に示す道徳教育の重点などを踏まえ，各学年において取り上げる指導内容の重点化を図るとともに，必要に応じて，内容間の関連や統合を図ったり，他の内容を加えたりすることができること。

(3) 学校生活への適応や人間関係の形成，進路の選択などについては，主に集団の場面で必要な指導や援助を行うガイダンスと，個々の生徒の多様な実態を踏まえ，一人一人が抱える課題に個別に対応した指導を行うカウンセリング（教育相談を含む。）の双方の趣旨を踏まえて指導を行うこと。特に入学当初においては，個々の生徒が学校生活に適応するとともに，希望や目標をもって生活をできるよう工夫すること。あわせて，生徒の家庭との連絡を密にすること。

(4) 異年齢集団による交流を重視するとともに，幼児，高齢者，障害のある人々などとの交流や対話，障害のある幼児児童生徒との交流及び共同学習の機会を通して，協働することや，他者の役に立ったり社会に貢献したりすることの喜びを得られる活動を充実すること。

3 入学式や卒業式などにおいては，その意義を踏まえ，国旗を掲揚するとともに，国歌を斉唱するよう指導するものとする。

付録4

小学校学習指導要領　第3章　特別の教科　道徳

● 第1　目　標

第1章総則の第1の2の(2)に示す道徳教育の目標に基づき，よりよく生きるための基盤となる道徳性を養うため，道徳的諸価値についての理解を基に，自己を見つめ，物事を多面的・多角的に考え，自己の生き方についての考えを深める学習を通して，道徳的な判断力，心情，実践意欲と態度を育てる。

● 第2　内　容

学校の教育活動全体を通じて行う道徳教育の要である道徳科においては，以下に示す項目について扱う。

A　主として自分自身に関すること

〔善悪の判断，自律，自由と責任〕

〔第1学年及び第2学年〕

　よいことと悪いこととの区別をし，よいと思うことを進んで行うこと。

〔第3学年及び第4学年〕

　正しいと判断したことは，自信をもって行うこと。

〔第5学年及び第6学年〕

　自由を大切にし，自律的に判断し，責任のある行動をすること。

〔正直，誠実〕

〔第1学年及び第2学年〕

　うそをついたりごまかしをしたりしないで，素直に伸び伸びと生活すること。

〔第3学年及び第4学年〕

　過ちは素直に改め，正直に明るい心で生活すること。

〔第5学年及び第6学年〕

　誠実に，明るい心で生活すること。

〔節度，節制〕

〔第1学年及び第2学年〕

　健康や安全に気を付け，物や金銭を大切にし，身の回りを整え，わがままをしないで，規則正しい生活をすること。

〔第3学年及び第4学年〕

　自分でできることは自分でやり，安全に気を付け，よく考えて行動し，節度のある生活をすること。

〔第5学年及び第6学年〕

　安全に気を付けることや，生活習慣の大切さについて理解し，自分の生活を見直し，節度を守り節制に心掛けること。

〔個性の伸長〕

〔第1学年及び第2学年〕

　自分の特徴に気付くこと。

〔第3学年及び第4学年〕

　自分の特徴に気付き，長所を伸ばすこと。

〔第5学年及び第6学年〕

自分の特徴を知って，短所を改め長所を伸ばすこと。

［希望と勇気，努力と強い意志］

〔第1学年及び第2学年〕

自分のやるべき勉強や仕事をしっかりと行うこと。

〔第3学年及び第4学年〕

自分でやろうと決めた目標に向かって，強い意志をもち，粘り強くやり抜くこと。

〔第5学年及び第6学年〕

より高い目標を立て，希望と勇気をもち，困難があってもくじけずに努力して物事をやり抜くこと。

［真理の探究］

〔第5学年及び第6学年〕

真理を大切にし，物事を探究しようとする心をもつこと。

B　主として人との関わりに関すること

［親切，思いやり］

〔第1学年及び第2学年〕

身近にいる人に温かい心で接し，親切にすること。

〔第3学年及び第4学年〕

相手のことを思いやり，進んで親切にすること。

〔第5学年及び第6学年〕

誰に対しても思いやりの心をもち，相手の立場に立って親切にすること。

［感謝］

〔第1学年及び第2学年〕

家族など日頃世話になっている人々に感謝すること。

〔第3学年及び第4学年〕

家族など生活を支えてくれている人々や現在の生活を築いてくれた高齢者に，尊敬と感謝の気持ちをもって接すること。

〔第5学年及び第6学年〕

日々の生活が家族や過去からの多くの人々の支え合いや助け合いで成り立っていることに感謝し，それに応えること。

［礼儀］

〔第1学年及び第2学年〕

気持ちのよい挨拶，言葉遣い，動作などに心掛けて，明るく接すること。

〔第3学年及び第4学年〕

礼儀の大切さを知り，誰に対しても真心をもって接すること。

〔第5学年及び第6学年〕

時と場をわきまえて，礼儀正しく真心をもって接すること。

［友情，信頼］

〔第1学年及び第2学年〕

友達と仲よくし，助け合うこと。

〔第3学年及び第4学年〕

友達と互いに理解し，信頼し，助け合うこと。

〔第5学年及び第6学年〕

友達と互いに信頼し，学び合って友情を深め，異性についても理解しながら，人間関係を築いていくこと。

［相互理解，寛容］

〔第3学年及び第4学年〕

自分の考えや意見を相手に伝えるとともに，相手のことを理解し，自分と異なる意見も大切にすること。

〔第5学年及び第6学年〕

自分の考えや意見を相手に伝えるとともに，謙虚な心をもち，広い心で自分と異なる意見や立場を尊重すること。

C　主として集団や社会との関わりに関すること

［規則の尊重］

〔第1学年及び第2学年〕

約束やきまりを守り，みんなが使う物を大切にすること。

〔第3学年及び第4学年〕

約束や社会のきまりの意義を理解し，それらを守ること。

〔第5学年及び第6学年〕

法やきまりの意義を理解した上で進んでそれらを守り，自他の権利を大切にし，義務を果たすこと。

［公正，公平，社会正義］

〔第1学年及び第2学年〕

自分の好き嫌いにとらわれないで接すること。

〔第3学年及び第4学年〕

誰に対しても分け隔てをせず，公正，公平な態度で接すること。

〔第5学年及び第6学年〕

誰に対しても差別をすることや偏見をもつことなく，公正，公平な態度で接し，正義の実現に努めること。

［勤労，公共の精神］

〔第1学年及び第2学年〕

働くことのよさを知り，みんなのために働くこと。

〔第3学年及び第4学年〕

働くことの大切さを知り，進んでみんなのために働くこと。

〔第5学年及び第6学年〕

働くことや社会に奉仕することの充実感を味わうとともに，その意義を理解し，公共のために役に立つことをすること。

［家族愛，家庭生活の充実］

〔第1学年及び第2学年〕

父母，祖父母を敬愛し，進んで家の手伝いなどをして，家族の役に立つこと。

〔第3学年及び第4学年〕

父母，祖父母を敬愛し，家族みんなで協力し合って楽しい家庭をつくること。

〔第5学年及び第6学年〕

父母，祖父母を敬愛し，家族の幸せを求めて，進んで役に立つことをすること。

付録5

［よりよい学校生活，集団生活の充実］

〔第1学年及び第2学年〕

先生を敬愛し，学校の人々に親しんで，学級や学校の生活を楽しくすること。

〔第3学年及び第4学年〕

先生や学校の人々を敬愛し，みんなで協力し合って楽しい学級や学校をつくること。

〔第5学年及び第6学年〕

先生や学校の人々を敬愛し，みんなで協力し合ってよりよい学級や学校をつくるとともに，様々な集団の中での自分の役割を自覚して集団生活の充実に努めること。

［伝統と文化の尊重，国や郷土を愛する態度］

〔第1学年及び第2学年〕

我が国や郷土の文化と生活に親しみ，愛着をもつこと。

〔第3学年及び第4学年〕

我が国や郷土の伝統と文化を大切にし，国や郷土を愛する心をもつこと。

〔第5学年及び第6学年〕

我が国や郷土の伝統と文化を大切にし，先人の努力を知り，国や郷土を愛する心をもつこと。

［国際理解，国際親善］

〔第1学年及び第2学年〕

他国の人々や文化に親しむこと。

〔第3学年及び第4学年〕

他国の人々や文化に親しみ，関心をもつこと。

〔第5学年及び第6学年〕

他国の人々や文化について理解し，日本人としての自覚をもって国際親善に努めること。

D 主として生命や自然，崇高なものとの関わりに関すること

［生命の尊さ］

〔第1学年及び第2学年〕

生きることのすばらしさを知り，生命を大切にすること。

〔第3学年及び第4学年〕

生命の尊さを知り，生命あるものを大切にすること。

〔第5学年及び第6学年〕

生命が多くの生命のつながりの中にあるかけがえのないものであることを理解し，生命を尊重すること。

［自然愛護］

〔第1学年及び第2学年〕

身近な自然に親しみ，動植物に優しい心で接すること。

〔第3学年及び第4学年〕

自然のすばらしさや不思議さを感じ取り，自然や動植物を大切にすること。

〔第5学年及び第6学年〕

自然の偉大さを知り，自然環境を大切にすること。

［感動，畏敬の念］

〔第1学年及び第2学年〕

美しいものに触れ，すがすがしい心をもつこと。

〔第3学年及び第4学年〕

　　美しいものや気高いものに感動する心をもつこと。

〔第5学年及び第6学年〕

　　美しいものや気高いものに感動する心や人間の力を超えたものに対する畏敬の念をもつこと。

［よりよく生きる喜び］

〔第5学年及び第6学年〕

　　よりよく生きようとする人間の強さや気高さを理解し，人間として生きる喜びを感じること。

● 第3　指導計画の作成と内容の取扱い

1　各学校においては，道徳教育の全体計画に基づき，各教科，外国語活動，総合的な学習の時間及び特別活動との関連を考慮しながら，道徳科の年間指導計画を作成するものとする。なお，作成に当たっては，第2に示す各学年段階の内容項目について，相当する各学年において全て取り上げることとする。その際，児童や学校の実態に応じ，2学年間を見通した重点的な指導や内容項目間の関連を密にした指導，一つの内容項目を複数の時間で扱う指導を取り入れるなどの工夫を行うものとする。

2　第2の内容の指導に当たっては，次の事項に配慮するものとする。

(1)　校長や教頭などの参加，他の教師との協力的な指導などについて工夫し，道徳教育推進教師を中心とした指導体制を充実すること。

(2)　道徳科が学校の教育活動全体を通じて行う道徳教育の要としての役割を果たすことができるよう，計画的・発展的な指導を行うこと。特に，各教科，外国語活動，総合的な学習の時間及び特別活動における道徳教育としては取り扱う機会が十分でない内容項目に関わる指導を補うことや，児童や学校の実態等を踏まえて指導をより一層深めること，内容項目の相互の関連を捉え直したり発展させたりすることに留意すること。

(3)　児童が自ら道徳性を養う中で，自らを振り返って成長を実感したり，これからの課題や目標を見付けたりすることができるよう工夫すること。その際，道徳性を養うことの意義について，児童自らが考え，理解し，主体的に学習に取り組むことができるようにすること。

(4)　児童が多様な感じ方や考え方に接する中で，考えを深め，判断し，表現する力などを育むことができるよう，自分の考えを基に話し合ったり書いたりするなどの言語活動を充実すること。

(5)　児童の発達の段階や特性等を考慮し，指導のねらいに即して，問題解決的な学習，道徳的行為に関する体験的な学習等を適切に取り入れるなど，指導方法を工夫すること。その際，それらの活動を通じて学んだ内容の意義などについて考えることができるようにすること。また，特別活動等における多様な実践活動や体験活動も道徳科の授業に生かすようにすること。

(6)　児童の発達の段階や特性等を考慮し，第2に示す内容との関連を踏まえつつ，情報モラルに関する指導を充実すること。また，児童の発達の段階や特性等を考慮し，例えば，社会の持続可能な発展などの現代的な課題の取扱いにも留意し，身近な社会的課題を自分との関係において考え，それらの解決に寄与しようとする意欲や態度を育てるよう努めること。なお，多様な見方や考え方のできる事柄について，特定の見方や考え方に偏った指導を行うことのないようにすること。

(7)　道徳科の授業を公開したり，授業の実施や地域教材の開発や活用などに家庭や地域の人々，

付録5

各分野の専門家等の積極的な参加や協力を得たりするなど，家庭や地域社会との共通理解を深め，相互の連携を図ること。

3　教材については，次の事項に留意するものとする。

(1)　児童の発達の段階や特性，地域の実情等を考慮し，多様な教材の活用に努めること。特に，生命の尊厳，自然，伝統と文化，先人の伝記，スポーツ，情報化への対応等の現代的な課題などを題材とし，児童が問題意識をもって多面的・多角的に考えたり，感動を覚えたりするような充実した教材の開発や活用を行うこと。

(2)　教材については，教育基本法や学校教育法その他の法令に従い，次の観点に照らし適切と判断されるものであること。

ア　児童の発達の段階に即し，ねらいを達成するのにふさわしいものであること。

イ　人間尊重の精神にかなうものであって，悩みや葛藤等の心の揺れ，人間関係の理解等の課題も含め，児童が深く考えることができ，人間としてよりよく生きる喜びや勇気を与えられるものであること。

ウ　多様な見方や考え方のできる事柄を取り扱う場合には，特定の見方や考え方に偏った取扱いがなされていないものであること。

4　児童の学習状況や道徳性に係る成長の様子を継続的に把握し，指導に生かすよう努める必要がある。ただし，数値などによる評価は行わないものとする。

付録 5

「道徳の内容」の学年段階・学校段階の一覧表

	小学校第1学年及び第2学年 (19)	小学校第3学年及び第4学年 (20)
A　主として自分自身に関すること		
善悪の判断, 自律, 自由と責任	(1)　よいことと悪いこととの区別をし, よいと思うことを進んで行うこと。	(1)　正しいと判断したことは, 自信をもって行うこと。
正直, 誠実	(2)　うそをついたりごまかしをしたりしないで, 素直に伸び伸びと生活すること。	(2)　過ちは素直に改め, 正直に明るい心で生活すること。
節度, 節制	(3)　健康や安全に気を付け, 物や金銭を大切にし, 身の回りを整え, わがままをしないで, 規則正しい生活をすること。	(3)　自分でできることは自分でやり, 安全に気を付け, よく考えて行動し, 節度のある生活をすること。
個性の伸長	(4)　自分の特徴に気付くこと。	(4)　自分の特徴に気付き, 長所を伸ばすこと。
希望と勇気, 努力と強い意志	(5)　自分のやるべき勉強や仕事をしっかりと行うこと。	(5)　自分でやろうと決めた目標に向かって, 強い意志をもち, 粘り強くやり抜くこと。
真理の探究		
B　主として人との関わりに関すること		
親切, 思いやり	(6)　身近にいる人に温かい心で接し, 親切にすること。	(6)　相手のことを思いやり, 進んで親切にすること。
感謝	(7)　家族など日頃世話になっている人々に感謝すること。	(7)　家族など生活を支えてくれている人々や現在の生活を築いてくれた高齢者に, 尊敬と感謝の気持ちをもって接すること。
礼儀	(8)　気持ちのよい挨拶, 言葉遣い, 動作などに心掛けて, 明るく接すること。	(8)　礼儀の大切さを知り, 誰に対しても真心をもって接すること。
友情, 信頼	(9)　友達と仲よくし, 助け合うこと。	(9)　友達と互いに理解し, 信頼し, 助け合うこと。
相互理解, 寛容		(10)　自分の考えや意見を相手に伝えるとともに, 相手のことを理解し, 自分と異なる意見も大切にすること。
C　主として集団や社会との関わりに関すること		
規則の尊重	(10)　約束やきまりを守り, みんなが使う物を大切にすること。	(11)　約束や社会のきまりの意義を理解し, それらを守ること。
公正, 公平, 社会正義	(11)　自分の好き嫌いにとらわれないで接すること。	(12)　誰に対しても分け隔てをせず, 公正, 公平な態度で接すること。
勤労, 公共の精神	(12)　働くことのよさを知り, みんなのために働くこと。	(13)　働くことの大切さを知り, 進んでみんなのために働くこと。
家族愛, 家庭生活の充実	(13)　父母, 祖父母を敬愛し, 進んで家の手伝いなどをして, 家族の役に立つこと。	(14)　父母, 祖父母を敬愛し, 家族みんなで協力し合って楽しい家庭をつくること。
よりよい学校生活, 集団生活の充実	(14)　先生を敬愛し, 学校の人々に親しんで, 学級や学校の生活を楽しくすること。	(15)　先生や学校の人々を敬愛し, みんなで協力し合って楽しい学級や学校をつくること。
伝統と文化の尊重, 国や郷土を愛する態度	(15)　我が国や郷土の文化と生活に親しみ, 愛着をもつこと。	(16)　我が国や郷土の伝統と文化を大切にし, 国や郷土を愛する心をもつこと。
国際理解, 国際親善	(16)　他国の人々や文化に親しむこと。	(17)　他国の人々や文化に親しみ, 関心をもつこと。
D　主として生命や自然, 崇高なものとの関わりに関すること		
生命の尊さ	(17)　生きることのすばらしさを知り, 生命を大切にすること。	(18)　生命の尊さを知り, 生命あるものを大切にすること。
自然愛護	(18)　身近な自然に親しみ, 動植物に優しい心で接すること。	(19)　自然のすばらしさや不思議さを感じ取り, 自然や動植物を大切にすること。
感動, 畏敬の念	(19)　美しいものに触れ, すがすがしい心をもつこと。	(20)　美しいものや気高いものに感動する心をもつこと。
よりよく生きる喜び		

付録6

小学校第5学年及び第6学年（22）	中学校（22）	
(1) 自由を大切にし，自律的に判断し，責任のある行動をすること。 (2) 誠実に，明るい心で生活すること。	(1) 自律の精神を重んじ，自主的に考え，判断し，誠実に実行してその結果に責任をもつこと。	自主，自律， 自由と責任
(3) 安全に気を付けることや，生活習慣の大切さについて理解し，自分の生活を見直し，節度を守り節制に心掛けること。	(2) 望ましい生活習慣を身に付け，心身の健康の増進を図り，節度を守り節制に心掛け，安全で調和のある生活をすること。	節度，節制
(4) 自分の特徴を知って，短所を改め長所を伸ばすこと。	(3) 自己を見つめ，自己の向上を図るとともに，個性を伸ばして充実した生き方を追求すること。	向上心，個性の伸長
(5) より高い目標を立て，希望と勇気をもち，困難があってもくじけずに努力して物事をやり抜くこと。	(4) より高い目標を設定し，その達成を目指し，希望と勇気をもち，困難や失敗を乗り越えて着実にやり遂げること。	希望と勇気， 克己と強い意志
(6) 真理を大切にし，物事を探究しようとする心をもつこと。	(5) 真実を大切にし，真理を探究して新しいものを生み出そうと努めること。	真理の探究，創造
(7) 誰に対しても思いやりの心をもち，相手の立場に立って親切にすること。 (8) 日々の生活が家族や過去からの多くの人々の支え合いや助け合いで成り立っていることに感謝し，それに応えること。	(6) 思いやりの心をもって人と接するとともに，家族などの支えや多くの人々の善意により日々の生活や現在の自分があることに感謝し，進んでそれに応え，人間愛の精神を深めること。	思いやり，感謝
(9) 時と場をわきまえて，礼儀正しく真心をもって接すること。	(7) 礼儀の意義を理解し，時と場に応じた適切な言動をとること。	礼儀
(10) 友達と互いに信頼し，学び合って友情を深め，異性についても理解しながら，人間関係を築いていくこと。	(8) 友情の尊さを理解して心から信頼できる友達をもち，互いに励まし合い，高め合うとともに，異性についての理解を深め，悩みや葛藤も経験しながら人間関係を深めていくこと。	友情，信頼
(11) 自分の考えや意見を相手に伝えるとともに，謙虚な心をもち，広い心で自分と異なる意見や立場を尊重すること。	(9) 自分の考えや意見を相手に伝えるとともに，それぞれの個性や立場を尊重し，いろいろなものの見方や考え方があることを理解し，寛容の心をもって謙虚に他に学び，自らを高めていくこと。	相互理解，寛容
(12) 法やきまりの意義を理解した上で進んでそれらを守り，自他の権利を大切にし，義務を果たすこと。	(10) 法やきまりの意義を理解し，それらを進んで守るとともに，そのよりよい在り方について考え，自他の権利を大切にし，義務を果たして，規律ある安定した社会の実現に努めること。	遵法精神，公徳心
(13) 誰に対しても差別をすることや偏見をもつことなく，公正，公平な態度で接し，正義の実現に努めること。	(11) 正義と公正さを重んじ，誰に対しても公平に接し，差別や偏見のない社会の実現に努めること。	公正，公平， 社会正義
(14) 働くことや社会に奉仕することの充実感を味わうとともに，その意義を理解し，公共のために役に立つことをすること。	(12) 社会参画の意識と社会連帯の自覚を高め，公共の精神をもってよりよい社会の実現に努めること。	社会参画， 公共の精神
	(13) 勤労の尊さや意義を理解し，将来の生き方について考えを深め，勤労を通じて社会に貢献すること。	勤労
(15) 父母，祖父母を敬愛し，家族の幸せを求めて，進んで役に立つことをすること。	(14) 父母，祖父母を敬愛し，家族の一員としての自覚をもって充実した家庭生活を築くこと。	家族愛， 家庭生活の充実
(16) 先生や学校の人々を敬愛し，みんなで協力し合ってよりよい学級や学校をつくるとともに，様々な集団の中での自分の役割を自覚して集団生活の充実に努めること。	(15) 教師や学校の人々を敬愛し，学級や学校の一員としての自覚をもち，協力し合ってよりよい校風をつくるとともに，様々な集団の意義や集団の中での自分の役割と責任を自覚して集団生活の充実に努めること。	よりよい学校生活， 集団生活の充実
(17) 我が国や郷土の伝統と文化を大切にし，先人の努力を知り，国や郷土を愛する心をもつこと。	(16) 郷土の伝統と文化を大切にし，社会に尽くした先人や高齢者に尊敬の念を深め，地域社会の一員としての自覚をもって郷土を愛し，進んで郷土の発展に努めること。	郷土の伝統と 文化の尊重， 郷土を愛する態度
	(17) 優れた伝統の継承と新しい文化の創造に貢献するとともに，日本人としての自覚をもって国を愛し，国家及び社会の形成者として，その発展に努めること。	我が国の伝統と 文化の尊重， 国を愛する態度
(18) 他国の人々や文化について理解し，日本人としての自覚をもって国際親善に努めること。	(18) 世界の中の日本人としての自覚をもち，他国を尊重し，国際的視野に立って，世界の平和と人類の発展に寄与すること。	国際理解， 国際貢献
(19) 生命が多くの生命のつながりの中にあるかけがえのないものであることを理解し，生命を尊重すること。	(19) 生命の尊さについて，その連続性や有限性なども含めて理解し，かけがえのない生命を尊重すること。	生命の尊さ
(20) 自然の偉大さを知り，自然環境を大切にすること。	(20) 自然の崇高さを知り，自然環境を大切にすることの意義を理解し，進んで自然の愛護に努めること。	自然愛護
(21) 美しいものや気高いものに感動する心や人間の力を超えたものに対する畏敬の念をもつこと。	(21) 美しいものや気高いものに感動する心をもち，人間の力を超えたものに対する畏敬の念を深めること。	感動，畏敬の念
(22) よりよく生きようとする人間の強さや気高さを理解し，人間として生きる喜びを感じること。	(22) 人間には自らの弱さや醜さを克服する強さや気高く生きようとする心があることを理解し，人間として生きることに喜びを見いだすこと。	よりよく生きる喜び

幼稚園教育要領

　教育は，教育基本法第1条に定めるとおり，人格の完成を目指し，平和で民主的な国家及び社会の形成者として必要な資質を備えた心身ともに健康な国民の育成を期すという目的のもと，同法第2条に掲げる次の目標を達成するよう行われなければならない。

1　幅広い知識と教養を身に付け，真理を求める態度を養い，豊かな情操と道徳心を培うとともに，健やかな身体を養うこと。

2　個人の価値を尊重して，その能力を伸ばし，創造性を培い，自主及び自律の精神を養うとともに，職業及び生活との関連を重視し，勤労を重んずる態度を養うこと。

3　正義と責任，男女の平等，自他の敬愛と協力を重んずるとともに，公共の精神に基づき，主体的に社会の形成に参画し，その発展に寄与する態度を養うこと。

4　生命を尊び，自然を大切にし，環境の保全に寄与する態度を養うこと。

5　伝統と文化を尊重し，それらをはぐくんできた我が国と郷土を愛するとともに，他国を尊重し，国際社会の平和と発展に寄与する態度を養うこと。

　また，幼児期の教育については，同法第11条に掲げるとおり，生涯にわたる人格形成の基礎を培う重要なものであることにかんがみ，国及び地方公共団体は，幼児の健やかな成長に資する良好な環境の整備その他適当な方法によって，その振興に努めなければならないこととされている。

　これからの幼稚園には，学校教育の始まりとして，こうした教育の目的及び目標の達成を目指しつつ，一人一人の幼児が，将来，自分のよさや可能性を認識するとともに，あらゆる他者を価値のある存在として尊重し，多様な人々と協働しながら様々な社会的変化を乗り越え，豊かな人生を切り拓き，持続可能な社会の創り手となることができるようにするための基礎を培うことが求められる。このために必要な教育の在り方を具体化するのが，各幼稚園において教育の内容等を組織的かつ計画的に組み立てた教育課程である。

　教育課程を通して，これからの時代に求められる教育を実現していくためには，よりよい学校教育を通してよりよい社会を創るという理念を学校と社会とが共有し，それぞれの幼稚園において，幼児期にふさわしい生活をどのように展開し，どのような資質・能力を育むようにするのかを教育課程において明確にしながら，社会との連携及び協働によりその実現を図っていくという，社会に開かれた教育課程の実現が重要となる。

　幼稚園教育要領とは，こうした理念の実現に向けて必要となる教育課程の基準を大綱的に定めるものである。幼稚園教育要領が果たす役割の一つは，公の性質を有する幼稚園における教育水準を全国的に確保することである。また，各幼稚園がその特色を生かして創意工夫を重ね，長年にわたり積み重ねられてきた教育実践や学術研究の蓄積を生かしながら，幼児や地域の現状や課題を捉え，家庭や地域社会と協力して，幼稚園教育要領を踏まえた教育活動の更なる充実を図っていくことも重要である。

　幼児の自発的な活動としての遊びを生み出すために必要な環境を整え，一人一人の資質・能力を育んでいくことは，教職員をはじめとする幼稚園関係者はもとより，家庭や地域の人々も含め，様々な立場から幼児や幼稚園に関わる全ての大人に期待される役割である。家庭との緊密な連携の下，小学校以降の教育や生涯にわたる学習とのつながりを見通しながら，幼児の自発的な活動としての遊びを通しての総合的な指導をする際に広く活用されるものとなることを期待して，ここに幼稚園教育要領を定める。

付録7

第1　幼稚園教育の基本

　幼児期の教育は，生涯にわたる人格形成の基礎を培う重要なものであり，幼稚園教育は，学校教育法に規定する目的及び目標を達成するため，幼児期の特性を踏まえ，環境を通して行うものであることを基本とする。

　このため教師は，幼児との信頼関係を十分に築き，幼児が身近な環境に主体的に関わり，環境との関わり方や意味に気付き，これらを取り込もうとして，試行錯誤したり，考えたりするようになる幼児期の教育における見方・考え方を生かし，幼児と共によりよい教育環境を創造するように努めるものとする。これらを踏まえ，次に示す事項を重視して教育を行わなければならない。

1　幼児は安定した情緒の下で自己を十分に発揮することにより発達に必要な体験を得ていくものであることを考慮して，幼児の主体的な活動を促し，幼児期にふさわしい生活が展開されるようにすること。

2　幼児の自発的な活動としての遊びは，心身の調和のとれた発達の基礎を培う重要な学習であることを考慮して，遊びを通しての指導を中心として第2章に示すねらいが総合的に達成されるようにすること。

3　幼児の発達は，心身の諸側面が相互に関連し合い，多様な経過をたどって成し遂げられていくものであること，また，幼児の生活経験がそれぞれ異なることなどを考慮して，幼児一人一人の特性に応じ，発達の課題に即した指導を行うようにすること。

　その際，教師は，幼児の主体的な活動が確保されるよう幼児一人一人の行動の理解と予想に基づき，計画的に環境を構成しなければならない。この場合において，教師は，幼児と人やものとの関わりが重要であることを踏まえ，教材を工夫し，物的・空間的環境を構成しなければならない。また，幼児一人一人の活動の場面に応じて，様々な役割を果たし，その活動を豊かにしなければならない。

第2　幼稚園教育において育みたい資質・能力及び「幼児期の終わりまでに育ってほしい姿」

1　幼稚園においては，生きる力の基礎を育むため，この章の第1に示す幼稚園教育の基本を踏まえ，次に掲げる資質・能力を一体的に育むよう努めるものとする。

(1)　豊かな体験を通じて，感じたり，気付いたり，分かったり，できるようになったりする「知識及び技能の基礎」

(2)　気付いたことや，できるようになったことなどを使い，考えたり，試したり，工夫したり，表現したりする「思考力，判断力，表現力等の基礎」

(3)　心情，意欲，態度が育つ中で，よりよい生活を営もうとする「学びに向かう力，人間性等」

2　1に示す資質・能力は，第2章に示すねらい及び内容に基づく活動全体によって育むものである。

3　次に示す「幼児期の終わりまでに育ってほしい姿」は，第2章に示すねらい及び内容に基づく活動全体を通して資質・能力が育まれている幼児の幼稚園修了時の具体的な姿であり，教師が指導を行う際に考慮するものである。

(1)　健康な心と体

　　幼稚園生活の中で，充実感をもって自分のやりたいことに向かって心と体を十分に働かせ，見通しをもって行動し，自ら健康で安全な生活をつくり出すようになる。

(2)　自立心

　　身近な環境に主体的に関わり様々な活動を楽しむ中で，しなければならないことを自覚し，

付録7

自分の力で行うために考えたり，工夫したりしながら，諦めずにやり遂げることで達成感を味わい，自信をもって行動するようになる。

(3) 協同性

友達と関わる中で，互いの思いや考えなどを共有し，共通の目的の実現に向けて，考えたり，工夫したり，協力したりし，充実感をもってやり遂げるようになる。

(4) 道徳性・規範意識の芽生え

友達と様々な体験を重ねる中で，してよいことや悪いことが分かり，自分の行動を振り返ったり，友達の気持ちに共感したりし，相手の立場に立って行動するようになる。また，きまりを守る必要性が分かり，自分の気持ちを調整し，友達と折り合いを付けながら，きまりをつくったり，守ったりするようになる。

(5) 社会生活との関わり

家族を大切にしようとする気持ちをもつとともに，地域の身近な人と触れ合う中で，人との様々な関わり方に気付き，相手の気持ちを考えて関わり，自分が役に立つ喜びを感じ，地域に親しみをもつようになる。また，幼稚園内外の様々な環境に関わる中で，遊びや生活に必要な情報を取り入れ，情報に基づき判断したり，情報を伝え合ったり，活用したりするなど，情報を役立てながら活動するようになるとともに，公共の施設を大切に利用するなどして，社会とのつながりなどを意識するようになる。

(6) 思考力の芽生え

身近な事象に積極的に関わる中で，物の性質や仕組みなどを感じ取ったり，気付いたりし，考えたり，予想したり，工夫したりするなど，多様な関わりを楽しむようになる。また，友達の様々な考えに触れる中で，自分と異なる考えがあることに気付き，自ら判断したり，考え直したりするなど，新しい考えを生み出す喜びを味わいながら，自分の考えをよりよいものにするようになる。

(7) 自然との関わり・生命尊重

自然に触れて感動する体験を通して，自然の変化などを感じ取り，好奇心や探究心をもって考え言葉などで表現しながら，身近な事象への関心が高まるとともに，自然への愛情や畏敬の念をもつようになる。また，身近な動植物に心を動かされる中で，生命の不思議さや尊さに気付き，身近な動植物への接し方を考え，命あるものとしていたわり，大切にする気持ちをもって関わるようになる。

(8) 数量や図形，標識や文字などへの関心・感覚

遊びや生活の中で，数量や図形，標識や文字などに親しむ体験を重ねたり，標識や文字の役割に気付いたりし，自らの必要感に基づきこれらを活用し，興味や関心，感覚をもつようになる。

(9) 言葉による伝え合い

先生や友達と心を通わせる中で，絵本や物語などに親しみながら，豊かな言葉や表現を身に付け，経験したことや考えたことなどを言葉で伝えたり，相手の話を注意して聞いたりし，言葉による伝え合いを楽しむようになる。

(10) 豊かな感性と表現

心を動かす出来事などに触れ感性を働かせる中で，様々な素材の特徴や表現の仕方などに気付き，感じたことや考えたことを自分で表現したり，友達同士で表現する過程を楽しんだりし，表現する喜びを味わい，意欲をもつようになる。

付録7

第3　教育課程の役割と編成等

1　教育課程の役割

　　各幼稚園においては，教育基本法及び学校教育法その他の法令並びにこの幼稚園教育要領の示すところに従い，創意工夫を生かし，幼児の心身の発達と幼稚園及び地域の実態に即応した適切な教育課程を編成するものとする。

　　また，各幼稚園においては，6に示す全体的な計画にも留意しながら，「幼児期の終わりまでに育ってほしい姿」を踏まえ教育課程を編成すること，教育課程の実施状況を評価してその改善を図っていくこと，教育課程の実施に必要な人的又は物的な体制を確保するとともにその改善を図っていくことなどを通して，教育課程に基づき組織的かつ計画的に各幼稚園の教育活動の質の向上を図っていくこと（以下「カリキュラム・マネジメント」という。）に努めるものとする。

2　各幼稚園の教育目標と教育課程の編成

　　教育課程の編成に当たっては，幼稚園教育において育みたい資質・能力を踏まえつつ，各幼稚園の教育目標を明確にするとともに，教育課程の編成についての基本的な方針が家庭や地域とも共有されるよう努めるものとする。

3　教育課程の編成上の基本的事項

(1) 幼稚園生活の全体を通して第2章に示すねらいが総合的に達成されるよう，教育課程に係る教育期間や幼児の生活経験や発達の過程などを考慮して具体的なねらいと内容を組織するものとする。この場合においては，特に，自我が芽生え，他者の存在を意識し，自己を抑制しようとする気持ちが生まれる幼児期の発達の特性を踏まえ，入園から修了に至るまでの長期的な視野をもって充実した生活が展開できるように配慮するものとする。

(2) 幼稚園の毎学年の教育課程に係る教育週数は，特別の事情のある場合を除き，39週を下ってはならない。

(3) 幼稚園の1日の教育課程に係る教育時間は，4時間を標準とする。ただし，幼児の心身の発達の程度や季節などに適切に配慮するものとする。

4　教育課程の編成上の留意事項

　　教育課程の編成に当たっては，次の事項に留意するものとする。

(1) 幼児の生活は，入園当初の一人一人の遊びや教師との触れ合いを通して幼稚園生活に親しみ，安定していく時期から，他の幼児との関わりの中で幼児の主体的な活動が深まり，幼児が互いに必要な存在であることを認識するようになり，やがて幼児同士や学級全体で目的をもって協同して幼稚園生活を展開し，深めていく時期などに至るまでの過程を様々に経ながら広げられていくものであることを考慮し，活動がそれぞれの時期にふさわしく展開されるようにすること。

(2) 入園当初，特に，3歳児の入園については，家庭との連携を緊密にし，生活のリズムや安全面に十分配慮すること。また，満3歳児については，学年の途中から入園することを考慮し，幼児が安心して幼稚園生活を過ごすことができるよう配慮すること。

(3) 幼稚園生活が幼児にとって安全なものとなるよう，教職員による協力体制の下，幼児の主体的な活動を大切にしつつ，園庭や園舎などの環境の配慮や指導の工夫を行うこと。

5　小学校教育との接続に当たっての留意事項

(1) 幼稚園においては，幼稚園教育が，小学校以降の生活や学習の基盤の育成につながることに配慮し，幼児期にふさわしい生活を通して，創造的な思考や主体的な生活態度などの基礎を培うようにするものとする。

(2) 幼稚園教育において育まれた資質・能力を踏まえ，小学校教育が円滑に行われるよう，小学校の教師との意見交換や合同の研究の機会などを設け，「幼児期の終わりまでに育ってほしい

姿」を共有するなど連携を図り，幼稚園教育と小学校教育との円滑な接続を図るよう努めるものとする。

6　全体的な計画の作成

　　各幼稚園においては，教育課程を中心に，第3章に示す教育課程に係る教育時間の終了後等に行う教育活動の計画，学校保健計画，学校安全計画などとを関連させ，一体的に教育活動が展開されるよう全体的な計画を作成するものとする。

第4　指導計画の作成と幼児理解に基づいた評価

1　指導計画の考え方

　　幼稚園教育は，幼児が自ら意欲をもって環境と関わることによりつくり出される具体的な活動を通して，その目標の達成を図るものである。

　　幼稚園においてはこのことを踏まえ，幼児期にふさわしい生活が展開され，適切な指導が行われるよう，それぞれの幼稚園の教育課程に基づき，調和のとれた組織的，発展的な指導計画を作成し，幼児の活動に沿った柔軟な指導を行わなければならない。

2　指導計画の作成上の基本的事項

(1)　指導計画は，幼児の発達に即して一人一人の幼児が幼児期にふさわしい生活を展開し，必要な体験を得られるようにするために，具体的に作成するものとする。

(2)　指導計画の作成に当たっては，次に示すところにより，具体的なねらい及び内容を明確に設定し，適切な環境を構成することなどにより活動が選択・展開されるようにするものとする。

　ア　具体的なねらい及び内容は，幼稚園生活における幼児の発達の過程を見通し，幼児の生活の連続性，季節の変化などを考慮して，幼児の興味や関心，発達の実情などに応じて設定すること。

　イ　環境は，具体的なねらいを達成するために適切なものとなるように構成し，幼児が自らその環境に関わることにより様々な活動を展開しつつ必要な体験を得られるようにすること。その際，幼児の生活する姿や発想を大切にし，常にその環境が適切なものとなるようにすること。

　ウ　幼児の行う具体的な活動は，生活の流れの中で様々に変化するものであることに留意し，幼児が望ましい方向に向かって自ら活動を展開していくことができるよう必要な援助をすること。

　　その際，幼児の実態及び幼児を取り巻く状況の変化などに即して指導の過程についての評価を適切に行い，常に指導計画の改善を図るものとする。

3　指導計画の作成上の留意事項

　　指導計画の作成に当たっては，次の事項に留意するものとする。

(1)　長期的に発達を見通した年，学期，月などにわたる長期の指導計画やこれとの関連を保ちながらより具体的な幼児の生活に即した週，日などの短期の指導計画を作成し，適切な指導が行われるようにすること。特に，週，日などの短期の指導計画については，幼児の生活のリズムに配慮し，幼児の意識や興味の連続性のある活動が相互に関連して幼稚園生活の自然な流れの中に組み込まれるようにすること。

(2)　幼児が様々な人やものとの関わりを通して，多様な体験をし，心身の調和のとれた発達を促すようにしていくこと。その際，幼児の発達に即して主体的・対話的で深い学びが実現するようにするとともに，心を動かされる体験が次の活動を生み出すことを考慮し，一つ一つの体験が相互に結び付き，幼稚園生活が充実するようにすること。

付録7

(3) 言語に関する能力の発達と思考力等の発達が関連していることを踏まえ，幼稚園生活全体を通して，幼児の発達を踏まえた言語環境を整え，言語活動の充実を図ること。

(4) 幼児が次の活動への期待や意欲をもつことができるよう，幼児の実態を踏まえながら，教師や他の幼児と共に遊びや生活の中で見通しをもったり，振り返ったりするよう工夫すること。

(5) 行事の指導に当たっては，幼稚園生活の自然の流れの中で生活に変化や潤いを与え，幼児が主体的に楽しく活動できるようにすること。なお，それぞれの行事についてはその教育的価値を十分検討し，適切なものを精選し，幼児の負担にならないようにすること。

(6) 幼児期は直接的な体験が重要であることを踏まえ，視聴覚教材やコンピュータなど情報機器を活用する際には，幼稚園生活では得難い体験を補完するなど，幼児の体験との関連を考慮すること。

(7) 幼児の主体的な活動を促すためには，教師が多様な関わりをもつことが重要であることを踏まえ，教師は，理解者，共同作業者など様々な役割を果たし，幼児の発達に必要な豊かな体験が得られるよう，活動の場面に応じて，適切な指導を行うようにすること。

(8) 幼児の行う活動は，個人，グループ，学級全体などで多様に展開されるものであることを踏まえ，幼稚園全体の教師による協力体制を作りながら，一人一人の幼児が興味や欲求を十分に満足させるよう適切な援助を行うようにすること。

4 幼児理解に基づいた評価の実施

幼児一人一人の発達の理解に基づいた評価の実施に当たっては，次の事項に配慮するものとする。

(1) 指導の過程を振り返りながら幼児の理解を進め，幼児一人一人のよさや可能性などを把握し，指導の改善に生かすようにすること。その際，他の幼児との比較や一定の基準に対する達成度についての評定によって捉えるものではないことに留意すること。

(2) 評価の妥当性や信頼性が高められるよう創意工夫を行い，組織的かつ計画的な取組を推進するとともに，次年度又は小学校等にその内容が適切に引き継がれるようにすること。

第5　特別な配慮を必要とする幼児への指導

1 障害のある幼児などへの指導

障害のある幼児などへの指導に当たっては，集団の中で生活することを通して全体的な発達を促していくことに配慮し，特別支援学校などの助言又は援助を活用しつつ，個々の幼児の障害の状態などに応じた指導内容や指導方法の工夫を組織的かつ計画的に行うものとする。また，家庭，地域及び医療や福祉，保健等の業務を行う関係機関との連携を図り，長期的な視点で幼児への教育的支援を行うために，個別の教育支援計画を作成し活用することに努めるとともに，個々の幼児の実態を的確に把握し，個別の指導計画を作成し活用することに努めるものとする。

2 海外から帰国した幼児や生活に必要な日本語の習得に困難のある幼児の幼稚園生活への適応

海外から帰国した幼児や生活に必要な日本語の習得に困難のある幼児については，安心して自己を発揮できるよう配慮するなど個々の幼児の実態に応じ，指導内容や指導方法の工夫を組織的かつ計画的に行うものとする。

第6　幼稚園運営上の留意事項

1 各幼稚園においては，園長の方針の下に，園務分掌に基づき教職員が適切に役割を分担しつつ，相互に連携しながら，教育課程や指導の改善を図るものとする。また，各幼稚園が行う学校評価については，教育課程の編成，実施，改善が教育活動や幼稚園運営の中核となることを踏まえ，カリキュラム・マネジメントと関連付けながら実施するよう留意するものとする。

付録7

199

2　幼児の生活は，家庭を基盤として地域社会を通じて次第に広がりをもつものであることに留意し，家庭との連携を十分に図るなど，幼稚園における生活が家庭や地域社会と連続性を保ちつつ展開されるようにするものとする。その際，地域の自然，高齢者や異年齢の子供などを含む人材，行事や公共施設などの地域の資源を積極的に活用し，幼児が豊かな生活体験を得られるように工夫するものとする。また，家庭との連携に当たっては，保護者との情報交換の機会を設けたり，保護者と幼児との活動の機会を設けたりなどすることを通じて，保護者の幼児期の教育に関する理解が深まるよう配慮するものとする。

3　地域や幼稚園の実態等により，幼稚園間に加え，保育所，幼保連携型認定こども園，小学校，中学校，高等学校及び特別支援学校などとの間の連携や交流を図るものとする。特に，幼稚園教育と小学校教育の円滑な接続のため，幼稚園の幼児と小学校の児童との交流の機会を積極的に設けるようにするものとする。また，障害のある幼児児童生徒との交流及び共同学習の機会を設け，共に尊重し合いながら協働して生活していく態度を育むよう努めるものとする。

第7　教育課程に係る教育時間終了後等に行う教育活動など

　幼稚園は，第3章に示す教育課程に係る教育時間の終了後等に行う教育活動について，学校教育法に規定する目的及び目標並びにこの章の第1に示す幼稚園教育の基本を踏まえ実施するものとする。また，幼稚園の目的の達成に資するため，幼児の生活全体が豊かなものとなるよう家庭や地域における幼児期の教育の支援に努めるものとする。

付録7

　この章に示すねらいは，幼稚園教育において育みたい資質・能力を幼児の生活する姿から捉えたものであり，内容は，ねらいを達成するために指導する事項である。各領域は，これらを幼児の発達の側面から，心身の健康に関する領域「健康」，人との関わりに関する領域「人間関係」，身近な環境との関わりに関する領域「環境」，言葉の獲得に関する領域「言葉」及び感性と表現に関する領域「表現」としてまとめ，示したものである。内容の取扱いは，幼児の発達を踏まえた指導を行うに当たって留意すべき事項である。

　各領域に示すねらいは，幼稚園における生活の全体を通じ，幼児が様々な体験を積み重ねる中で相互に関連をもちながら次第に達成に向かうものであること，内容は，幼児が環境に関わって展開する具体的な活動を通して総合的に指導されるものであることに留意しなければならない。

　また，「幼児期の終わりまでに育ってほしい姿」が，ねらい及び内容に基づく活動全体を通して資質・能力が育まれている幼児の幼稚園修了時の具体的な姿であることを踏まえ，指導を行う際に考慮するものとする。

　なお，特に必要な場合には，各領域に示すねらいの趣旨に基づいて適切な，具体的な内容を工夫し，それを加えても差し支えないが，その場合には，それが第1章の第1に示す幼稚園教育の基本を逸脱しないよう慎重に配慮する必要がある。

健　康

〔健康な心と体を育て，自ら健康で安全な生活をつくり出す力を養う。〕

1　ねらい

(1) 明るく伸び伸びと行動し，充実感を味わう。

(2) 自分の体を十分に動かし，進んで運動しようとする。

(3) 健康，安全な生活に必要な習慣や態度を身に付け，見通しをもって行動する。

2　内　容

(1) 先生や友達と触れ合い，安定感をもって行動する。

(2) いろいろな遊びの中で十分に体を動かす。

(3) 進んで戸外で遊ぶ。

(4) 様々な活動に親しみ，楽しんで取り組む。

(5) 先生や友達と食べることを楽しみ，食べ物への興味や関心をもつ。

(6) 健康な生活のリズムを身に付ける。

(7) 身の回りを清潔にし，衣服の着脱，食事，排泄などの生活に必要な活動を自分でする。

(8) 幼稚園における生活の仕方を知り，自分たちで生活の場を整えながら見通しをもって行動する。

(9) 自分の健康に関心をもち，病気の予防などに必要な活動を進んで行う。

(10) 危険な場所，危険な遊び方，災害時などの行動の仕方が分かり，安全に気を付けて行動する。

3　内容の取扱い

　上記の取扱いに当たっては，次の事項に留意する必要がある。

(1) 心と体の健康は，相互に密接な関連があるものであることを踏まえ，幼児が教師や他の幼児との温かい触れ合いの中で自己の存在感や充実感を味わうことなどを基盤として，しなやかな心と体の発達を促すこと。特に，十分に体を動かす気持ちよさを体験し，自ら体を動かそうとする意欲が育つようにすること。

(2) 様々な遊びの中で，幼児が興味や関心，能力に応じて全身を使って活動することにより，体を

動かす楽しさを味わい，自分の体を大切にしようとする気持ちが育つようにすること。その際，多様な動きを経験する中で，体の動きを調整するようにすること。

(3) 自然の中で伸び伸びと体を動かして遊ぶことにより，体の諸機能の発達が促されることに留意し，幼児の興味や関心が戸外にも向くようにすること。その際，幼児の動線に配慮した園庭や遊具の配置などを工夫すること。

(4) 健康な心と体を育てるためには食育を通じた望ましい食習慣の形成が大切であることを踏まえ，幼児の食生活の実情に配慮し，和やかな雰囲気の中で教師や他の幼児と食べる喜びや楽しさを味わったり，様々な食べ物への興味や関心をもったりするなどし，食の大切さに気付き，進んで食べようとする気持ちが育つようにすること。

(5) 基本的な生活習慣の形成に当たっては，家庭での生活経験に配慮し，幼児の自立心を育て，幼児が他の幼児と関わりながら主体的な活動を展開する中で，生活に必要な習慣を身に付け，次第に見通しをもって行動できるようにすること。

(6) 安全に関する指導に当たっては，情緒の安定を図り，遊びを通して安全についての構えを身に付け，危険な場所や事物などが分かり，安全についての理解を深めるようにすること。また，交通安全の習慣を身に付けるようにするとともに，避難訓練などを通して，災害などの緊急時に適切な行動がとれるようにすること。

人間関係

〔他の人々と親しみ，支え合って生活するために，自立心を育て，人と関わる力を養う。〕

1 ねらい

(1) 幼稚園生活を楽しみ，自分の力で行動することの充実感を味わう。

(2) 身近な人と親しみ，関わりを深め，工夫したり，協力したりして一緒に活動する楽しさを味わい，愛情や信頼感をもつ。

(3) 社会生活における望ましい習慣や態度を身に付ける。

2 内　容

(1) 先生や友達と共に過ごすことの喜びを味わう。

(2) 自分で考え，自分で行動する。

(3) 自分でできることは自分でする。

(4) いろいろな遊びを楽しみながら物事をやり遂げようとする気持ちをもつ。

(5) 友達と積極的に関わりながら喜びや悲しみを共感し合う。

(6) 自分の思ったことを相手に伝え，相手の思っていることに気付く。

(7) 友達のよさに気付き，一緒に活動する楽しさを味わう。

(8) 友達と楽しく活動する中で，共通の目的を見いだし，工夫したり，協力したりなどする。

(9) よいことや悪いことがあることに気付き，考えながら行動する。

(10) 友達との関わりを深め，思いやりをもつ。

(11) 友達と楽しく生活する中できまりの大切さに気付き，守ろうとする。

(12) 共同の遊具や用具を大切にし，皆で使う。

(13) 高齢者をはじめ地域の人々などの自分の生活に関係の深いいろいろな人に親しみをもつ。

3　内容の取扱い

上記の取扱いに当たっては，次の事項に留意する必要がある。

(1) 教師との信頼関係に支えられて自分自身の生活を確立していくことが人と関わる基盤となることを考慮し，幼児が自ら周囲に働き掛けることにより多様な感情を体験し，試行錯誤しながら諦めずにやり遂げることの達成感や，前向きな見通しをもって自分の力で行うことの充実感を味わ

うことができるよう，幼児の行動を見守りながら適切な援助を行うようにすること。

(2) 一人一人を生かした集団を形成しながら人と関わる力を育てていくようにすること。その際，集団の生活の中で，幼児が自己を発揮し，教師や他の幼児に認められる体験をし，自分のよさや特徴に気付き，自信をもって行動できるようにすること。

(3) 幼児が互いに関わりを深め，協同して遊ぶようになるため，自ら行動する力を育てるようにするとともに，他の幼児と試行錯誤しながら活動を展開する楽しさや共通の目的が実現する喜びを味わうことができるようにすること。

(4) 道徳性の芽生えを培うに当たっては，基本的な生活習慣の形成を図るとともに，幼児が他の幼児との関わりの中で他人の存在に気付き，相手を尊重する気持ちをもって行動できるようにし，また，自然や身近な動植物に親しむことなどを通して豊かな心情が育つようにすること。特に，人に対する信頼感や思いやりの気持ちは，葛藤やつまずきをも体験し，それらを乗り越えることにより次第に芽生えてくることに配慮すること。

(5) 集団の生活を通して，幼児が人との関わりを深め，規範意識の芽生えが培われることを考慮し，幼児が教師との信頼関係に支えられて自己を発揮する中で，互いに思いを主張し，折り合いを付ける体験をし，きまりの必要性などに気付き，自分の気持ちを調整する力が育つようにすること。

(6) 高齢者をはじめ地域の人々などの自分の生活に関係の深いいろいろな人と触れ合い，自分の感情や意志を表現しながら共に楽しみ，共感し合う体験を通して，これらの人々などに親しみをもち，人と関わることの楽しさや人の役に立つ喜びを味わうことができるようにすること。また，生活を通して親や祖父母などの家族の愛情に気付き，家族を大切にしようとする気持ちが育つようにすること。

環　境

周囲の様々な環境に好奇心や探究心をもって関わり，それらを生活に取り入れていこうとする力を養う。

1　ねらい

(1) 身近な環境に親しみ，自然と触れ合う中で様々な事象に興味や関心をもつ。

(2) 身近な環境に自分から関わり，発見を楽しんだり，考えたりし，それを生活に取り入れようとする。

(3) 身近な事象を見たり，考えたり，扱ったりする中で，物の性質や数量，文字などに対する感覚を豊かにする。

2　内　容

(1) 自然に触れて生活し，その大きさ，美しさ，不思議さなどに気付く。

(2) 生活の中で，様々な物に触れ，その性質や仕組みに興味や関心をもつ。

(3) 季節により自然や人間の生活に変化のあることに気付く。

(4) 自然などの身近な事象に関心をもち，取り入れて遊ぶ。

(5) 身近な動植物に親しみをもって接し，生命の尊さに気付き，いたわったり，大切にしたりする。

(6) 日常生活の中で，我が国や地域社会における様々な文化や伝統に親しむ。

(7) 身近な物を大切にする。

(8) 身近な物や遊具に興味をもって関わり，自分なりに比べたり，関連付けたりしながら考えたり，試したりして工夫して遊ぶ。

(9) 日常生活の中で数量や図形などに関心をもつ。

付録7

(10) 日常生活の中で簡単な標識や文字などに関心をもつ。

(11) 生活に関係の深い情報や施設などに興味や関心をもつ。

(12) 幼稚園内外の行事において国旗に親しむ。

3　内容の取扱い

上記の取扱いに当たっては，次の事項に留意する必要がある。

(1)　幼児が，遊びの中で周囲の環境と関わり，次第に周囲の世界に好奇心を抱き，その意味や操作の仕方に関心をもち，物事の法則性に気付き，自分なりに考えることができるようになる過程を大切にすること。また，他の幼児の考えなどに触れて新しい考えを生み出す喜びや楽しさを味わい，自分の考えをよりよいものにしようとする気持ちが育つようにすること。

(2)　幼児期において自然のもつ意味は大きく，自然の大きさ，美しさ，不思議さなどに直接触れる体験を通して，幼児の心が安らぎ，豊かな感情，好奇心，思考力，表現力の基礎が培われることを踏まえ，幼児が自然との関わりを深めることができるよう工夫すること。

(3)　身近な事象や動植物に対する感動を伝え合い，共感し合うことなどを通して自分から関わろうとする意欲を育てるとともに，様々な関わり方を通してそれらに対する親しみや畏敬の念，生命を大切にする気持ち，公共心，探究心などが養われるようにすること。

(4)　文化や伝統に親しむ際には，正月や節句など我が国の伝統的な行事，国歌，唱歌，わらべうたや我が国の伝統的な遊びに親しんだり，異なる文化に触れる活動に親しんだりすることを通じて，社会とのつながりの意識や国際理解の意識の芽生えなどが養われるようにすること。

(5)　数量や文字などに関しては，日常生活の中で幼児自身の必要感に基づく体験を大切にし，数量や文字などに関する興味や関心，感覚が養われるようにすること。

言 葉

⌈経験したことや考えたことなどを自分なりの言葉で表現し，相手の話す言葉を聞こうとする意欲
⌊や態度を育て，言葉に対する感覚や言葉で表現する力を養う。

1　ねらい

(1)　自分の気持ちを言葉で表現する楽しさを味わう。

(2)　人の言葉や話などをよく聞き，自分の経験したことや考えたことを話し，伝え合う喜びを味わう。

(3)　日常生活に必要な言葉が分かるようになるとともに，絵本や物語などに親しみ，言葉に対する感覚を豊かにし，先生や友達と心を通わせる。

2　内　容

(1)　先生や友達の言葉や話に興味や関心をもち，親しみをもって聞いたり，話したりする。

(2)　したり，見たり，聞いたり，感じたり，考えたりなどしたことを自分なりに言葉で表現する。

(3)　したいこと，してほしいことを言葉で表現したり，分からないことを尋ねたりする。

(4)　人の話を注意して聞き，相手に分かるように話す。

(5)　生活の中で必要な言葉が分かり，使う。

(6)　親しみをもって日常の挨拶をする。

(7)　生活の中で言葉の楽しさや美しさに気付く。

(8)　いろいろな体験を通じてイメージや言葉を豊かにする。

(9)　絵本や物語などに親しみ，興味をもって聞き，想像をする楽しさを味わう。

(10) 日常生活の中で，文字などで伝える楽しさを味わう。

3　内容の取扱い

上記の取扱いに当たっては，次の事項に留意する必要がある。

(1) 言葉は，身近な人に親しみをもって接し，自分の感情や意志などを伝え，それに相手が応答し，その言葉を聞くことを通して次第に獲得されていくものであることを考慮して，幼児が教師や他の幼児と関わることにより心を動かされるような体験をし，言葉を交わす喜びを味わえるようにすること。

(2) 幼児が自分の思いを言葉で伝えるとともに，教師や他の幼児などの話を興味をもって注意して聞くことを通して次第に話を理解するようになっていき，言葉による伝え合いができるようにすること。

(3) 絵本や物語などで，その内容と自分の経験とを結び付けたり，想像を巡らせたりするなど，楽しみを十分に味わうことによって，次第に豊かなイメージをもち，言葉に対する感覚が養われるようにすること。

(4) 幼児が生活の中で，言葉の響きやリズム，新しい言葉や表現などに触れ，これらを使う楽しさを味わえるようにすること。その際，絵本や物語に親しんだり，言葉遊びなどをしたりすることを通して，言葉が豊かになるようにすること。

(5) 幼児が日常生活の中で，文字などを使いながら思ったことや考えたことを伝える喜びや楽しさを味わい，文字に対する興味や関心をもつようにすること。

表　現

感じたことや考えたことを自分なりに表現することを通して，豊かな感性や表現する力を養い，創造性を豊かにする。

1　ねらい

(1) いろいろなものの美しさなどに対する豊かな感性をもつ。

(2) 感じたことや考えたことを自分なりに表現して楽しむ。

(3) 生活の中でイメージを豊かにし，様々な表現を楽しむ。

2　内　容

(1) 生活の中で様々な音，形，色，手触り，動きなどに気付いたり，感じたりするなどして楽しむ。

(2) 生活の中で美しいものや心を動かす出来事に触れ，イメージを豊かにする。

(3) 様々な出来事の中で，感動したことを伝え合う楽しさを味わう。

(4) 感じたこと，考えたことなどを音や動きなどで表現したり，自由にかいたり，つくったりなどする。

(5) いろいろな素材に親しみ，工夫して遊ぶ。

(6) 音楽に親しみ，歌を歌ったり，簡単なリズム楽器を使ったりなどする楽しさを味わう。

(7) かいたり，つくったりすることを楽しみ，遊びに使ったり，飾ったりなどする。

(8) 自分のイメージを動きや言葉などで表現したり，演じて遊んだりするなどの楽しさを味わう。

3　内容の取扱い

上記の取扱いに当たっては，次の事項に留意する必要がある。

(1) 豊かな感性は，身近な環境と十分に関わる中で美しいもの，優れたもの，心を動かす出来事などに出会い，そこから得た感動を他の幼児や教師と共有し，様々に表現することなどを通して養われるようにすること。その際，風の音や雨の音，身近にある草や花の形や色など自然の中にある音，形，色などに気付くようにすること。

(2) 幼児の自己表現は素朴な形で行われることが多いので，教師はそのような表現を受容し，幼児自身の表現しようとする意欲を受け止めて，幼児が生活の中で幼児らしい様々な表現を楽しむことができるようにすること。

(3) 生活経験や発達に応じ，自ら様々な表現を楽しみ，表現する意欲を十分に発揮させることがで

きるように，遊具や用具などを整えたり，様々な素材や表現の仕方に親しんだり，他の幼児の表現に触れられるよう配慮したりし，表現する過程を大切にして自己表現を楽しめるように工夫すること。

付録7

● 第3章　教育課程に係る教育時間の終了後等に行う教育活動などの留意事項

1　地域の実態や保護者の要請により，教育課程に係る教育時間の終了後等に希望する者を対象に行う教育活動については，幼児の心身の負担に配慮するものとする。また，次の点にも留意するものとする。

(1)　教育課程に基づく活動を考慮し，幼児期にふさわしい無理のないものとなるようにすること。その際，教育課程に基づく活動を担当する教師と緊密な連携を図るようにすること。

(2)　家庭や地域での幼児の生活も考慮し，教育課程に係る教育時間の終了後等に行う教育活動の計画を作成するようにすること。その際，地域の人々と連携するなど，地域の様々な資源を活用しつつ，多様な体験ができるようにすること。

(3)　家庭との緊密な連携を図るようにすること。その際，情報交換の機会を設けたりするなど，保護者が，幼稚園と共に幼児を育てるという意識が高まるようにすること。

(4)　地域の実態や保護者の事情とともに幼児の生活のリズムを踏まえつつ，例えば実施日数や時間などについて，弾力的な運用に配慮すること。

(5)　適切な責任体制と指導体制を整備した上で行うようにすること。

2　幼稚園の運営に当たっては，子育ての支援のために保護者や地域の人々に機能や施設を開放して，園内体制の整備や関係機関との連携及び協力に配慮しつつ，幼児期の教育に関する相談に応じたり，情報を提供したり，幼児と保護者との登園を受け入れたり，保護者同士の交流の機会を提供したりするなど，幼稚園と家庭が一体となって幼児と関わる取組を進め，地域における幼児期の教育のセンターとしての役割を果たすよう努めるものとする。その際，心理や保健の専門家，地域の子育て経験者等と連携・協働しながら取り組むよう配慮するものとする。

付録 7

学習指導要領等の改善に係る検討に必要な専門的作業等協力者（五十音順）

（職名は平成29年6月現在）

石　川　隆　一	神奈川県横浜市立西前小学校長
大　澤　　　崇	埼玉県川越市教育委員会学校教育部学校管理課副主幹
大　島　礼　子	栃木県那須塩原市教育委員会学校教育課副主幹・指導主事
太　田　敦　弘	鳥取県日吉津村教育委員会参事
貝ノ瀬　　　滋	東京家政大学特任教授
黒　木　義　成	沖縄県那覇市教育委員会学校教育部長
佐　生　秀　之	東京都八王子市教育委員会指導主事
白　松　　　賢	愛媛大学大学院教授
杓　瀬　真　実	(株)NHK エデュケーショナル教育部シニアプロデューサー
杉　田　　　洋	國學院大學教授
鈴　木　純一郎	東京都多摩市立東落合小学校長
恒　吉　僚　子	東京大学大学院教授
長　沼　　　豊	学習院大学教授
橋　谷　由　紀	神奈川県川崎市教育委員会総務部担当部長
平　野　　　修	熊本県熊本市立清水小学校長
脇　田　哲　郎	福岡教育大学教職大学院教授
和久井　伸　彦	埼玉県さいたま市子ども未来局幼児未来部幼児政策課主幹

なお，文部科学省においては，次の者が本書の編集に当たった。

合　田　哲　雄	初等中等教育局教育課程課長
小　野　賢　志	初等中等教育局教育課程課主任学校教育官
安　部　恭　子	初等中等教育局教育課程課教科調査官
長　田　　　徹	初等中等教育局教育課程課教科調査官
	（併）国立教育政策研究所生徒指導進路指導研究センター
	総括研究官

小学校学習指導要領（平成 29 年告示）解説
特別活動編　　　　　　　　　MEXT 1-1714

平成 30 年 2 月 28 日	初版発行
令和 6 年 9 月 6 日	2 版発行
著作権所有	文部科学省

東京都北区堀船 2 丁目17-1

発 行 者　　　　　　東 京 書 籍 株 式 会 社
　　　　　　　　　　代表者　　渡辺能理夫

東京都北区堀船 1 丁目28-1

印 刷 者　　　　　　株式会社リーブルテック

東京都北区堀船 2 丁目17-1

発 行 所　　　　　　東 京 書 籍 株 式 会 社
　　　　　　　　　　電 話　　　03−5390−7247

定価 306円（本体 278円＋税 10%）